新时代教育高质量发展书系
XINSHIDAIJIAOYUGAOZHILIANGFAZHANSHUXI

中学语文循证教学研究

学业水平差异探因

陶 波 蒋 承◎著

中国大百科全书出版社　知识出版社

图书在版编目（CIP）数据

中学语文循证教学研究：学业水平差异探因 / 陶波，蒋承著 . -- 北京：知识出版社，2022.12
ISBN 978-7-5215-0609-9

Ⅰ . ①中… Ⅱ . ①陶… ②蒋… Ⅲ . ①中学语文课—教学研究 Ⅳ . ① G633.302

中国版本图书馆 CIP 数据核字（2022）第 215901 号

中学语文循证教学研究：学业水平差异探因

陶波　蒋承　著

图书统筹	王云霞	
责任编辑	王云霞	
责任印制	李宝丰	
装帧设计	侯童童	
出版发行	知识出版社	
地　　址	北京市西城区阜成门北大街 17 号	
邮　　编	100037	
网　　址	http://www.ecph.com.cn	
电　　话	010-88390659	
印　　刷	北京一鑫印务有限责任公司	
开　　本	710 毫米 × 1000 毫米　1/16	
字　　数	300 千字	
印　　张	21	
版　　次	2022 年 12 月第 1 版	
印　　次	2023 年 3 月第 1 次印刷	
书　　号	ISBN 978-7-5215-0609-9	
定　　价	60.00 元	

让教育沐浴人性的光辉

教育是关乎千家万户的事业，任何一个社会，都需要教育思想的引领。时代在变，教育也在变。然而，变中也有"不变"，所以，我们要对教育进行哲学的思考，只有搞清楚了哪些需要变，哪些不能变，才能真正做好教育。而教育的本质是什么，什么是好的教育，理想的教育是什么样的，这些最基本的教育问题应是教育哲学思考的源头。只有弄清楚这些最基本的问题，我们才能找到正确的方向，办出有质量的教育。

教育是培养人的事业，是一个通过培养人让人类不断走向崇高、生活更加美好的事业。因此，教育最重要的任务是塑造美好的人性，培养美好的人格，使学生拥有美好的人生。如何达成这样的目标？那就需要一批有理想、有情怀、有追求、有实干精神的校长和教师，用自己的青春和智慧去践行。而在现实中，也确实有这样一群人，他们热爱教育事业，关爱每一个学生，一步一个脚印，用脚去丈量教育，用心去感受教育，用智慧去点亮教育。

如何将这样一群人聚在一起，用他们的智慧去影响更多的教师？

中国大百科全书出版社、知识出版社策划出版了"新时代教育高质量发展书系"，进行了可贵的探索。他们在全国范围内会聚了一群优秀的教育工作者，这些教育工作者大多是扎根教育一线的优秀校长和教师。书中的经验、实践、体会和思想，既有教学的艺术，也有管理的智慧；既有育人的技巧，也有师德的弘扬；既有教师的发展思考，也有校长的成长感悟；既有师生关系的融通之术，也有家校关系的弥合之道。每本书都有一个着力点，每一个点都是一门学问，一门艺术。

我今年给"新教育"的同人写过一封新年信，题目是"让教育沐浴人性的光辉"，从三个方面对教师的工作提出了建议。我也把这三条建议送给这套丛书的作者和读者朋友。

一是要善待我们自己。要珍惜时间，张弛有度，让人生丰盈；发现教师职业魅力，做一个善于享受教育生活的人；培养健康的爱好，做一个有生活情趣的人；与学生一起成长，做一个在教育过程中不断进取的人；不断挑战自我的最高峰，做一个创造自己生命传奇的人。

二是要善待学生。要把学生作为一个真正的人看待，让学生能够张扬自己的个性，发挥自己的潜能，成为更好的自己。在我们教室里的学生，首先是活生生的生命。我们应该从生命的角度考虑，首先是如何帮助他成为一个人，一个有理想、有激情、有智慧的人，一个能够适应社会并且受人欢迎的人，一个挖掘自身潜能、张扬不同个性的人。

三是要把教育的温暖传递给社会。许多问题，归根结底是教育的问题。尽管我们任何一个人，作为个体的力量都是有限的，但是，再渺小的个体，也能够温暖身边的人。所以，我们要让所有和我们相遇的人，都能够感受到我们的美好和温暖，这也是让人与人之间，让全社会变得更美好、更温暖的有效方式。

有人性的人是明亮的，有人性的教育是光明的。让教育沐浴人性的光辉，我们的今天将会更加幸福，我们的明天将会更加美好，我们的世界将会因此璀璨。

是以为序。

朱永新

2020 年 5 月 1 日

目录

第一章

实践研究前的思考与设计

第一节　为什么中学语文需要循证教学研究

1. 背景

一直以来，语文学科改革动作大、呼声高，语文教育名家辈出，新教学模式、教育理念、教学流派层出不穷，但语文名家新模式、新理念、新流派可学性弱，推广应用困难，"水土不服"现象普遍。语文教育教学旧问题并没有得到解决，新问题却越来越多。语文教育教学"少、慢、差、费"等低效率状况仍然客观存在，满堂灌、满堂问、满堂展、满堂活动、满堂任务、满堂项目……你方唱罢我登场。当然，造成这些状况的原因很多，一方面，教育教学问题本身极其复杂，另一方面，任何一门学科教育教学发展都是动态变化的，会不断遇到新情况、新问题，需要不断探索新方法、新策略，形成新模式、新路径，需要与时俱进。即便如此，仍需要正视问题。客观上讲，中学语文教育教学研究对很多具体问题透视不够，基础行动研究、实证研究有缺陷，对影响学生语文学业水平和语文素养提升要素分析研究得不具体、不明晰，能给一线教师真正有效解决具体问题的"钥匙"很少。很多看似正确的观点，譬如"多读多写"，可谓旧调重弹，既无新意，又无新证，大而化之，含糊不清，都是些"十全大补丸"，一堆谁都可以吃的"维生素片"，没有具体的靶向明确的针对性解决方案。譬如读什么、写什么、何时读、何时写……

目前，语文教育教学，尤其是一线教学变革，仍然多基于一些自洽的教育理念，基于部分语文名家、语文专家的"我认为""我感觉"，而这些认识多是建立在个体认知、个性实践和个案成功的基础之上的，缺乏长周期的跟踪实验验证，没有经过大数据的综合学分析，缺少针对某一稳定群体系统规划的多年跟踪研究，缺少经过实践实验—大数据分析—再实践实验—再大数据科学分析的循环多轮次实践调整—再实践—再调整的系统研究，缺少分别从学生、教师、家长角度探索寻找相对系统而具体的影响学生学业水平变化的各种关联要素，也没有形成科学的可以广泛推广运用的具体学习策略、教师教学策略以及家长教育行为策略。

科学理性缺位，客观经验主义、主观感觉主义大行其道，且公说公有理，婆说婆有理。但其弊端明显，客观经验主义教学过于偏重教师经验，对教师的学识、经历与经验等具有较强的依赖性，在教学过程中往往受教师的"前见""前设"与"前有"的制约，教学决策停留在经验层次。而主观感觉主义教学，教师多基于自己的求学经历和学习经历，易忽略学生现状与发展的实际，忽视教学内容与课堂情境的现实制约，易脱离教学实践，造成教学主观与客观分裂，教学设计与教学实际脱离。这样的语文教学状况持续不变，就难以找到学生语文学业水平提升的科学、具体、高效的教与学的着力点，教师教学水平很难提高，学生学业水平难以高效提升。

这些年，我们在深圳市福田区的各中学大力倡导语文教学要超越经验主义和感觉主义，要走向"循证语文教学"，是建立在循证教学理论的认识和理解基础之上的，强调中学语文教师应该像医生一样，基于教学证据，结合经验、智慧进行教学决策和采取教学行为。

循证教学理论吸收借鉴了循证医学的研究成果。循证医学研究本是 20 世纪 70 年代以来，西方国家对医疗领域高投入、低效率、国民健康状况不良等现象进行的反思，指出医疗领域缺乏精准化的治疗和服务，造成了大量资源的浪费，进而提出了基于证据、遵循证据的医学治疗理念。1996 年，著名医学专家萨科特（Sackett）提出，循证医学，是指"医生在基于对患者的病情进行全面调查和分析，并结合自身医疗经验，获得最佳证据之后，对患者施与的精准化治疗"。它强调经验、证据与技术的有机整合，要求医生遵循当前的研究证据进行治疗，以获得最佳的治疗效果。同年，剑桥大学教育学教授戴维·哈格里夫斯（David Hargreaves）提出了循证教学概念，认为教师也应该像医生一样，基于证据进行教学决策和实施教学行为。循证教学是基于证据的教学，是教师个体经验、教学智慧与教学证据有机融合的教学形态。

梳理循证医学研究和循证教学相关文献，给了我们深刻的启示，长时间的感觉主义和经验主义语文教育教学，过度概括、抽象、模糊、含混不清的语文教学与语文学习方法，让语文的教与学都长期陷入"少、慢、差、费"的泥淖之中，语文学科迫切需要走循证教学之路，尤其中学语文，学段升高，学科众多，课业负担重，若没有科学、具体、高效的教与学的方法、措施、策略，中学生语文学业水平的提升只能靠缓慢的"自然生长""自学自悟"。

基于此，我们经过多次研讨论证，在北京大学中文系汪锋教授的帮助指导下，启动了这一研究。我们确定深圳市福田区各中学 2020 年度初一年级近 14000 名学生及其家长和近 200 名语文教师这一相对稳定的群体为研究对象，以学生为中心，以学生的语文学习和学业水平的变化为核心，匹配教师和家长数据，通过对学生学业水平的初步检测、问卷调研，对教师与家长问卷调研获得这一群体相互匹配的影响学生学业水平相关的基础数据。通过对这些基础数据的研究分析，并基于分析结果对学生的学习行为、教师的教学行为以及家长对学生的教育行为，进行有明确指向的具体的行为干预。经过一个学段综合干预之后，再对学生的学业水平进行二次检测和问卷调查，对于教师和家长进行二次问卷调研，再分析数据，再把分析结果二次应用于干预学生的学习行为、教师的教学行为和家长对孩子的教育行为之中。整个研究如此往复推进，循环二至三轮，找到影响学生学业水平提升的具体因素，从而获得可以促进学生学业水平提升的更科学、更具备操作性、可复制、可推广的一些切实有效的学习策略和教与学的行为干预策略。并运用这些学习策略和行为干预策略来改变学生的学习行为、教师的教学行为以及家长对学生学习的干预行为，从而真正帮助语文教师实施有效的语文教学，指导家长对孩子语文学习的合理干预，更重要的是帮助学生找到语文学习的高效路径，切实有效地提升初中学生的语文学业水平。

总体而言，我们认为此项研究的价值有四：其一，寻找影响学生语文学业水平提升的具体要素。其二，帮助初中语文老师找到提升学生语文学业水平的具体着力点及真正具有教学实践指导价值的操作策略和基础理论。其三，帮助家长找到帮助自己孩子语文学业水平提升的具体行为策略及行为理论。其四，为初中语文教育教学进一步研究探索提供切实可行的操作策略和操作理论。

第二节　中学语文循证教学研究的准备

1. 厘清核心概念

为了使后续参与的教师能直观地明了我们具体在做什么，我们没有直述"中学语文循证教学研究"，而是将其命名为"基于'学生—教师—家长大数据匹配'的初中生语文学业水平提升实践研究"。显然，对于"学生—教师—家长大数据匹配""初中生语文学业水平""跟踪分析"等几个核心概念，需要做一些具体界定。

"学生—教师—家长"大数据匹配：大数据匹配是大量数据之间按照某种内在关系进行配准。学生—教师—家长匹配数据，主要是指学生、教师、家长有对应性、关联性。教师是对应学生的语文学科教师，家长是对应学生的父母或监护人。语文教师相关数据虽然不都是单一与相应学生关联，但有密切的相关性。家长数据与相应学生一一对应。数据不单是各类考试检测数据，还包含调研问卷信息、行动研究叙事信息等。

初中生语文学业水平：依据义务教育语文课程标准规定的学习内容及目标要求来测量学生所达到的语文学业水平，重点考查国家所规定的相应学段学生必须学习、掌握、达到的语文知识、语文能力、语文素养。而每学期期中、期末语文学科考试成绩以及省、国家义务教育质量监测中语文学科表现水平，是目前衡量初中生语文学业水平的基本依据。在新课标语文素养时代用学业水平作为重要的评价标准，本身有一定的局限性，但素养难以量化，为便于一线教师研究，权且用学业水平数据变化作为重要的参照标准。

跟踪分析：对相对稳定的学生、教师、家长群体进行一定时间单位的持续跟踪研究分析。拟用这一方法获取学生、教师、家长的动态信息，把握、分析其内在行为规律及关联影响，克服一般研究方法只能掌握其某一时间内静态信息的不足。本研究拟针对福田区各中学 2020 年度初一年级学生及相应教师、家长围绕学生语文学科学习产生的一系列数据进行为期 3 年的持续跟踪、研究、分析和行为干预。

2. 梳理文献

为做好研究，我们对国内外的文献进行了检索与阅读梳理，在知网搜索主题词"初中语文学业水平"得到 47 篇相关联文章，2 篇与初中语文学业水平无关，其余 45 篇，3 篇是关于初中语文学业水平考试改革的研究文章，23 篇是各地初中生学业水平考试语文试题述评，5 篇是初中语文学业水平考试阅卷分析，11 篇是初中语文学业水平考试各板块复习备考指导，2 篇是对初中语文学业水平考试特点及教学策略的分析，1 篇是初中语文学业水平考试复习的几点建议。没有搜索到"数据匹配 + 语文学业水平提升"这两个主题词结合的研究文章。搜索到"匹配数据研究"的一些文章，但跟教育特别是语文教育无关。关于阅读水平、阅读能力、写作能力等语文学科单项研究的文章比较多，语文综合学业水平提升策略研究的文献很少。

综合各方面文献研究后可以看到，目前，我国绝大多数中学对初中生语文学业水平的测评和研究主要有期中期末调研考试、中考和国家义务教育质量监测等三种形式，每种形式都有其目的和价值，但也都有其缺点。

其一，每学期期中期末的调研考试。仅仅是针对学生阶段性学习效果的检测，而对影响学生语文学业水平的具体因素分析比较少；调研检测对象单一，仅仅指向学生；形式单一，基本都是做题考试。而对教师教学行为与学生学习成效的相关性研究缺乏，关联性要素探寻几乎没有，家长行为对学生学习水平的关联性研究更少。

其二，中考。其实是带有分层和选拔性的高利害考试，尤其在深圳，因为优质高中学位紧缺，这种高利害的学业水平考试几乎将教育尤其是初三年级的教育，直接变成功利目的极为突出的"育分"教育。虽然名义上中考是要检测学生各学科的学业水平，很多地方中考卷题头都是初中学业水平考试，而实质上却是选拔分流的考试，检测出的是学生应试水平和教师的应试指导能力。所有的考生、家长、语文老师、学校乃至教育行政部门关注的就是结果，结果既出，万事大吉。对造成这种结果的成因和影响要素，很少进行科学细致的分析。

其三，国家义务教育质量监测中心组织的语文学科教育质量监测。自2015年开始，国家义务教育质量监测中心就组织对义务教育相关学科进行教育质量监测，语文学科2016年进行第一次、2019年进行了第二次监测。这种监测是我国教育评价体系的一项重大改革和突破，对语文学科而言有两种价值指向，一是为国家教育行政部门了解全国各地的义务教育语文学科教育教学的状况，为制定语文教育的相关政策提供一些参考和依据；二是旨在找到评价语文教育质量和均衡发展的标准，让被监测地区在全国、本省、本市的语文学科教育教学坐标系中找到自己的相对位置，从而明白自己的优势与不足，为改进提升语文学科教育质量提供科学依据。这一监测体系各级各类指标比较多，相对于常规的期中期末考试和功利目的、应试导向突出的中考有更多的教育教学指导意义。但是从一线语文教学的角度而言，其中的不足也很明显，譬如没有家长行为对学生语文学业成绩影响的关联研究，监测侧重于客观结果的汇报和分析，没有对造成学生学业水平的具体成因做深度的、具体的分析，没有对学生、教师、学校、家庭等影响学生语文学业成绩的要素做关联性分析，没有对这些相关的教育要素、教育行为对学生学业成绩的具体影响做归纳分析，更没有针对监测所发现的问题提出相应的解决策略和干预办法。

一些欧美国家对发展基础教育也都十分重视，纷纷采取措施对教育质量进行监测，促进学生学业水平的提升。美国的"全国教育进展评估"（NAEP）、英国的"标准成绩考试评价项目"（SATS）、澳大利亚的"国家教育进展评估"（NAP）都是传统的国家学业成绩测评的代表。譬如美国自20世纪60年代开始，在拉尔夫·泰勒（Ralph Tyler）等人的大力倡导和政府推动下，聚焦学生学业水平，多年来采用大规模教育测量技术系统地对基础教育质量进行监测，从实施机制、过程方法到结果报告和分析利用，形成了一个庞大的系统工程，其监测体系为决策者、研究者、教育工作者、媒体、家长、学生有的放矢地提供反馈，以评价促改进。英国基础教育在学生评价方面建立了一套三级框架体系，即国家评价、教师评价和学生自评与互评。英国学生从小学到中学先后要经历四次国家考试，采用全国统一的标准级别，检验学生学习进展情况，促进学生学业水平的提升。德国为诊断学生在3年级和8年级时的各学科能力，帮助教师改进教学，促进学生的能力发展，德国国家教育质量发展研究所（IQB）根据国家教育标准启动了州际学业比较测试（VERA）。这种比较测试理论基础扎实，设计过程严谨，且测评范围广，反馈及时高效，对学生的学业水平具有极强的诊断性和针对性。

近些年，国际上对学生语文学科学业成就评价关注比较多的主要有两个项目，其一是经济合作与发展组织（OECD）实施的国际学生评估项目（PISA测试）。其二是国际教育成就评价协会（IEA）主持的国际阅读素养进步研究（PIRLS）。这两项评价研究的评价维度指标和工具的科学与严密以及评价程序的规范等，在国际上产生了很大的影响。两者都重点关注阅读素养的测评。阅读是人类获取知识、传递信息、社会交流的重要媒介。在当今时代，科技迅猛发展，人们必须通过不断阅读来增长自己的知识和才干。目前，我国基础教育改革正倡导多角度、有创意的阅读，包括培养学生探究性阅读和创造性阅读的能力，而这两项国际阅读素养评价，在阅读期待、阅读操作、阅读反思及运用等各个环节，为我们在这方面的研究提供了很好的借鉴。

综合而言，各国对学生学业水平聚焦和对学业水平的监测都是建立在其国情和教育传统基础之上的，国情不同，体制有差异，学生个性特质也有区别，它们能为我们提供一些可资借鉴的方式方法，但不可能有照搬和简单复制的体系。我们对区域学生学业水平的监测及提升策略研究，必须基于区域教育生态实际情况来展开。区域语文学业水平的监测与提升需要从更多维度来着力，需要收集更多立足于区域实际状况的大数据，并对大数据进行关联研究分析，从而形成各方行为干预策略，持续干预，持续动态分析，科学论证，进而进行动态调整。

第三节　研究路径与目标、方法和策略

1. 研究路径

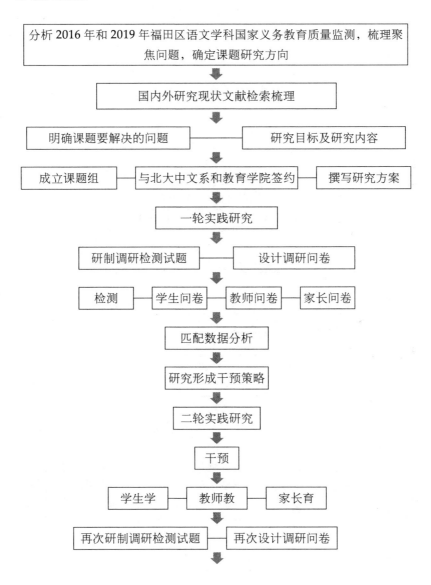

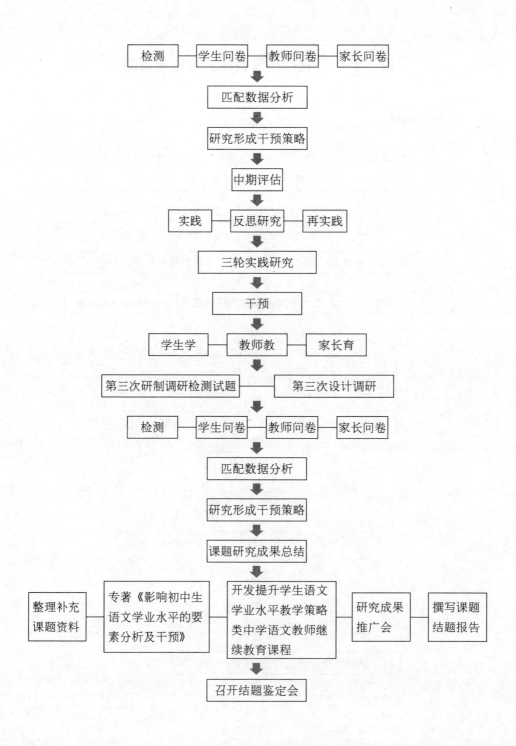

2. 目标

阶段一目标

通过检测、调研、大数据分析，形成三个方面的实践研究成果：

其一，影响语文学业水平的初中生认知和行为要素研究分析报告。

其二，影响初中生语文学业水平的语文教师认知和教学行为要素研究分析报告。

其三，影响初中生语文学业水平的家长认知和干预行为要素研究分析报告。

阶段二目标

基于大数据研究分析结果及其实践应用，形成三个方面的实践研究成果：

其一，基于大数据研究分析结果的学生认知和学习行为调整的语文学业水平变化研究报告。

其二，基于大数据研究分析结果的语文教师认知和教学行为调整的学生语文学业水平变化研究报告。

其三，基于大数据研究分析结果的家长认知和干预行为调整的学生语文学业水平变化研究报告。

总目标

探明影响初中生语文学业水平提升的学生、教师、家长等方面的具体因素，获得初中生语文学科学业水平提升的科学、高效的学习策略和行为干预策略。

3. 创意

第一，研究对象有创新。不以单一实体为研究对象，而是关联学生、教师、家长三个影响学生语文水平的实体，并且针对三者对学生语文学业水平的作用力的动态变化，做细致的关联分析。

第二，研究方法有创新。表现在三个方面：其一，本研究基于大数据分析和数据匹配分析。所涉及的学生、教师、家长及所产生的动态数据不是孤立的，而是围绕学生为中心形成对应研究的匹配数据，并基于对匹配数据的研究探寻成因。其二，稳定群体持续跟踪研究。所涉及的研究对象稳定，基于这一稳定群体进行为期3年的跟踪研究。其三，数据研究结果与实践验证快速结合。匹配数据分析结果会及时作用于实践，而且，有了大数据分析结果，及时应用干预，再形成大数据分析结果，如此循环推进，让研究循序渐进。

第三，研究成果可以为我国基础教育进一步利用大数据进行语文学科方面的研究提供一些可信的基础数据。

第四，基础教育研究与高校深度合作。本研究与北京大学中文系、教育学院深度合作，已签署科研合作协议，特别邀请北京大学、中国语文教育研究所的专家团队给予学术支持与指导，从而保证整个课题研究过程有先进、科学的理论保障与指导。

第五，为后续中学语文循证教育教学提供研究经验，积累研究数据，探索中学语文教学循证研究制证与用证的方法、路径。

4. 研究方法

根据实际需要，主要采用文献研究、调查研究、实验研究、个案研究、数理统计等五种方法。

文献研究：搜集、鉴别、整理文献，对目前测评学生语文学业水平的方式方法及各自优缺点做系统的梳理。查阅并研究目前学术界对影响初中生学业水平因素实践研究的案例及相关分析的文献，查阅并研究目前学术界对学生、教师、家长等各方意识和行为对学生语文学业水平影响的研究文献，尤其是关于这方面的数据匹配研究的文献和观点。

调查研究：科学设计针对学生、教师、家长的调查问卷，把收集的问卷数据与学生成绩数据进行匹配分析，形成分析结论，及时把这些结论应用于实践，并基于实践反馈，进行二次、三次乃至多次问卷修订和问卷调查，形成科学、精准的调整策略。

实验研究：确定稳定的学生、教师、家长群体，展开持续的检测、问卷、匹配数据分析和基于匹配数据分析结果的干预实验，从而获取反馈信息，继而更新、修订和完善相应策略，积累实验数据，进行量的分析与质的研究。

个案研究：选择部分学生、家长、老师作为个案研究对象，在大数据分析下进行指向明确的行为调整，通过检测、问卷等进行数据比较、检验，调整行为策略。

数理统计：主要研究随机调研和检测数据中局部与整体之间，以及各有关因素之间相互联系的规律性。利用获取匹配数据样本的平均数、标准差、标准误、变异系数率、均方、检验推断、相关、回归、聚类分析、判别分析、主成分分析、正交试验、模糊数学和灰色系统理论等有关统计量的计算来对监测、调研所获得的所有数据进行分析研究，以获得影响学生语文学业成绩变化的具体因素。

5.研究策略

其一，研制检测工具，对中学生语文学业状况进行抽测。课题组联合北京大学中文系、教育学院和中国语文教育研究所，组织若干专家研制福田区中学生语文学业水平抽测工具，开展检测评价。

其二，问卷调研。课题组组织若干专家，分别设计针对研究对象（学生、教师、家长）的调研问卷，并组织研究对象认真填写调研问卷。

其三，匹配数据分析。课题组组织若干专家，对抽测数据和学生、教师、家长等各方调研数据进行匹配研究分析。

其四，行为干预。基于匹配数据研究分析的结果，探寻针对学生、教师、家长的更加科学的行为干预策略，根据数据研究分析结果优化干预策略并及时将这些策略应用于实践。

本研究分准备阶段、实施阶段、梳理总结和推广应用四个阶段。准备阶段重在摸清福田区初中语文学业水平现状，培训参与课题研究的语文教师，确定研究的路径。

实施阶段分三轮推进。

第一轮的检测调研、大数据分析，与北京大学教育学院签订为期3年的科研合作协议，在研究理论和研究策略、路径、方式、方法上获得指导和支持。然后收集福田区各中学初一年级学生语文学业水平现状的相关数据，与北大教育学院和北大中文系研讨，研制针对学生的语文学业水平抽测试题，设计针对学生、语文教师及家长的调研问卷。与专家联合分析抽测数据，研制针对参与抽测学生、语文教师及家长的调研问卷。开展针对抽测学生、语文教师及家长的调研问卷，汇集检测数据、调研问卷数据，做好数据匹配，并进行研究分析。本书呈现的内容就是我们第一轮研究梳理的部分成果。

第二轮拟基于这些成果对学生的学、教师的教和家庭教育予以适度干预，将呈现干预过程和干预效果。之后再开展第三轮检测调研，形成进一步的研究报告和研究成果。

第三阶段拟把三年研究成果总结、评价、检验、修订，然后推广应用。

教育教学研究是复杂多变的，其中存在多种变量，所以任何一个教学科研都不可能一蹴而就，一劳永逸。我们想充分利用网络大数据、人工智能等现代工具，持续务实地开展此项研究，最终目标是让语文教育教学走出经验主义、感觉主义主导的行进路线，让语文教育教学走上科学化发展的路径，真正让学生学得更有成效，教师教得更有成就感，家长育人更有着力点，从而形成科学合力，提升学生的语文学业水平，全面提升语文素养。

第二章

学生、教师、家长眼中的语文

第一节　学生眼中的语文

我们让学生用一至三个词语描述自己心目中的语文学科，汇聚形成词云图，几个大大的词语映入眼帘："有趣""丰富""生动""丰富多彩""难""复杂""重要"……这和我们的预期还是有一些差别的，因为我们以为学生描述最多的应该是阅读、写作、语言、技巧之类的词语，但词云图中最醒目的却是"有趣"，学生真觉得语文有趣吗？为什么很多中学老师觉得学生对学语文兴趣不足、投入不够呢？为什么很多中学语文课堂并没有表现出学生对语文的趣味呢？

学生描述语文学科词云图

我们想：这些呈现在词云图中的词语之间有没有一些逻辑联系？譬如"有趣"和"丰富多彩"之间存在联系吗？后者是对当下语文学习的评价，还是对未来语文学习的需求呢？认为语文"复杂""困难"的心理会降低学生语文学习的动力吗？如果学生能够认识到语文学习的"重要"性，他们会克服"困难"并迎难而上吗？"阅读"是唯一在词云图中出现的语文考核板块，为什么没有"写作"呢？……凝视着词云图，会有很多很多的联想，也会有很多很多的疑问。

我们把学生调研词云图与调查问卷的数据结合起来做了分析，尝试着对这些疑问做一点论证和阐释。

一、有趣、丰富多彩、生动

1."有趣"是对语文教与学的期待

学生词云图首先映入眼帘的是"有趣"两个大字。综合来看，这一方面体现了学生对于语文学习的积极评价，另一方面也表达了他们的心声——老师和家长们应该通过缔造有趣的语文学习方式，来增强孩子们学习语文的动力。

1.1 五成以上学生认为学习语文比较开心、有趣

通过对学生语文学习兴趣的调研统计，发现认为学习语文比较开心、有趣的学生人数比较多，占比达到 55.80%；认为学习语文非常有趣的人数次之，占比 27.07%；而两者合计，意味着 82.87% 的学生都认为学习语文有趣，这也就不难理解为什么学生描述的词云图中"有趣"会最醒目了。但如果从反思现状和引导教学的角度来看，仍要客观清晰地认识到，还有 14.99% 的学生认为学习语文不太有趣，有 2.14% 的学生认为学习语文非常无趣；两者合计，有近 20% 的学生并没有觉得语文"有趣"，按这个比例推理，还是会令语文老师头疼，因为按一个教学班 50 个学生计算，就可能有近 10 名学生对语文学科不怎么感兴趣，或者觉得无趣，这也就可以解释

为什么词云图里还清楚浮现了"无聊"这个词语。

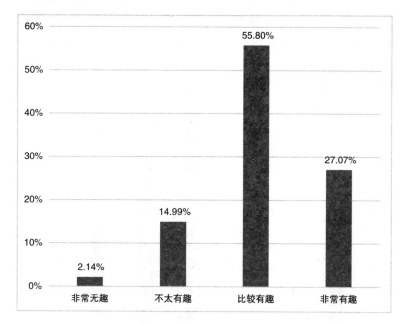

学生语文学习兴趣统计图

总体而言，八成以上学生对语文学习给予了正向评价，说明当下大多中学生在学习语文时能够获得一定程度的满足及喜悦。这个现象是让学生取得良好语文学习成绩的基础，而家长和教师需要关注和呵护学生这种兴趣，同时需要把兴趣引导的重心放在20%左右感觉语文学习无趣或者认为语文教学无趣的学生身上，这个群体的数量越少，比例越小，就证明语文教与学的趣味性越高。

1.2 兴趣是提升语文成绩的最大驱动力

兴趣是最好的老师，这话有点老生常谈，但客观上，兴趣确实对学科成绩有很大影响。在一定范围内，成绩和趣味存在正相关，成绩有进步或者越来越好，学习起来就会越来越觉得有趣。但也不能过于夸大兴趣的功能。调研统计显示，**33.40%** 的学生认为影响其语文成绩的最重要因素是学习兴趣；**28.79%** 认为影响其语文成绩的最重要因素是学习方法；**16.96%** 认为语文老师的教学为最重要影响因素；17.24% 认为努力程度为最重要影响因素。而认为影响其语文成绩的最重要因素是同学影响、家长影响和课外补习这三项原因的人数最少，分别占比 1.71%、1.14% 和 0.76%。

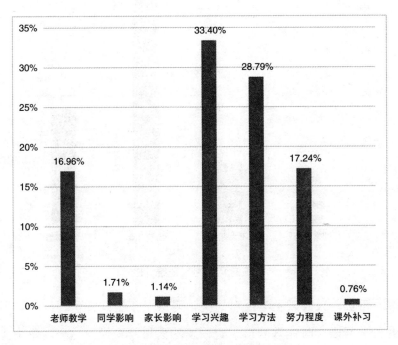

影响学生语文成绩的因素统计图

由此可知，很多学生都认同学科兴趣对学业成绩有重要影响，但好成绩的取得并不能单靠兴趣。而且兴趣需要培养，兴趣是动态推进，不能只是一种静态描述。学生需要积极的心理暗示培养其对语文的兴趣，内心产生学习语文的驱动力，进而付诸努力，才能取得良好的语文成绩。那么，学生希望学校和语文老师怎样做会更有利于其提升语文学习的兴趣呢？

2. 需要更丰富的语文活动

"丰富多彩""多姿多彩"也是词云图中醒目的词语，这两个词语显然和"有趣"密切关联。语文学科的教与学如果有这些特征，往往能激发学生学习语文的兴趣，令学生感到"有趣"。这些词语一方面体现了学生对于自己所接触过的语文教学活动的正向评价，同时也表达了他们对于更丰富的与语文有关的文化活动的需求。调研中我们发现，福田区与语文有关的文化活动确实还算比较丰富。

2.1 九成左右的学生参观过图书馆和博物馆

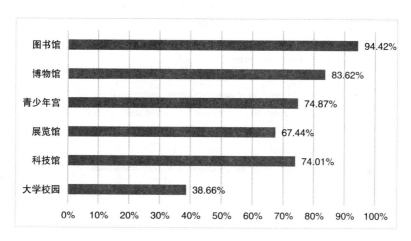

学生参观文化场所情况

对学生参观文化场所情况进行调查发现，参观过图书馆的学生人数最多，占比达到 **94.42%**；参观过博物馆的学生人数次之，占比 **83.62%**；参观过青少年宫和科技馆的学生人数接近且均超过了七成，分别占比 **74.87%** 和 **74.01%**；此外，参观过展览馆的人数占比为 **67.44%**。但参观过大学校园的人数最少，仅占比 **38.66%**。

参观文化场所的经历有利于激发学生校内学习的兴趣，尤其对语文学习的兴趣有极大影响。无论什么文化场所，学生在这些地方所见所感都会对语文阅读或写作产生直接或间接影响。总体来看，福田区学生文化场所的参观率很高，相比较而言，参观展览馆和参观大学校园的人数较少，尤其是参观大学校园，或许因为他们是初中生，大学距离他们还稍显遥远，但很多大学的人文环境，对学生都有极大的吸引力。如果能够给予学生更多前往大学研学的机会，是否会使学生更有学习的兴趣和动力呢？

2.2 分别有三成左右学生参加过语文活动周、作文大赛、书法比赛和社会实践活动

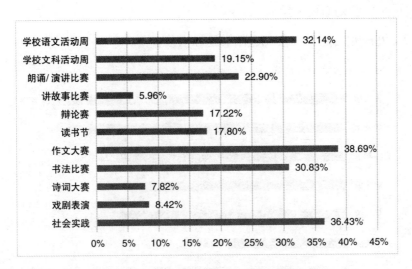

2019年学生参加学校文化活动情况

通过对学生2019年参加过的学校文化活动调研可知，参加过学校语文活动周、作文大赛、书法比赛和社会实践的人数较多且均超过了三成，分别占比32.14%、38.69%、30.83%和36.43%；参加过学校文科活动周、朗诵/演讲比赛的人数分别占比为19.15%和22.90%；此外，参加过辩论赛和读书节的人数较为接近，分别占比为17.22%和17.80%。而参加过讲故事比赛、诗词大赛和戏剧表演的人数较少，分别占比5.96%、7.82%和8.42%。

丰富的校园文化活动印证了学生们眼中的"多姿多彩"的真实状况，增强了学生们对语文学科的学习兴趣，同时也有益于学生的全面发展。

2.3 八成以上学生认为校园文化活动丰富

为了解学生对于校园文化活动的需求，我们请学生对活动的丰富程度进行了评价。由下页图可知，认为校园文化活动比较丰富的人数最多，占

比达到 **45.80%**；认为校园文化活动非常丰富的人数次之，占比 **40.01%**；此外，认为校园文化活动不太丰富的人数占比为 **11.27%**。而认为校园文化活动不丰富的人数占比 **2.92%**。

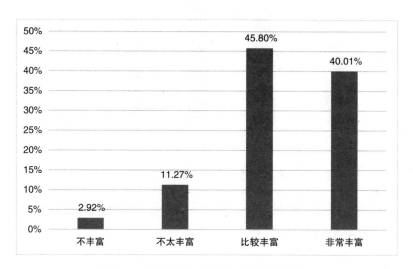

学生对校园文化活动丰富程度评价统计图

尽管有八成以上学生认为校园文化活动是丰富的，但不可否认的是，仍有近二成学生对活动的丰富程度进行了消极评价。由此可知，尽管福田区各中学在校园文化活动的建设上已经取得了一定的成绩，但是目前校园文化活动的丰富度仍有进一步提升的空间。对于如何有效提升学生对于语文学科的学习兴趣，让不同学校的学生享受均等的校园文化活动，仍需要继续努力。

二．"困难""深奥""复杂""重要""喜欢"

1、困难、深奥且复杂——语文学习的焦虑现象

纵然"有趣"等字样占据了词云图的大片江山，但无法忽视的是，有一部分学生认为语文学习"困难""深奥""复杂"，从一定程度上反映出学生对学习语文有焦虑情绪。在对学生学习焦虑情况的调查中发现：

1.1 80% 的学生有觉得语文学习任务太多而无法完成的体验

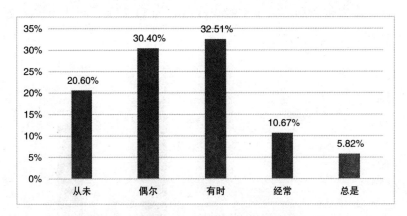

学生觉得学习任务太多而无法完成的频率统计图

调研显示，偶尔或有时觉得学习任务太多而无法完成的人数较多且较为接近，分别占比 30.40% 和 32.51%；从未觉得学习任务太多而无法完成的人数超过了两成，占比 20.60%；此外，经常觉得学习任务太多而无法完成的人数占比为 10.67%。而总是觉得学习任务太多而无法完成的人数占比 5.82%。总体而言，八成学生都有过觉得语文学习任务太多而无法完成的体验，这应该是造成学生学习焦虑，觉得语文学习"困难""复杂"的重要原因。

1.2 八成学生有遇到挫败时发脾气的体验

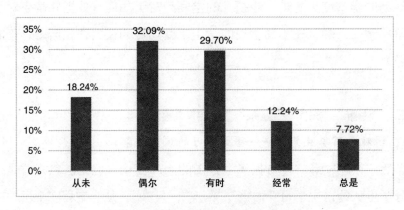

学生遇到挫败时发脾气的频率统计图

偶尔或有时在遇到挫败时发脾气的人数较多且较为接近，分别占比 32.09% 和 29.70%；从未在遇到挫败时发脾气的人数接近两成，占比 18.24%；此外，经常在遇到挫败时发脾气的人数占比为 12.24%。而总是在遇到挫败时发脾气的人数占比 7.72%。

八成学生有遇到挫折发脾气的体验，这个数据并不令人惊讶，但 12.24% 经常在遇到挫折时发脾气，7.72% 总是在遇到挫折时发脾气，这两组数据要引起我们更多警觉，语文教师和家长都需要重点关注这个群体。

觉得学习任务太多而无法完成、遇到挫败时发脾气都是学生学习焦虑的表现。在这个"内卷"的时代，选择"鸡娃"的家长越来越多，占满课余时间的补课班和才艺班让孩子很难拥有自由自在的童年和少年，也在一定程度上影响了孩子学习的兴趣，带来了学习焦虑。适当为孩子减压，还给孩子一个健康快乐成长的童年和少年，应该是当下要着重考虑的问题。

2. 因为"喜欢""重要"，要迎难而上

2.1 六成以上学生比较喜欢选择富有挑战性的学习任务

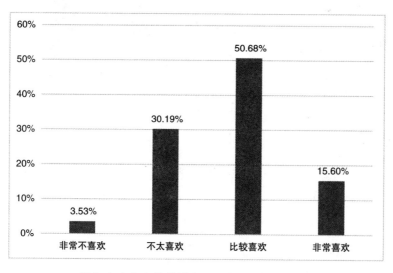

学生喜欢富有挑战性学习任务的程度统计图

虽然学习焦虑笼罩着部分同学，但通过对学生喜欢富有挑战性学习任务的程度调研，发现比较喜欢选择富有挑战性的学习任务的人数最多，占比达到50.68%；不太喜欢富有挑战性的学习任务的人数次之，占比30.19%；此外，非常喜欢富有挑战性的学习任务的人数占比为15.60%。而非常不喜欢富有挑战性的学习任务的人数占比3.53%。

由此可知，尽管大部分学生存在着一定程度的学习焦虑，但有超过六成的学生还是喜欢富有挑战性的学习任务，究其内在原因，恐怕就要联想到词云图中的"重要"一词。

2.2 超过97%的学生认同语文学科学习重要

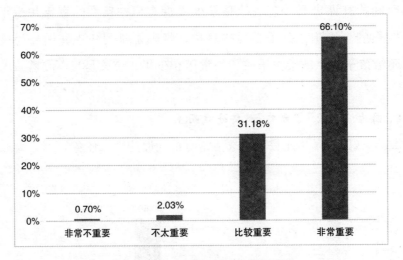

学生对语文学科的重视程度统计图

通过调研学生对语文学科的重视程度可以发现：认为语文学科的学习非常重要的人数最多，占比达到66.10%；认为语文学科的学习比较重要的人数次之，占比31.18%。而认为语文学科的学习非常不重要和不太重要的人数较少且较为接近，仅分别占比0.70%和2.03%。由此可知，有超过97%的学生认同语文学科学习的重要性。

语文学习是一切学习的基础，是交流思想的工具，学生心中早早树立起对语文学习的重视，对于学习语文学科知识技能，提升语文核心素养，进而对学习其他学科都大有裨益。

三、阅读是进步的阶梯

我们正处在一个被电子产品占领的时代。生活中充斥着的网络信息、搞笑视频使众多学生的心也开始慢慢浮躁起来，很多学生不再追求"腹有诗书气自华"，而可能只是一味地追捧"娱乐至死"。如何摒弃内心的浮躁情绪，重新找回心中那抔净土？其实并不难，"书犹药也，善读之可以医愚"（西汉刘向《说苑》）。在书中，自可以寻找内心深处的宁静，提升自己的精神境界。即便很多与语文教学有关的"语言""技巧"等词汇没有出现在学生调研词云图中，但"阅读"一词还算比较醒目，那么福田区初中生的阅读状况如何呢？

1. 最困难的是阅读理解

1.1 四成以上学生认为语文学科中阅读理解的学习最困难

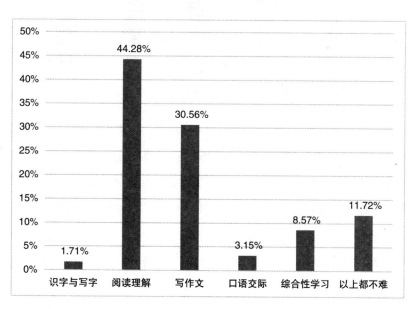

学生语文学科学习困难板块分布情况

通过对语文学科学习困难板块的分布情况进行统计，发现认为阅读理解最难学习的人数最多，占比达到 44.28%；觉得写作文难度最大的人数次之，占比达到 30.56%；此外，觉得综合性学习、口语交际、识字与写字最难的人数分别占比 8.57%、3.15% 和 1.71%。而认为上述板块都不难的学生较少，仅占 11.72%。

居然有将近一半的学生认为阅读是一件困难的事情。造成这个结果的原因是什么？如何才能扭转这一局面？

2. 福田区中学生的阅读现状

2.1 仅有 30% 左右学生偶尔或有时和家长／老师／同学交流阅读内容和感受

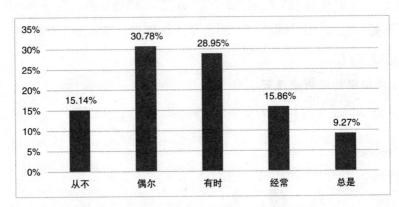

能够和家长/老师/同学交流阅读内容和感受的情况

偶尔或有时和家长／老师／同学交流阅读内容和感受的学生人数较多且较为接近，分别占比 30.78% 和 28.95%；从不或经常和家长／老师／同学交流的学生人数也较为接近，分别占比 15.14% 和 15.86%；而总是能够做到和家长／老师／同学交流阅读内容和感受的学生人数仅占比 9.27%。

萧伯纳曾说："你有一个苹果，我有一个苹果，我们交换后分别还是只有一个苹果；但是你有一个思想，我有一个思想，我们交换后每人就有了两个思想。"交流启智，时常与他人交流阅读内容和感受，有助于交流思想，增长见识，还能得到精神层面的共鸣。

阅读者通过与人交流，既能巩固阅读成果，还能有更多获得感与成就感，进而更爱阅读，去阅读更多更好的书。但从调研统计来看，目前学生阅读交流偏少，不利于这种良性循环的推进，教师、家长应该在创造基于情境的阅读交流机会方面做更多努力。

2.2 七成以上学生本学期除教材教辅外阅读了 1—5 本书

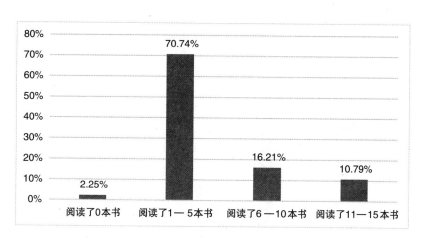

本学期读书数量统计图

经过统计，参与问卷调查的学生本学期平均读书量为 5.99 本。其中，本学期除教材教辅资料外阅读了 1—5 本书的学生人数最多，占比达到 70.74%；本学期阅读了 6—10 本书的学生人数次之，占比 16.21%；此外，本学期阅读量为 11—15 本书的学生人数占比为 10.79%；本学期没有读书的学生人数占比 2.25%。

现在来看，这个以 5 本书为调研分段点的方式有些粗糙，我们只能得到一个相对乐观的数据和结论：只有 2% 的学生没有阅读课外书。

即便如此，仍有隐忧，因为初中语文教材上的名著导读部分，每学期就明确要求阅读 2 本课外书。那么，目前 2% 的学生 1 本课外书都没有阅读，就是连教材要求的课外书都没有阅读，还有多少是仅仅读了教材要求的 2 本书呢？如果减去仅仅阅读了教材要求的 2 本书的学生比例，一学期阅读书籍超过 2 本的学生所占比例定然会大幅度缩小。初中生是阅读习性培养的最佳阶段，一学期阅读 5 本以上有一定品质的课外书籍比较好。但目前来看，自己承认阅读超过 5 本以上的不到三成，而且阅读了怎样的书，也不得而知。总之，学生的阅读量还是偏少，阅读书籍的品质也有待进一步调研。

2.3 七成以上学生每周在家阅读时长为 1—3 小时

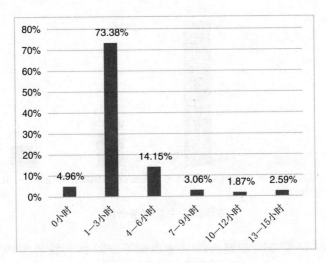

每周在家阅读时长统计图

经过统计，参与问卷调查的学生每周平均阅读时长为 3.74 小时。其中，每周在家阅读时长为 1—3 小时的学生人数最多，占比达到 73.38%；每周在家阅读时长为 4—6 小时的学生人数次之，占比为 14.15%。每周在家不阅读的占比 4.96%，阅读 7—9 小时的占比 3.06%，阅读 10—12 小时的占比 1.87%，阅读 13—15 小时的占比 2.59%。

这组调研数据有两点值得关注，其一是绝大多数学生每周有一定的阅读时间保障；其二是有 5% 的学生没有进行课外阅读。同时，也提醒教师和家长重视两个问题：其一，学生平均每周有 3.74 小时的阅读时间，那么学生在阅读什么？怎样指导促进阅读？其二，部分学生有没有达到区域学生阅读时间的均值？如何引导不阅读的学生走上阅读成长之路？

　　总体而言，虽然有部分学生的阅读量和阅读时长能够达到一个较高水平，但大部分学生还是维持在一个中等偏下的水平，并没有达到平均值。欠佳的阅读量和阅读强度可能会造成学生不擅长做阅读理解类题目的结果，增加学生的阅读量和阅读时长至平均水平，有利于提升学生的阅读能力和阅读技巧，正所谓"读书破万卷，下笔如有神"，在积累了一定的读书量后，阅读理解水平提升、写作能力提高才会水到渠成。

3．学校可为学生做什么

3.1 可以安排更多阅读活动课时

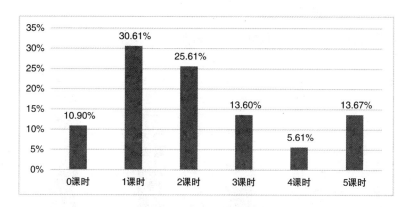

学校每周组织阅读活动的课时统计图

　　由上图可知，每周组织 1 课时阅读活动的学校数量最多，占比达到30.61%；每周组织 2 课时阅读活动的学校数量次之，占比 25.61%；每周组织 3 课时和 5 课时阅读活动的学校数量较为接近，分别占比 13.60% 和13.67%；此外，没有组织阅读活动的学校数量占比为 10.90%，每周组织 4课时阅读活动的学校数量占比 5.61%。

　　我们的调研设问是：本学期，学校每周组织阅读活动的课时数（包括阅读课、阅读指导、课堂自由阅读）。因为包含了阅读课、阅读指导、课堂自由阅读，所以即便有 5 个课时，应该也不算多，但结果是一成学生认为学校没有阅读活动课时，近六成学生认为阅读活动课时在 2 节以下。这样来看，阅读课时量明显偏少。

学校应该多安排阅读活动课，而且不要局限于让语文教师组织阅读活动课，也不一定要阅读与语文学科关系密切的小说、散文，应该更多地安排数理化等学科教师来组织阅读活动课，推荐阅读不同内容、不同类型的书籍。活动课上，学生可以与老师或同伴"奇文共欣赏，疑义相与析"，引导学生崇尚阅读、热爱阅读、深度阅读，让阅读成为生活、学习习惯，成为最重要的学习方式。目前还没有或很少组织阅读活动的学校需要尽快开展此活动，已经做得很好的学校要继续丰富阅读活动内容，这有利于改善学生对阅读理解的畏难现状。

3.2 近八成学生认为图书馆的图书资源比较丰富

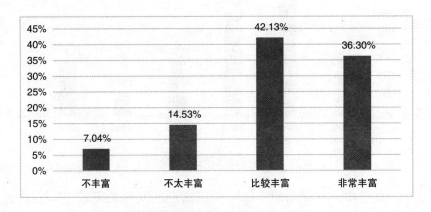

图书馆图书资源丰富程度统计图

学生认为图书馆的图书资源比较丰富的人数占比达到 42.13%；认为图书馆的图书资源非常丰富的人数次之，占比 36.30%；此外，认为图书馆的图书资源不太丰富的人数占比为 14.53%，认为图书馆的图书资源不丰富的人数占比 7.04%。

合计前两项，近八成学生认为学校图书馆资料比较丰富。让绝大多数学生认同学校图书馆，这个结果还是比较难得的，这跟深圳城市发展水平以及福田区作为深圳中心城区的区位优势有关。

3.3 七成以上学生认为学校的漂流书架比较便捷

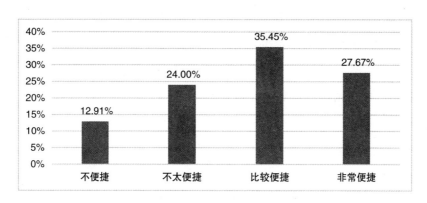

漂流书架的便捷程度统计图

我们还做了一个专项的区域——学校漂流书架的调研。统计可知，学生认为学校的漂流书架比较便捷的人数最多，占比达到35.45%；认为学校的漂流书架非常便捷的人数次之，占比27.67%；此外，认为学校的漂流书架不太便捷的人数占比为24.00%，认为学校的漂流书架不便捷的人数占比12.91%。综合前两项，有七成学生认为学校的漂流书架比较便捷。

图书馆和漂流书架是初中生在校内获得图书资源的重要途径。七八成的学生对此给予了正面评价。近些年，深圳市在建设书香校园、推动全民阅读方面做了很多工作，其中"年度最美校园图书馆"评选活动，从校园图书馆建设的理念之美、空间之美、图书之美、服务之美、活动之美五个维度，促推学校图书馆建设。部分学校这些年在利用图书馆促推学生阅读方面做了很多很实在的工作，譬如有些学校把图书馆的书直接送至各个班级的图书角或走廊书柜，学生可以随手拿走自己喜欢的书籍，没有任何借阅障碍；有的学校在每年添置图书的时候，让各班学生罗列他们想阅读的书籍，然后根据学生和教师提供的书单订购新书。如果更多学校能够这么做，不让图书馆的书摆在书架上蒙尘，而是充分利用起来，图书馆也有更多学生喜爱的书，那么学生阅读就会蔚然成风，就会有更多真正的书香校园，就会更有利于学生的成长。

同时不能忽视，有 10% 左右的学生认为学校图书馆的图书资源完全不丰富、漂流书架的设置完全不便捷。说明有部分学生的阅读需求仍然没有得到有效满足，学校应当在充分调研后，进一步增加图书资源的供给数量和质量，尽可能满足每个学生对读书的向往。

四、学生与语文老师

由于语文学科的广博性和复杂性，语文老师对学生的影响不仅体现在知识性上的，也不仅体现在课堂中，其言行举止及为人处世的态度都在无形之中影响着学生。然而，由于受以"礼""仁"为核心的传统教育思想影响，长期以来，我国中小学中的师生关系大多表现为"唯师独尊"，教师对学生施加影响的方式主要为说教，甚至打骂、讽刺学生的现象也屡见不鲜。这种教学方式是对学生人格的不尊重，容易激化师生矛盾，而且不利于教学的开展。

当今大力倡导的新型师生关系，基本要旨是民主平等、尊师爱生、和谐相融、教学相长、共创共乐。教师是否能与学生保持密切的联系，是否能走进学生内心，成为学生的榜样和引导者，不仅对于提升学科成绩，而且对于学生的全面发展，都有至关重要的影响。

学生在成长过程中，所有看到的和听到的都会内化为他们生命的一部分。作为除了家长之外与学生接触时间最长的人，教师应当重视自己在学生眼中的形象并及时调整自己的言行举止。在绝大部分学生心目中，语文教师的形象是负责的、有魅力的。虽然老师在学习上对自己比较严格，但是其他时候都对自己很亲切。当遇到学习上的障碍时，求助老师可以得到安慰和指导。调研显示，总体而言，福田区语文学科师生之间构建的是一种良好的、和睦的关系。

1. 九成以上学生认为自己的语文老师很负责

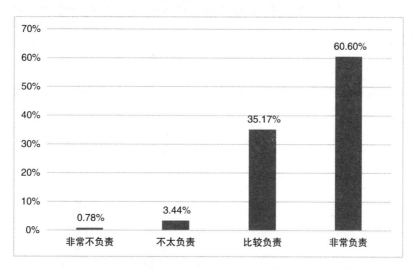

学生评价自己的语文老师负责程度统计图

由上图可知，60.60% 的学生认为自己的语文老师非常负责；认为语文老师比较负责的人数次之，占比 35.17%；认为语文老师不太负责的人数较少，占比为 3.44%；此外，有 0.78% 的学生认为语文老师非常不负责。

2. 八成以上学生认为自己的语文老师对自己比较严格

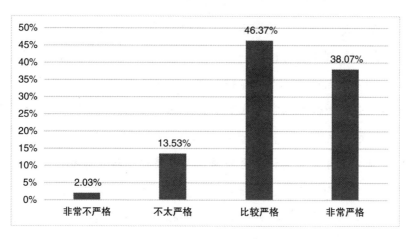

学生认为自己的语文老师严格程度统计图

由上图可知，46.37% 的学生认为语文老师对自己比较严格；38.07% 的学生认为语文老师对自己非常严格；认为语文老师对学生不太严格的人数占比为 13.53%；此外，2.03% 的学生认为语文老师对自己非常不严格。

3.八成以上学生认为自己成绩不理想时语文老师会给予一定程度的鼓励

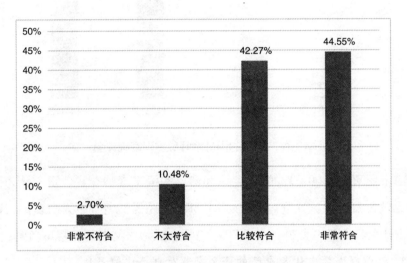

学生成绩不理想时语文老师给予鼓励的程度统计图

由上图可知，八成以上学生认为自己成绩不理想时语文老师会给予一定程度的鼓励，其中选择比较符合、非常符合两个选项的学生人数较多且较为接近，分别占比 42.27% 和 44.55%；此外，认为自己成绩不理想时语文老师不太会给予鼓励的学生人数占比 10.48%；而认为自己成绩不理想时语文老师肯定不会给予鼓励的人数最少，占比 2.70%。

4.九成以上学生认为语文老师讲课非常精彩、非常清晰

语文老师们的精心构思和辛苦设计显然得到了学生的认可。认为语文老师讲课非常精彩、非常清晰的学生数量最多，占比达到 50.80%；认为语文老师讲课比较精彩、比较清晰的人数次之，占比 42.79%；5.14% 的学生

认为语文老师讲课不够精彩和清晰；此外，还有 **1.27%** 的学生认为语文老师讲课非常不精彩、非常不清晰。

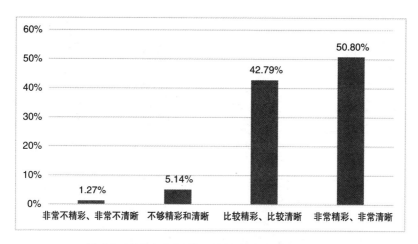

学生评价语文老师讲课精彩度和清晰度统计图

5.九成以上学生认为语文老师具有人格魅力

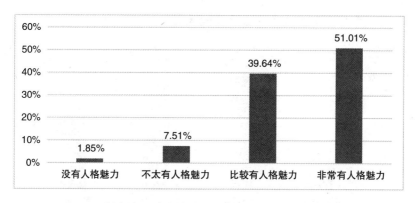

学生心目中语文老师的人格魅力统计图

由上图可知，超过半数的学生认为自己的语文老师非常有人格魅力；认为语文老师比较有人格魅力的人数次之，占比 **39.64%**；此外，认为语文老师不太有人格魅力的人数占比为 **7.51%**；而认为语文老师没有人格魅力的人数最少，占比 **1.85%**。

6.九成以上学生认为语文老师对自己很亲切

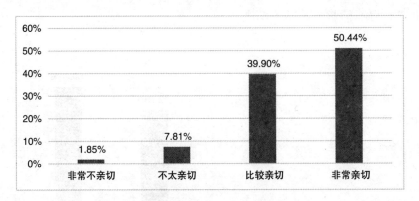

学生认为语文老师对自己的亲切度统计图

由上图可知，认为语文老师对自己非常亲切的人数最多，占比达到50.44%；认为语文老师对自己比较亲切的人数次之，占比39.90%；此外，认为语文老师对自己不太亲切的人数占比为7.81%；而认为语文老师对自己非常不亲切的人数最少，占比1.85%。

7.近一半学生认为自己不太会主动与语文老师交流

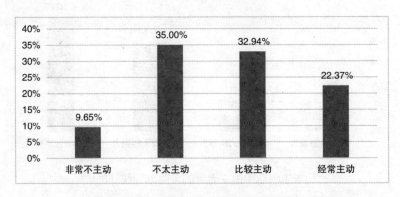

学生与语文老师主动交流的频率统计图

孔子在三千年前提出的"因材施教"，至今仍被人们奉为圭臬；而因材施教的前提，恰恰是老师对学生有足够的了解。然而，尽管师生关系总体和睦，但仍有接近一半的学生认为自己不太会主动与语文老师交流，认为自己经常主动与语文老师交流的人数仅占比 22.37%。即便教师的本意是了解学生近期的情况，"下课来我办公室一趟"这样一句话在学生听来仍然如同"五雷轰顶"。

如果学生能主动向老师倾吐学习和生活中的困惑，那么沟通的效率和效果一定会更好。

第二节　家长眼中的语文

当家长用词语描述自己心目中的语文学科时，"重要""博大精深""有趣""基础"与"阅读"等词语都被频繁提及并在词云图中得到凸显。那么，从家长角度出发，怎样的支持才能更好地帮助孩子提高语文成绩，提升语文学科素养呢？

家长描述语文学科词云图

首先，就家长词云图，我们不难看出，多数家长均认同语文是学习的基础，其内容丰富，作为一门"重要"学科理应受到家长的重视；但家长的重视远不能止步于语文学科的课内学习，多管齐下才是事半功倍之道。除了重视课内学习外，提供资源与硬件支持，与学校紧密联合，从家校合力角度为孩子提供针对性帮助、通过趣味性激发孩子学习的内在动力等，是否也应当成为家长们的关注点呢？

"博大精深"一词在词云图中十分显眼，但家长们也应明白，学好一门博大精深课程的过程绝非是一蹴而就的。要让孩子更好地掌握"博大精深"，家长既要从基础出发，抓好听说读写基本功，也要在更宽泛的语文知识学习中给予孩子相应的支持。

针对孩子语文素养的培养，相对于家长的重视层面，学生的学习层面更不应止步于课内知识——阅读能力是语文学习的必备能力之一。而家长们应当认识到，在孩子的阅读中，家长的角色必不可少：家长应做好支持者、陪伴者与阅读榜样，既要重视孩子的阅读情况，也要关心自身的阅读以及亲子的共同阅读情况。

一、关注应多管齐下

1. 重视自己眼中"重要"的学科

当家长描述语文学科时，许多人频繁提及"重要"一词。语文作为基本的听、说、读、写、译、编等语言文字能力以及文化知识的统称，是学习其他学科和知识的基础，也是人们交流思想的工具，因此语文的重要程度毋庸置疑。为助力语文学习，学生家长对语文学科的重视与关心必不可少。

1.1 九成家长关心孩子的语文学习

语文学科作为家长眼中的"重要学科"，大多数学生家长对其比较关心，且有时间就会督促孩子的语文学习，通过数据分析发现，这部分家长占比 69.10%；非常关心，每天检查语文作业并交流的家长数量次之，占比 21.99%；较少关心，没有时间和精力辅导孩子语文作业的家长数量占比

8.91%。综合来看，九成家长关心孩子的语文学习，两成家长竟然能每天检查作业并交流，充分体现了父母对孩子语文学习的重视程度。

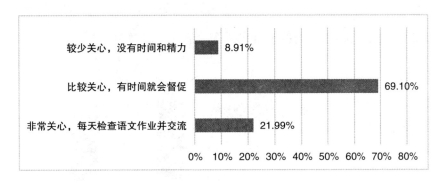

家长对孩子语文学习的不同态度的比例情况

1.2 没时间关注孩子语文作业的家长仅占比一成左右

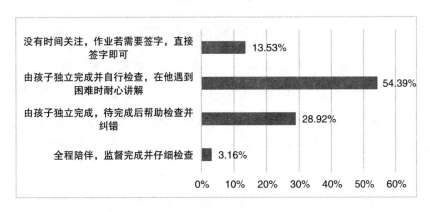

家长对孩子语文学习辅导策略的比例情况

由上图可知，有13.53%的家长没有时间关注孩子的语文作业，如果作业需要签字便直接签字；而其余近九成家长均会辅导孩子的语文学习。辅导孩子语文学习时，采取由孩子独立完成并自行检查方式的家长最多，占比为54.39%；但这也并不意味着多数家长不重视辅导孩子学习，而是这部分家长同时会在孩子遇到困难时进行耐心讲解，这更体现了家长对孩子语文学习的重视程度，并且家长还掌握了一定的学习辅导方法。约 **28.92%** 的家长选择让孩子独立完成，待完成后帮助检查并纠错；全程陪伴孩子做语文作业、监督完成并仔细检查的家长最少，占比约 **3.16%**。

1.3 九成以上的家长会按教师要求配合孩子完成作业

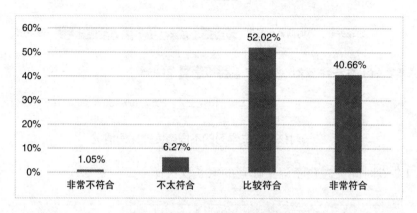

家长配合完成作业的比例情况

家长对孩子的语文作业普遍较为重视，超九成家长会按教师的要求配合孩子完成作业。从上图中家长配合孩子完成作业的情况来看，**52.02%** 的家长比较符合"会配合孩子完成作业"这一情况；非常符合这一情况的家长也较多，占比为 **40.66%**；而不太符合与非常不符合这一情况的家长较少，分别占比为 **6.27%** 与 **1.05%**。

从家长对孩子语文学习和作业方面的关心与对孩子学习的配合程度来看，上述数据均表明大部分家长足够重视学生语文的课内学习，为其付出了时间与精力，这一事实符合家长们对语文学科"重要"的描述。但家长对语文学科的重视，是否仅停留在对课内知识学习的辅导与配合上？

2. 重视，少不了资源与硬件支持

除去家长对学生语文学习与作业辅导的直接支持，家长也应当对学生的学习资源高度重视。硬件资源与学习设施都能为学生创造更完善的学习环境，进而有效助力学生学习语文。

2.1 约九成家长能够为孩子提供课外书、书桌、书柜和书架

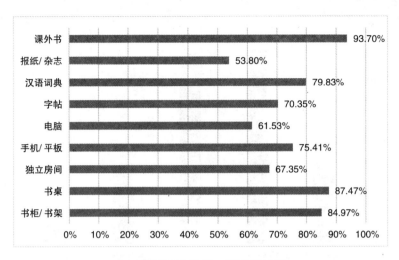

家长能够提供的学习资源统计图

由上图可知，能够为孩子提供上述相关硬件与学习资源支持的家长均超过半数，能够为孩子提供课外书、书桌、书柜和书架的家长数量较多且较为接近，分别占比 93.70%、87.47% 和 84.97%；能够为孩子提供汉语词典、字帖、手机/平板的家长数接近且均超过了七成，分别占比 79.83%、70.35% 和 75.41%；此外，能够为孩子提供电脑、独立房间的家长数超过了六成，分别占比 61.53% 和 67.35%；而能够为孩子提供报纸/杂志的家长数最少，仅占比 53.80%，但也超过了受调查家长总数的一半。这也与词云图中"重视"一词高频出现的事实相符。

2.2 近半数家庭分配在语文学科中的教育经费支出比例低于 10%

在金钱支出方面，语文学科支出在家庭教育支出中并不占多数。由下页图可知，孩子教育支出占家庭总支出 10%—20% 的家庭比例最高，达到了 35.97%；而在教育支出中，语文学科支出在家庭教育支出中占比为 0—10% 的家庭比例最高，达到了 44.64%；占比为 10%—20% 的家庭次之，占比为 29.51%；而孩子的语文学科教育支出在每年家庭总支出中占比为 0、

20%—30% 与 30% 以上的家庭分别占比 4.43%、13.80% 与 7.62%。

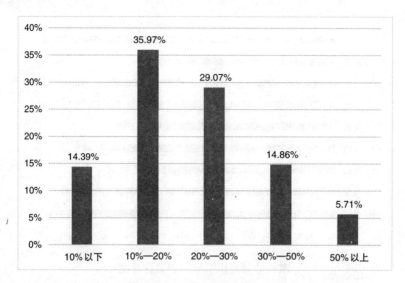

孩子教育支出占家庭总支出比例统计图

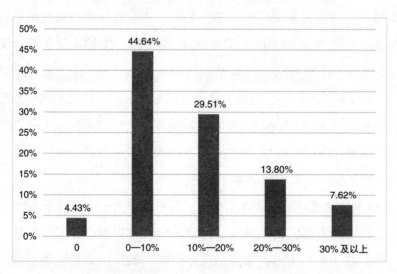

用于语文学科的家庭教育支出比例统计图

　　家长积极地为孩子的语文学习配备硬件和学习资源，从而为学习助力，但在金钱支出方面，家庭教育支出中用于语文学科的占比相对较少。这或

　　○　中学语文循证教学研究：学业水平差异探因　　●

许与语文学科课外补习少有一定关系。

那么，家长除了从自身出发为孩子提供支持外，是否也应与学校合作，共同为学生的语文学习助力呢？

3．家校联合，提供合力

事实上，家长对学科的重视也体现在与学校的紧密联系中。这不但有助于家长了解孩子的在校表现，也有利于教师了解孩子的性格特点，进而在家校两个方面都开展针对性的教育活动，助力学生学习。

3.1 和教师交流孩子的课堂表现与学习成绩的家长约占八成

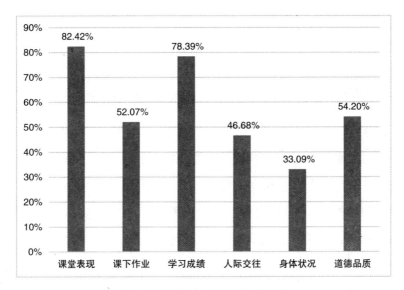

家长与教师交流内容比例统计图

家长除了会在家庭内部为孩子提供各种关心与支持以表对语文学科的重视以外，也会与教师和学校紧密联系。由上图可知，会与教师交流孩子的课堂表现与学习成绩的家长占比均较大，分别为82.42%与78.39%；而会交流孩子的课下作业与道德品质的家长占比分别为52.07%与54.20%；会交流人际交往情况的家长占比也在五成左右，具体比例为46.68%；会与教师交流孩子身体情况的家长占比为33.09%。

3.2 家长认为语文教师最应当重视的是考试答题技巧

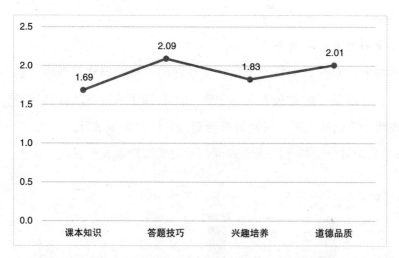

家长对语文教师教导内容的重视程度统计图

家长对语文学科的重视也体现在重视语文教师的教导内容上。由上图可知，家长最重视教师所教导的考试答题技巧，认为这是学生课堂学习中的重点部分，而其余内容的重视程度从高到低依次为道德品质、阅读兴趣与写作兴趣的培养，以及语文课本知识学习。

3.3 对孩子的语文老师与所在学校感到满意的家长均超过九成

基于家长对与孩子的语文老师和学校之间联系的重视，绝大多数家长对孩子的语文老师与所在学校都有满意情绪。由下页图可知，就家长对孩子语文老师的满意程度而言，非常满意的家长数量最多，占比为53.91%；比较满意的家长数量次之，占比为41.63%；而不太满意与非常不满意的家长数量占比分别为3.56%与0.91%。而就家长对孩子所在学校的满意程度而言，非常满意与比较满意的家长数量均较多，占比分别为46.26%与47.87%；而不太满意与非常不满意的家长数量占比分别为4.98%与0.90%。

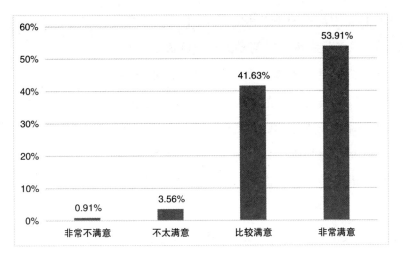

家长对孩子语文老师满意度比例统计图

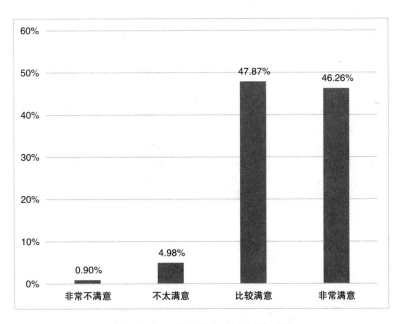

家长对孩子学校满意度比例统计图

　　为与学校配合助力语文学习，多数家长会关心孩子在学校的课堂表现、学习成绩和语文老师教授的内容。可喜的是，大多数家长都对学生的语文老师与所在学校持满意态度，这一情况对于家校更紧密的结合、对学生学习更有效的助力均存有利影响。而除了提供多角度、多方面的学习支持，如何帮助激发学生的内在学习动力也十分重要。

4. 激发语文学习内部动力——"有趣"很重要

基于家长对语文学科的重视，在家长所提及的语文关键词中，"有趣"也是出现频率较高的词语。生活中语文无处不在，语文中蕴含着的哲理数不胜数，文字中的世间百态无疑是有趣的。家长们认为不仅语文和阅读有助于提升生活趣味性，同时，学习与提高语文素养的过程本身也可以很有趣。

4.1 约九成家长认为亲子阅读有助于营造家庭和谐氛围

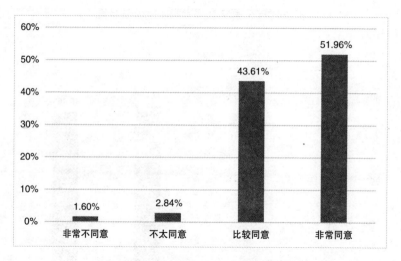

家长对亲子阅读作用的态度比例统计图

阅读是语文学习中的重要部分。由上图可知，认为亲子阅读有助于营造家庭和谐氛围的家长占比为95.57%；而仅有极少数家长不认同这一观点。

4.2 七成以上学生家长为孩子辅导过课内学习

在家长为孩子做过的有助于提升孩子的语文素养的活动中，除了直接辅导课内学习外，家长也会同孩子共同进行多项趣味活动，例如与孩子共同观看由名著改编的电影、电视剧、纪录片以及语言类节目等。由下图可知，为孩子辅导过课内学习的家长人数最多，占比达到 75.15%；陪孩子看过与名著有关的电影、电视剧、纪录片的家长人数次之，占比 60.17%；陪孩子一起看过《中国诗词大会》《朗读者》等语言类节目的家长人数超过了四成，占比 45.66%；此外，为孩子讲过故事 / 交流过读后感、陪孩子玩过猜成语 / 诗词等游戏的人数接近，分别占比 30.08% 和 26.08%；让孩子在亲戚朋友面前演讲过、组织过家庭或社区阅读小组的家长人数较为接近，分别占比 7.11% 和 6.96%。

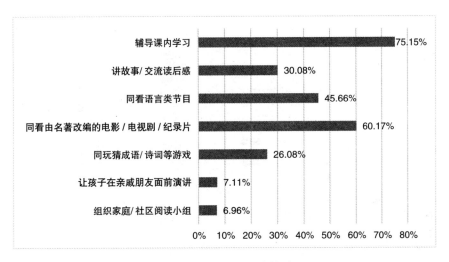

家长为孩子做过的活动统计图

语文学习是其他各科目学习的基础，也是日常生活交流的基础；而随着家长接受教育的水平越来越高，当下家长对语文的重视早已不仅仅停留于课内学习，也不仅仅停留于闭门造车。家长不但应当亲自上阵辅导，也应加强与教师的交流合作，基于对孩子全方面的了解精准助力学习；重视学科本身的同时，家长也应重视兴趣的重要性，提升学习的趣味性能够有效激发学习的内在动力。相比于枯燥的学习督促法，多管齐下显然能够更好地提升学生的学习效率。

二、博大精深，但一切应从基础出发

1.基础是拓展的前提——"听、说、读、写都很重要"

家长们普遍认为，语文的关键词之一是"基础"。语文是基础教育课程体系中的一门重点教学科目，是学习其他学科的基础，也是人们交流思想的重要工具。同时，语文学习的基础是对听、说、读、写、译、编等语言文字能力和文化知识的汇集。因此，家长对语文学习中的基础也格外重视。

1.1 约九成家长会关注孩子的书写情况，并经常提醒孩子练习书写

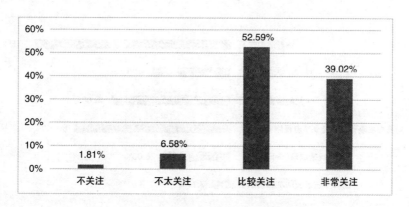

家长对孩子书写关注比例统计图

家长对语文学习的基础之一——书写的关注度较强。由上图可知，超九成家长会关注孩子的书写情况，并经常提醒孩子要练习书写，具体占比为 91.61%；有不到二成家长不会关注孩子的书写情况。

1.2 近三成家长在孩子幼年时经常会要求他们用字帖练字

大多数家长在孩子幼年时就关注到了书写与字体的重要性。由下页上图可知，在孩子幼年时，经常会要求孩子用字帖练字的家长数最多，占比达到 27.99%；有时或总是会要求孩子的家长数接近，且均超过二成，分别占比 24.26% 和 23.62%；此外，偶尔会要求孩子的家长占比 15.53%；而从来不要求的家长数量最少，仅占比 8.60%。

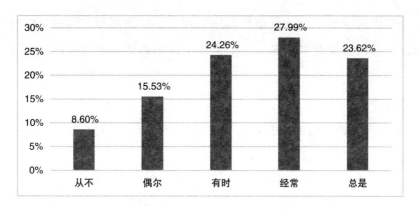

家长要求孩子幼年时用字帖练字的频率统计图

1.3 家庭日常生活中标准普通话的使用频率最高

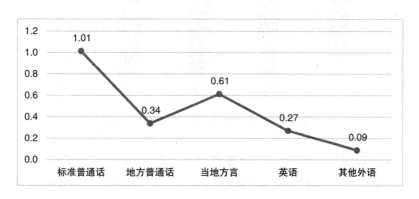

家庭日常生活中各语言使用频率统计图

语文作为一门语言学科，"读"是其学科学习中十分重要的一部分。家庭生活中能使用标准普通话进行阅读与日常交流，对于孩子的语文学习存在益处。而由上图可知，在学生家庭日常生活使用的各语言中，使用频率最高的语言即为标准普通话，其次依次为当地方言、地方普通话、英语和其他外语。标准普通话使用频率如此之高跟深圳作为移民城市的特质有紧密关系，这种特质也使得深圳学生在外表现出不一样的表达风貌。

2．打好地基，才能深入扩张

语文学科是基础，但并未止步于基础。"博大精深"一词也被不少家长用来形容语文学科。这一词语形容思想和学识广博高深，而语文学科的博大精深，不仅体现在其涵盖广阔的内容上，也体现在其延续性与发展性的特征上。家长们应该是从语文学科的内容宽广与传承发展方面认识到了语文的博大精深。

2.1 分别有超半数的家长辅导孩子语文学习时遇到技巧层面与知识层面的困难

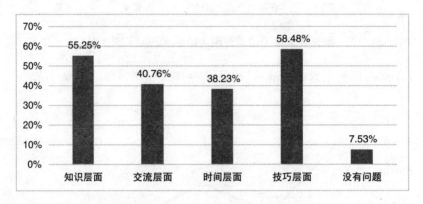

家长辅导孩子语文学习时遇到问题的比例统计图

当家长们提到在辅导孩子语文学习遇到的困难时，受语文学科内容的广博性与自身知识的局限性影响而产生的困难占大多数。58.48% 的家长认为在语文辅导的技巧层面存在困难，即家长不知道科学高效的辅导方法是怎样的；而 55.25% 的家长认为知识层面存在困难，即认为语文学科内容丰富，博大精深，而自身识字、诗词、阅读等方面知识储备不够；40.76% 的家长认为在交流层面存在问题，认为自己没有耐性，或孩子不愿意接受自己辅导等；38.23% 的家长认为在时间层面存在困难，即家长工作忙碌，没有时间辅导；而有 7.53% 的家长认为在辅导孩子语文学习时不存在问题。

2.2 在孩子的语文学科能力中，家长更重视古诗文积累能力的提升

针对语文学科能力，家长认为，除听、说、读、写这类基础性知识，

语文学科能力还包括更丰富的内容，如古诗文知识的积累等。在家长对孩子语文学科各方面能力提升的重视程度中，古诗文知识的积累能力是家长最为重视的能力，其次依次为口语表达能力、写作能力、阅读理解能力、识字写字能力与其他能力。

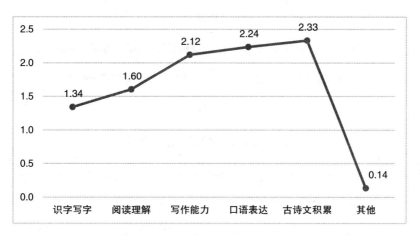

家长对孩子语文学科能力的重视程度统计图

语文既是一门基础学科，也是一门历史悠久、博大精深的学科。从基础出发，做好听、说、读、写的铺垫，才能有突破式的提升，逐步深入了解其丰富内涵；在这其中的每个环节都离不开家长的教育、监督与支持。

三、阅读，只是孩子的任务？

在家长心目中，语文的另一关键词是"阅读"。阅读是获取知识的主要方式之一，也是学习语文必备的能力之一。其中，课内阅读是语文学习的重要组成部分，课外阅读是语文教学的拓展和延伸，课内阅读与课外阅读结合互助，才能事半功倍。关于家长在孩子阅读中扮演一定角色的重要性，在前文已略有涉及；下文将从更全面的维度讨论家长的参与对学生阅读的重要性。总体来讲，家长们不但应当重视学生的阅读情况，也应做好支持者、陪伴者与阅读榜样，同时也不应放弃自身的阅读提升。

1. 做孩子阅读的支持者

1.1 约半数家长认为自己的孩子在读小学前可以独立阅读一定时间，但容易受外界影响

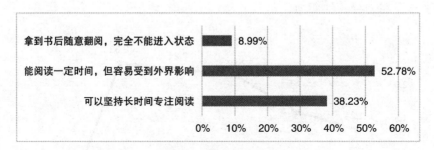

孩子独立阅读表现的比例统计图

为了能扮演好支持者角色，家长要首先做好"了解者"。对孩子的情况有了针对性了解，才能更好地对症下药，有效地提高孩子的阅读素养。针对读小学前孩子的阅读情况，由上图可知，52.78%的家长认为孩子小学前能阅读一定时间，但是容易受到外界影响；认为孩子可以坚持长时间专注阅读的家长比例达到38.23%；而认为孩子拿到书后随意翻阅，完全不能进入状态的家长占比8.99%。

1.2 近八成家长在孩子幼年时给他们读过睡前故事

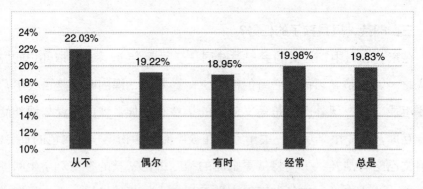

幼时给孩子读睡前故事的频率统计图

在孩子幼年时，睡前给孩子讲故事不仅能让孩子安静入睡，而且有助于提高孩子的理解力，对孩子的智力发展与阅读素养培养有促进作用。针对家长对孩子幼年时阅读兴趣的培养而言，仅有约两成家长从未在孩子幼年时为他们读过睡前故事，占比 22.03%；经常或总是给孩子读睡前故事的家长分别占比为 19.98% 与 19.83%；此外，偶尔或有时给孩子读睡前故事的家长数接近，分别占比 19.22% 与 18.95%。

1.3 除参考资料外，主动为孩子买名人传记类、历史故事类与科普百科类书籍的家长均超过半数

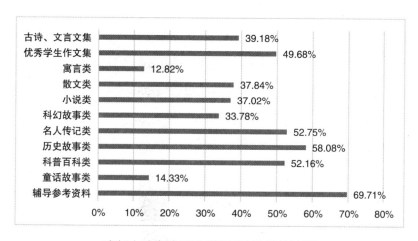

家长主动为孩子买书类型的比例统计图

除了在孩子幼年时应对孩子有足够的了解、为孩子读故事以锻炼孩子的理解力外，为孩子提供阅读资源也是家长作为支持者应当完成的任务。由上图可知，为孩子购买辅导参考资料的家长数量最多，占比达 69.71%；而主动为孩子购买优秀学生作文集、名人传记类、历史故事类、科普百科类书籍的家长占比相近，分别为 49.68%、52.75%、58.08%、52.16%；为孩子主动买古诗与文言文集、散文类、小说类、科幻故事类书籍的家长占比相近，分别为 39.18%、37.84%、37.02%、33.78%；主动为孩子买寓言类和童话故事类书籍的家长数量较少，分别为 12.82% 与 14.33%。

1.4 近三成家庭藏书量超过 200 本

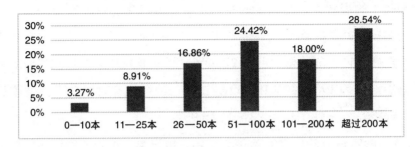

家庭藏书量比例统计图

家庭藏书量对于支持学生提升阅读素养也具有重要作用。由上图可知，家中书籍数量为 200 本以上以及 51—100 本的家庭较多，占比分别为 28.54% 与 24.42%；家中书籍数量为 26—50 本与 101—200 本的家庭数量相近，占比分别为 16.86% 与 18.00%；而书籍数量为 0—10 本与 11—25 本的家庭数量分别占比为 3.27% 与 8.91%。

1.5 超七成家长会对孩子的阅读方法和阅读技巧进行指导

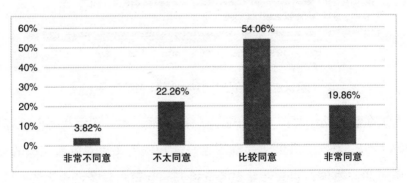

家长对孩子阅读指导的比例统计图

除了主动了解与资源支持外，为支持孩子阅读，家长也会直接对孩子的阅读行为进行指导，且存在指导行为的家长占比超过七成。由上图可知，73.92% 的家长会对孩子的阅读方法与技巧进行指导；但也有 26.08% 的家长不会提供此类指导。

1.6 近八成家长会把平时阅读的书籍内容分享给孩子

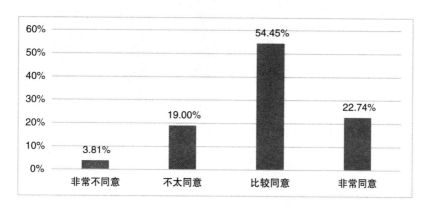

家长向孩子讲述自己阅读书籍的比例统计图

除了监督、支持孩子的阅读行为外，还有近八成家长也会把自己阅读的书籍内容分享给孩子。由上图可知，**77.19%** 的家长会把自己阅读书籍的内容分享给孩子听；但同时有 **22.81%** 的家长不会进行这项活动。

2.做孩子阅读的陪伴者

亲子共同阅读的过程是以阅读为纽带，孩子和家长多种形式共同分享的阅读，这一过程在学生课外阅读中发挥着相当重要的作用。共同阅读不但能有效地培养孩子的阅读兴趣，还能增强亲子联系，锻炼孩子的理解能力与思维方式。因此陪伴孩子进行共同阅读，对孩子学习能力与阅读素养的提高都有重要的意义。

2.1 从不与孩子共同阅读的家长数量占比约四分之一

在受调查的家长群体中，约四分之三的家长会与孩子共同阅读。就具体频率而言，每个月与孩子共同阅读 2—3 次的家长占比最多，达到 **29.18%**；每学期与孩子阅读 2—3 次的家长与从来不与孩子共同阅读的家长比例接近，分别占比为 **23.55%** 与 **25.04%**；每周与孩子共同阅读 2—3 次的家长占比为 **18.50%**；而每天都与孩子共同阅读的家长占比仅为 **3.73%**。

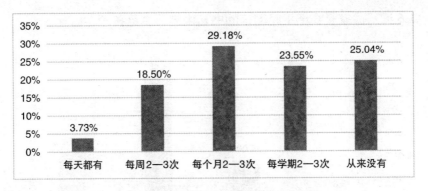

家长与孩子共同阅读频率的比例统计图

2.2 半数家长每次与孩子共同阅读的时间在一个小时以内

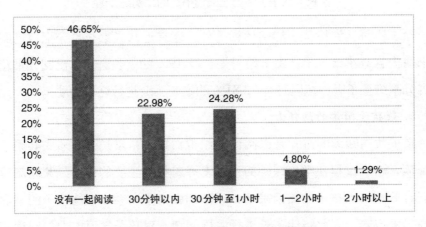

家长与孩子每次一起阅读的时长统计图

在与孩子共同阅读的家长中，阅读时间为 30 分钟以内及 30 分钟至 1 个小时的家长数量较多，极少有家长能够和孩子每次共同阅读达到 2 个小时以上。由上图可知，一起阅读的时长为 30 分钟以内、30 分钟至 1 个小时的家长数量接近且均超过了两成，分别占比 22.98% 和 24.28%；此外，每次和孩子一起阅读的时长为 1—2 小时的家长数占比为 4.80%；而阅读时长为 2 小时以上的家长数仅占比 1.29%。

2.3 近八成家长本学期和学生一起阅读了1—3本书

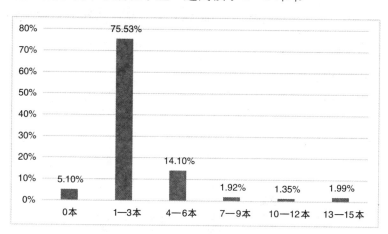

本学期家长和学生一起阅读的读书量统计图

由上图可知，参与问卷调查的家长本学期平均和孩子一起阅读了2.65本书。其中，一起阅读了1—3本书的家长人数最多，占比达到75.53%；一起阅读了4—6本书的家长人数次之，占比为14.10%；此外，有5.10%的家长本学期没有和学生一起阅读图书；而本学期和孩子一起阅读了7—9本书、10—12本书、13—15本书的家长人数均较少且较为接近，分别占比1.92%、1.35%和1.99%。

2.4 超九成家长认为亲子阅读有助于培养孩子的阅读兴趣与阅读习惯

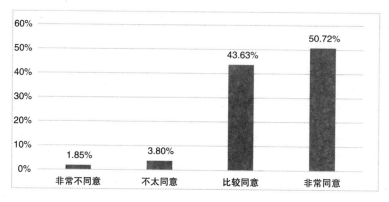

家长对亲子阅读作用态度比例统计图

对于共同阅读，九成以上家长认为其对于孩子阅读兴趣与习惯的培养存在正向作用。由上页下图可知，**94.35%** 的家长认为亲子阅读有助于培养孩子的阅读兴趣与习惯；而有 **5.65%** 的家长持相反观点。

2.5 不陪孩子一起阅读的原因

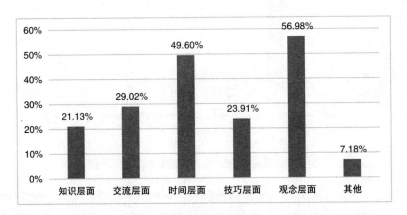

家长不陪孩子共同阅读的不同原因比例统计图

从不与孩子共同阅读的家长大多是出于观念层面的原因，即认为孩子已经长大了，应该自主阅读而不和孩子一起阅读的家长占比最多，比例为 **56.98%**；而出于时间层面的原因，即工作忙碌、没有时间陪孩子阅读的家长占比次之，比例为 **49.60%**；受到交流层面原因影响，即认为自己没有耐性，或孩子不愿意和自己一起阅读而不和孩子一起阅读的家长占比 **29.02%**；出于技巧方面原因，即认为自己不知道科学有效的阅读方法、无法指导孩子阅读而不和孩子一起阅读的家长占比 **23.91%**；出于知识层面的原因，即认为自己识字、阅读等方面知识储备不够而不和孩子一起阅读的家长占比 **21.13%**；受其他原因影响的家长占比为 **7.18%**。

在受调查家长中，大多数家长都有与孩子共同阅读的习惯，多数家长阅读时间不长，每次共同阅读时间在一个小时以内，但九成以上家长均认同亲子共同阅读对孩子阅读素养的提升有着正向作用。不少家长不与孩子共同阅读的原因是认为孩子已经长大了，更需要自主阅读，但亲子阅读的作用与孩子独立阅读的作用并非完全重合，阅读中家长的陪伴与共读仍然十分重要。

那么，除了支持者与陪伴者，家长在孩子的阅读学习中，是否还应扮演其他角色呢？

3. 做孩子的阅读榜样

学生是否有好的阅读习惯与家长的影响及培养方式有着较大的关系。家长营造出好的家庭书香环境不仅能够提高孩子的阅读积极性，也能够在家庭的日常交流中提升孩子的理解表达能力与阅读素养，同时拉进亲子关系。因此要提升孩子的阅读能力，家长自身的阅读同样重要。

3.1 近六成家长比较喜爱读书，而非常不爱读书的家长不足 5%

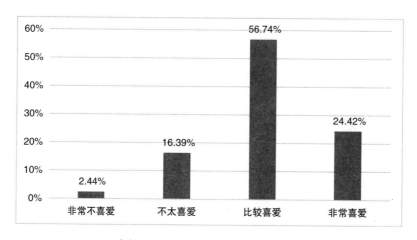

家长对读书喜爱程度的比例统计图

家长本人对阅读的态度也会对学生的阅读态度与兴趣产生影响。受调查的家长中有八成对阅读存在喜爱情绪。由上图可知，比较喜爱读书的家长占比为 56.74%；非常喜爱读书的家长占比 24.42%；而不太喜爱读书的家长占比 16.39%；非常不喜爱读书的家长占比为 2.44%。

3.2 约七成家长阅读时更偏好社会新闻类主题

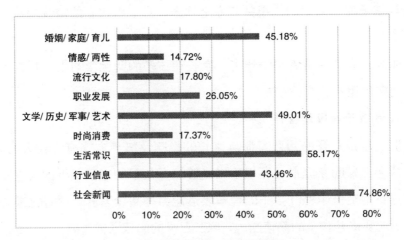

家长阅读主题偏好比例统计图

家长的阅读存在明确的阅读偏好。在喜爱阅读的家长中，阅读时偏好社会新闻类的家长最多，占比为74.86%；偏好生活常识类主题的家长数量次之，占比58.17%；偏好婚姻/家庭/育儿类、文学/历史/军事/艺术类与行业信息类的家长数量相近，分别占比为45.18%、49.01%、43.46%；偏好职业发展类主题的家长占比26.05%；而偏好情感/两性、流行文化、时尚消费的家长占比相近，分别占比为14.72%、17.80%、17.37%。

3.3 近七成家长每周阅读书籍、报纸等2次以上

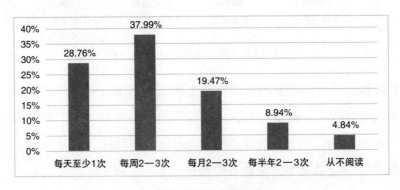

家长阅读频率比例统计图

　　　○ 中学语文循证教学研究：学业水平差异探因　●

家长的阅读频率对学生的阅读频率也存在一定影响。总体而言，七成家长每周阅读（书籍、报纸等）2次以上。具体地讲，每周阅读2—3次的家长数量最多，占比37.99%；每天至少阅读一次的家长数量次之，占比为28.76%；而每月阅读2—3次、每半年阅读2—3次与从不阅读的家长数量依次减少，占比分别为19.47%、8.94%与4.84%。

　　3.4　近八成家长过去一个月阅读了1—4本书，阅读9本书及以上的不足2%

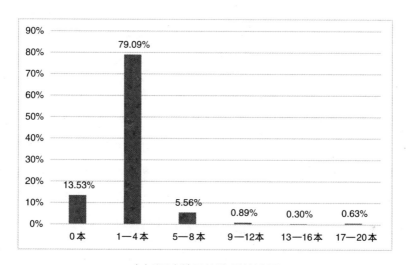

家长阅读数量的比例统计图

　　从过去一个月中家长的阅读频率来看，过去一个月以来仅有约一成家长没有读书，由上图可知，阅读了1—4本书的家长数量最多，占比为79.09%；阅读了0本书和5—8本书的家长占比分别为13.53%与5.56%；而阅读了9—12本书、13—16本书与17—20本书的家长占比均较少，分别为0.89%、0.30%与0.63%。

　　从受调查家长群体自身的阅读情况来看，多数家长比较喜爱读书，每周阅读2次以上，过去一个月内平均阅读了约2本书，可以看出大多数家长对自身的阅读较为重视。基于家庭阅读氛围、亲子阅读交流对孩子阅读的重要性，家长应当认识到，孩子阅读的方方面面均需要家长的陪伴与参与，做好孩子阅读的支持者、陪伴者与阅读榜样，才能更好地提升孩子的阅读能力与素养。

第三节　教师眼中的语文

当教师们被要求用两个词描绘自己心目中的语文时，他们的视角显然与学生和家长的有所不同。总体而言，他们不仅关注到了学科本身的特征，也指出了在教学过程中遇到的问题。在关于学科本身的认知上，语文教师与学生、家长表现出了很大的共性，有趣、基础、重要、丰富等词汇频频被提起。此外，教师还补充了人文性、人情百态、灵动等词汇来进一步描绘语文学科的复杂性和独特性。

教师作为教学的实施者，在课堂中扮演着主动的角色，也时常面临两难的境地。如何调和语文学科的基础性和趣味性？这个看似简单的问题贯穿了教师教学的全过程，这不仅仅涉及课堂环节的设计，还涉及作业形式的安排。还有，应该如何向学生传达自己内心关于语文学科的认知？在语文教师心中，语文学科灵动而富有人文性，与生活紧密相连，但是如何让学生在日常的学习中体会到这一点并乐于学习语文？如何让家长在日常的陪伴中也体会到这一点并愿意支持教师的教学工作？沟通与传递是比讲读课本、分析写作结构更困难的事情，这也使得部分教师写下"难教""烦琐"等词汇。这些具备消极意义的词汇提醒我们关注语文教师的工作现状和心理状态。

关注教师眼中的语文学科，更准确地说，是关注专业教学者眼中的语文学科，可以帮助我们触碰到语文学科的本质，因为日复一日、年复一年与"语文"二字打交道的他们，不仅有着关于教学模式及动态，也有着关于学习方法及误区的更清晰的洞见。他们眼中的语文学科是怎样的？他们的观点与学生、家长的观点是否存在差异？差异是否又导向了三者之间的冲突？这些都是值得探究的问题。

教师描绘语文学科词云图

一、语文教师的真实工作状态

1.语文教师常常陷入"迷""忙"的困境

在许多人的眼中，教师是份清闲容易的工作，认为他们年复一年都在教授差不多的知识，遇见差不多的学生，而且每年还拥有两个让他人眼红不已的长假。殊不知，教师们却常常陷入"迷""忙"的困境之中。

中学语文教师除了开展课堂教学工作之外，还承担着许多其他工作任务，如备课、教研、听课、开会、批改作业、教学反思等，其中用于批改作业和备课的时间最长。参与问卷填写调查的语文教师平均每天工作时间长达 10.86 小时，平均每周进行非语文教学行政工作的时间长达 6.45 小时。可见，教师这份职业并不"清闲"。

1.1 近五成语文教师每周上课节数为 13—18 节

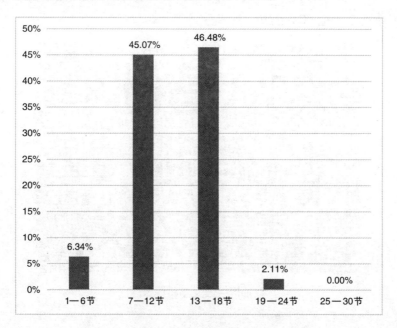

语文教师每周上课节数统计图

每周上课 12 节，每节课 45 分钟，这已经成为大部分语文教师的常态。语文学科作为基础学科之一，最强调"厚积而薄发"，这就要求学生每天都要长时间浸润在语文的环境中，相应地，语文教师的工作时长也大大增加。在参与问卷填写的教师中，每周有 13—18 节课的语文教师占比最高，达到了 46.48%；其次有 45.07% 的语文教师每周上 7—12 节课，还有 6.34% 和 2.11% 的语文教师每周上 1—6 节课、19—24 节课。

1.2 语文教师平均每天工作时间超过 10 小时

从旭日东升时带领学生开展早读，到星月辉映时独自批改作业，语文教师每天工作时间在 10 小时以上。参与问卷填写的语文教师中，51.4% 的语文教师每天工作 5—10 小时，47.9% 的语文教师每天工作 11—15 小时，仅 0.7% 的语文教师每日工作时间小于 5 小时。

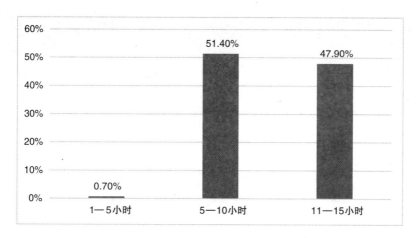

语文教师每日工作时长统计图

1.3 近八成语文教师每周花费 4 小时以上的时间从事非语文教学的行政工作

除了教学工作之外，语文教师们还普遍承担着一定的行政工作。这里的行政指学校内的各种相关管理工作。参与问卷调查的语文教师平均每周进行非语文教学行政工作的时长为 6.45 小时。41.5% 的语文教师每周花费 4—7 小时在非语文教学行政工作上；36% 的语文教师每周在这一类工作上花费 8—11 小时；22.5% 的语文教师每周花费在行政工作上的时间少于 3 小时。

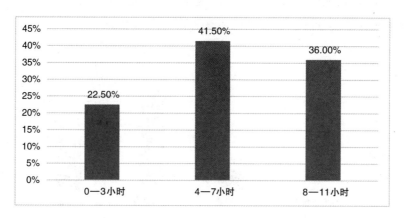

语文教师非语文教学行政工作时长统计图

1.4 语文教师在工作中用于批改作业与试卷的时间最长

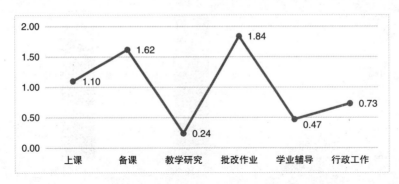

语文教师工作中各项活动花费时间得分统计图

短短 40—45 分钟的课堂教学，其背后是几个小时的辛勤准备。花费语文教师最长时间的工作为批改作业与试卷，然后依次为备课、上课、完成非语文教学行政工作、学业辅导与教学研究。

2. 甘做孺子牛

在繁杂的工作面前，语文教师不得不牺牲自己的休息时间。但是这一点显然没有消磨教师们对工作的热情，他们坚守三尺讲台、默默耕耘奉献，为孩子的成长做出了巨大贡献。近九成语文教师表示愿意为学生牺牲自己的休息时间，近九成语文教师对自己现阶段的工作表示满意。

2.1 近九成语文教师愿意为学生牺牲自己的休息时间

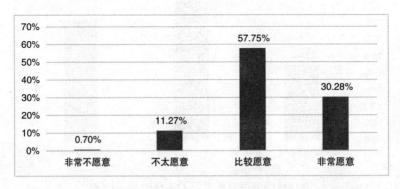

语文教师在为学生牺牲休息时间这件事上的意愿度统计图

由调查结果可知，57.75% 的语文教师比较愿意为了学生牺牲自己的休息时间；30.28% 的语文教师非常愿意为了学生牺牲自己的休息时间；11.27% 的语文教师不太愿意牺牲自己的休息时间；仅有 0.7% 的语文教师非常不愿意为学生牺牲个人的休息时间。

2.2 近九成语文教师对自身职业比较满意

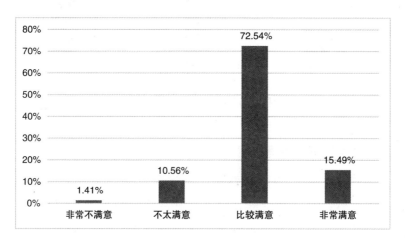

语文教师对教师职业的满意度统计图

尽管工作强度较大，但语文教师群体普遍对自己的职业比较满意。72.54% 的语文教师对自己的职业比较满意；15.49% 的语文教师对自己的职业非常满意；此外，10.56% 的语文教师不太满意自己的职业，1.41% 的语文教师对自己的工作表示非常不满意。

2.3 绝大多数语文教师认为自己对教育教学工作具有热情和积极性

由调查结果可知，54.93% 的语文教师认为自己对教育教学工作具有一定的热情和积极性；40.85% 的语文教师认为自己对教育教学工作充满热情和积极性；4.22% 的语文教师认为自己在教育教学工作中缺乏热情。

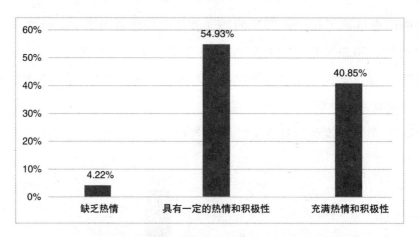

语文教师对自身工作热情和积极性程度的评价统计图

二、语文 = 背书 + 默写?

1. 语文是"灵动""有趣"的

许多学生抱怨自己深受语文之苦，常常为背书和默写发愁。事实上，在语文教师看来，这些学生没有参透语文的"真面目"。语文学习绝对不等同于背书、默写、考试，相反，这是一场趣味横生且对学生终身有益的探险。

填写问卷的教师不少人用"有趣"及其同义词形容语文学习，这不仅仅在于"语文"二字广纳天地、包容古今，凡是可读的皆可称之为"文"；更在于它来源于生活，而生活恰是一切灵感与趣味的来源。有不少教师在对语文学科进行描述时用到了"生活"二字，他们认为语文是感受生活、表达生活的学科，这尤其体现在作文写作中，因为作文中应该展现"人情百态"。

语文就是生活，这样的大语文观是对过往呆板枯燥的语文教学的彻底否定。九成以上的语文教师认为自己掌握了以"大语文"为代表的先进的教育理念和专业的教学技能，并且他们对新的教学模式普遍呈开放的心态，93% 以上的语文教师愿意尝试新的教学模式。

1.1 九成以上语文教师认为自己掌握了先进的教育理念和专业的教学技能

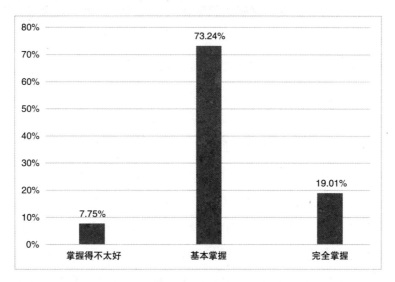

语文教师对自己掌握先进教育理念和专业教学技能的能力评价统计图

由上图可知，73.24% 的语文教师认为自己基本掌握了先进的教育理念和专业的教学技能；19.01% 的语文教师认为自己完全掌握了先进的教育理念和专业的教学技能；此外，7.75% 的语文教师认为自己对这两项内容掌握得不是很好。

1.2 九成以上语文教师愿意尝试新的教学模式

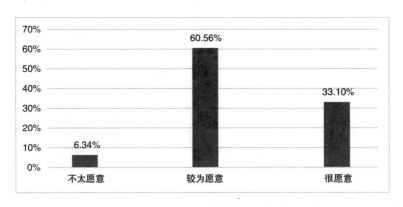

语文教师对新的教学模式接受程度统计图

由统计结果可知，60.56%的语文教师较为愿意尝试新的教学模式；33.1%的语文教师很愿意尝试新的教学模式；6.34%的语文教师不太愿意做出该尝试。

2.努力让学生也感受到语文的灵动

为了让更多的学生从语文学习的点滴中感受到趣味性，语文教师十分注重调动学生的主观能动性，建立积极融洽的学习氛围，让学生做学习的主人。与此同时，丰富课堂和作业的形式也是增强语文趣味性的重要途径。在课堂上，语文教师有意识地引导学生主动参与课堂，这使得学生与其他同学交流探讨的时间在整堂课中最长。此外，所有的语文教师都会在课堂上使用多媒体以增加学生对文字的直观感受，增加他们对课堂的兴趣。在作业布置上，许多老师也开始尝试打破常规的作业形式，转而将社会实践、课题研究等新颖的形式带到学生面前，以便更好地培养他们的综合能力。

2.1 九成以上的语文教师认为自己能充分激发学生的主观能动性，建立积极融洽的班级氛围

同伴效应历来为教育研究者们所重视。营造积极融洽的班级氛围，让其中的每一个孩子都发挥自己的主观能动性并相互影响，能够更好地促进班级整体的语文学习进步。59.15%的语文教师认为自己能较为充分地激发学生的主观能动性，建立积极融洽的班级氛围；37.32%的语文教师认为自

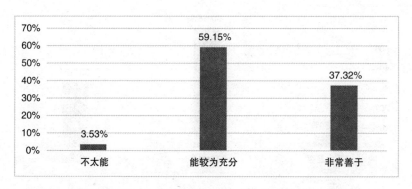

语文教师激发学生主观能动性，建立积极融洽班级氛围统计图

己非常善于激发学生主观能动性，建立积极融洽的班级氛围；3.53%的语文教师认为自己不太能激发学生主观能动性，建立积极融洽的班级氛围。

2.2 一节语文课中，学生与其他同学交流合作的时间最多

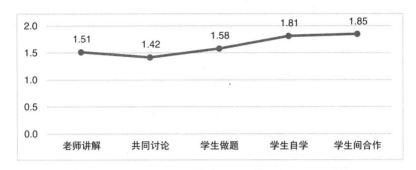

教师语文课中各类活动的时间分配强度统计图

要构建良好的班内语文学习氛围，最关键的是引导学生在课堂上针对某个语文话题集中开展讨论。给予学生充分的探究时间，能培养他们学习的主动性并更好地在学习中发现兴趣，大部分老师认为他们正是这样做的。从教师对一节语文课的时间分配来看，学生与其他同学交流合作的时间最长；其次为学生自主研究学习，且两者差距不大；其他活动按照分配时间由长到短依次为学生单独完成习题、教师单方面讲解知识、教师与同学共同讨论。

2.3 多数语文教师一节课中大部分时间会使用多媒体进行教学

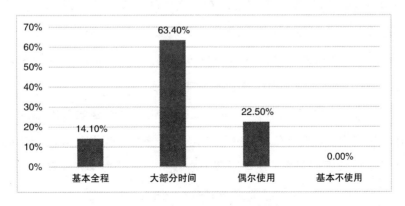

语文教师使用多媒体教学时间统计图

多媒体教学设备使课堂教学活动变得活泼、生动、有趣，富有启发性、真实性，可以从根本上改变传统的单调教学模式，活跃学生的思维，激发学生的学习兴趣。63.4% 的语文教师在一节课的大部分时间内都会使用多媒体进行教学；22.5% 的语文教师偶尔使用，14.1% 基本全程使用；没有语文教师在课堂上不使用多媒体进行教学。

2.4 语文教师在备课时最常考虑的因素是课堂与考试对接的程度

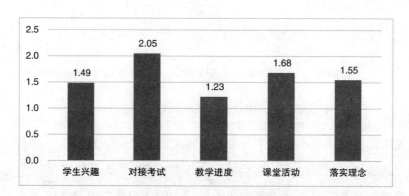

影响语文教师备课的各类因素重要程度统计图

由上图可知，教师在备课时最常考虑的因素是课堂与考试对接的程度，然后依次为课堂活动内容及形式、是否在教学中落实了新理念、学生的兴趣与能力；最不常考虑的因素为每节课教学进度的完成情况。从这一事实与教师理念之间的冲突，我们可以看出教师的无奈。尽管教师希望让课堂变得妙趣横生，但是受制于考试要求，只能戴着镣铐跳舞。

2.5 多数语文教师仍然选择写作文 / 日记、读书 / 摘抄、完成练习册上的习题等传统作业形式，但改变已经发生

除了课堂上的改变，教师们也尝试在作业布置时探索新的形式，让学生"在玩中学"。即便处在应试的压力之下，还是有接近三分之一的语文教师会让学生进行课题研究 / 在互联网上查找资料或开展实践活动，这是对以往语文教学的突破，也印证了"语文是有趣的、灵动的"这一观点。除此

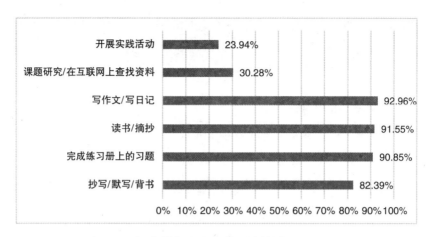

语文教师布置作业形式统计图

以外，传统的作业形式仍然是保证教学质量的关键，选择写作文 / 写日记、读书 / 摘抄、完成练习册上的习题作为作业的语文教师分别占比 92.96%、91.55% 和 90.85%；选择抄写 / 默写 / 背书形式的语文教师占比也较高，为 82.39%。

2.6 每周阅读练习 1—2 小时能完成

由下图可知，41.55% 的语文教师觉得自己每周布置的阅读练习可以在 1 小时以内完成；39.44% 的教师认为可以在 1—2 小时内完成；此外，还有

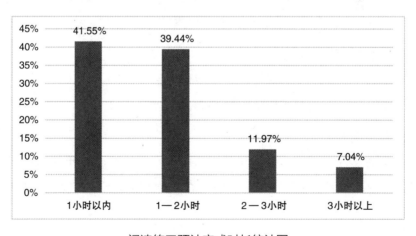

阅读练习预计完成时长统计图

11.97% 和 7.04% 的教师认为自己所布置的阅读练习需要花费 2—3 小时和 3 小时以上才能完成。

三、语文学科的价值

1. 语文是学科之"基石"，也是人格塑造之"基础"

由于语文学科强调长时间的积累，短期的投入犹如石沉大海，很难有回报，这使得部分学生和家长从应试得分的角度不怎么重视语文，不愿在语文学科上有实质性的投入，而在其他学科上投入大量的金钱和时间。

事实上，无论是从考试的角度来看，还是从学生身心健康发展的角度来看，语文学科都具备其他学科无可比拟的重要性，教师们用"基石"二字来形容语文学科，既是表明语文学科的学习对于其他学科的促进作用，也是考虑到了语文学习对于学生品格塑造及情感培养的重要意义。

我们通常会将奥数作为一种思维训练方式，而认为语文学习就是死记硬背。事实上，语文才是训练思维的最基础手段，语文的学习过程不仅仅是培养语言运用能力，而且还培养了逻辑思维能力、联想能力和创新能力。

语文学习分为听、说、读、写四个部分：倾听和阅读是信息吸收的过程，广泛阅读和大量的听，可以丰富思想，激发想象力和学习兴趣，是进行深度思考的基础；而写作和叙说则是对信息进行加工，形成自己的观点和思想，这是进行推理的过程。

为了帮助学生打好基础，语文教师在语文学习的三大传统模块——阅读、作文与写字——上花费了大量心力。例如在作文方面，超八成的语文教师定期训练并讲评作文，并会定期布置积累性作业；半数教师每学期会至少写作一次范例作文来指导学生；语文教师还非常注重作文的讲评与反馈，填写问卷的语文教师平均每周都要讲评一次作文，且会采用多种反馈方式。

1.1 超八成的语文教师定期训练讲评作文，要求学生完成阅读任务

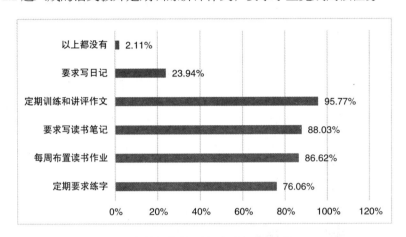

语文教师的教学行为选择统计图

由上图可知，选择定期训练和讲评作文的语文教师所占比例最高，达到了 95.77%；要求学生写读书笔记、每周布置读书作业、定期要求练字的语文教师分别达到了 88.03%、86.62% 和 76.06%；23.94% 的语文教师要求学生写日记；此外，也有 2.11% 的教师没有以上任何一种教学行为。

1.2 近七成的语文教师每学期至少一次"下水作文"活动

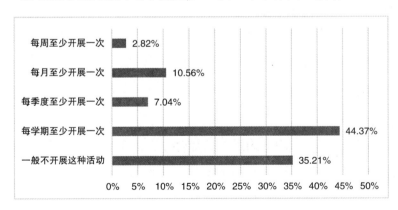

语文教师开展"下水作文"活动频率统计图

由上图可知，44.37%的语文教师每学期至少下水写作一次；分别有10.56%、7.04%与2.82%的语文教师每月、每季度、每周开展一次"下水作文"活动；但还是有35.21%的语文教师一般情况下不亲自写作文，客观上说明三成多的语文教师对写"下水作文"不积极。

1.3 近六成的语文教师每月讲评作文次数为1—3次

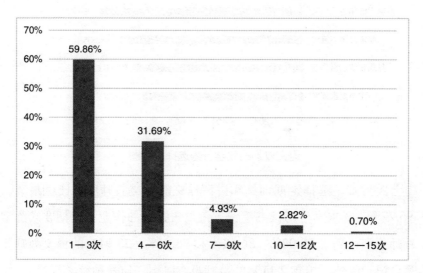

语文教师每月讲评作文的次数统计图

由上图可知，参与问卷调查的语文教师，平均每月讲评作文次数为4次。59.86%的语文教师每月讲评1—3次作文，31.69%的语文教师每月讲评4—6次作文；此外，8%左右的语文教师每月讲评作文7次以上。

1.4 多数语文教师会使用课堂讲解、等级评价、批语反馈的方式评价学生写作练习

由下页图可知，81.69%的语文教师会在评价学生写作练习时采用评定等级或打分数的方式；同样有81.69%的语文教师会在批改作文时以写批语作为反馈；80.28%的语文教师在课堂上会留出专门的反馈时间讲解写作练习；近五成的语文教师会让学生相互评价、讨论学习。

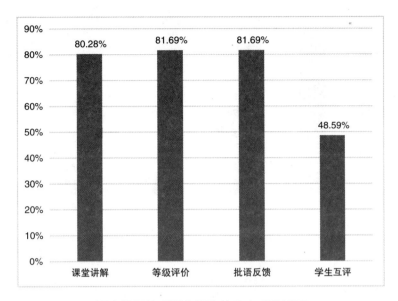

语文教师处理学生写作练习方式统计图

2．"人文性"是语文的底色

《全日制义务教育语文课程标准》（2022 版）在"课标性质"中明确指出："语文是最重要的交际工具，是人类文化的重要组成部分。工具性与人文性的统一，是语文课程的基本特点。"语文学科扎根于悠久深厚的历史文化，具有的人文性是其他学科不能替代的。很多语文教师在描述学科特征时也着重谈到了语文学科的人文性。提升人文素养，阅读尤为重要，除了要求学生在课后经常阅读并写读书笔记和做摘抄之外，许多语文教师在忙碌的工作之余也保持了阅读的习惯。

2.1 语文教师每学期平均阅读 6 本书

参与问卷调查的语文教师每学期平均阅读书目为 6 本。其中，每学期阅读 1—5 本书的语文教师占比最高，为 54.23%；31.69% 的语文教师每学期阅读 6—10 本书；此外，8.45% 与 5.63% 的语文教师每学期阅读 11—15 本及 16—21 本书籍。为了让学生重视阅读，教师们以身作则，保持了较好的阅读习惯，这对于提升自己的人文素养也大有裨益。

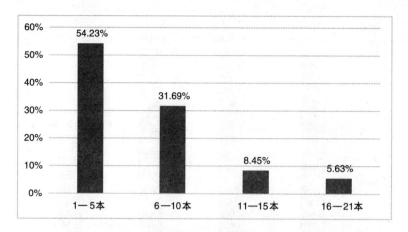

语文教师每学期阅读书目数量统计图

2.2 语文教师每周用于自主阅读（非教学任务需求）的平均时长为 5.13 小时

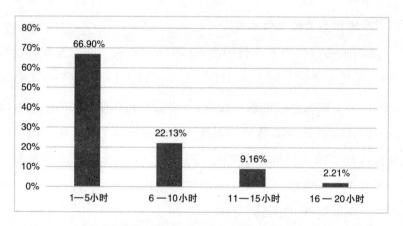

语文教师每周用于自主阅读时长统计图

参与问卷调查的语文教师每周用于自主阅读的时长为 5.13 小时。其中，66.9% 的语文教师阅读时长为 1—5 小时；22.13%、9.16% 的语文教师阅读时长为 6—10 小时及 11—15 小时；此外，还有 2.21% 的语文教师每周花费 16—20 小时进行自主阅读。

2.3 语文教师最常阅读人文社科类书籍与小说

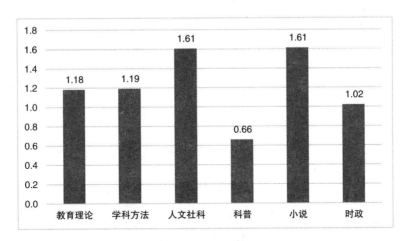

语文教师阅读各类书目的频率统计图

由上图可知，语文教师最常阅读人文社科类书籍与小说；然后依次为学科方法类书籍、教育理论类书籍、时政类书籍与科普类书籍。

第三章

中学生语文学业水平异质探究

第一节 探究说明

一、匹配数据说明

我们首先采用语文学科笔试的方式，对深圳市福田区各中学初一年级的学生进行测评。按评价工具研制的程序，确定了语文学业水平评价的双向细目表，将试卷题目划分为识记、理解、分析综合、鉴赏评价、表达应用和探究等六大能力维度，并计算出每一能力维度的得分情况。

又面向各学校的初一年级语文教师、参与测评的全体学生及其家长展开了问卷调查。通过将试卷测评成绩与调查问卷数据进行匹配，参加此次评价与调研的学生有 13652 人，最终得到学生、教师、家长有效匹配样本量为 7543 份。

二、研究方法

1. 描述统计

采用独立样本 t 检验、方差分析、相关分析等描述统计的方法，对不同群体的学生语文成绩进行异质性分析。

2. 多元线性回归分析

回归分析是指通过提供变量之间的数学表达式来定量描述变量间相关关系的数学过程，其基本思想是通过构建因变量与自变量之间的回归方程，在控制其他变量的情况下，考察自变量对因变量的影响，在社会科学研究领域被广泛应用。

3. 多层线性模型（HLM）

多层线性模型是一种处理嵌套数据的统计方法。通过定义不同水平（层）的模型，将随机变异分解为两个部分，一个是第一水平个体间差异带来的误差，另一个是第二水平班级的差异带来的误差。可以假设第一水平个体间的测量误差相互独立，第二水平班级带来的误差在不同班级之间相互独立。该分析方法同时考虑到不同水平的变异。

三、分析方法

（一）变量选取

以初一下学期（以下简称"初一下"）测评语文成绩为因变量，学生层面的自变量包括学生的背景、学习策略、学习动机、学习状态、师生交流5大类，教师层面的自变量包括教师个体特征、教学行为、工作状态3大类。各变量的描述统计见下表。

自变量描述统计表

对象	变量分类	变量名称	变量说明	平均值	标准差
学生层面	学生背景	性别	女 =0，男 =1	0.52	0.500
		独生子女	否 =0，是 =1	0.34	0.475
		家庭 SES	对家长受教育年限、家长职业、家庭经济状况 3 个变量进行因素分析，抽取特征根大于 1 的一个因素得分	0.00	1.000
	学习策略	识记策略	学生采用死记硬背方法和对待陌生字态度频率的合成指数	0.35	0.380
		阅读策略	学生阅读时批注摘抄习惯和写读后感频率的合成指数	0.64	0.395

对象	变量分类	变量名称	变量说明	平均值	标准差
学生层面	学习策略	写作策略	学生写日记习惯和交流写作内容及方法频率的合成指数	0.45	0.440
		表达策略	学生课堂主动发言和当众发表观点频率的合成指数	0.59	0.449
	学习动机	浅层动机	学生想要好成绩以得到父母、老师的夸奖的自评情况	0.67	0.469
		深层动机	学生喜欢选择富有挑战性的学习任务的自评情况	0.66	0.473
	学习状态	学习信心	学生平静分析考试失利原因和相信自己能学好语文自评的合成指数	0.85	0.284
		学习兴趣	学生学习语文开心、有趣和为读喜欢书籍不看电视不玩游戏自评的合成指数	0.73	0.345
	师生交流	给予鼓励	语文教师在学生成绩不理想时给予鼓励的学生评价	0.87	0.338
		态度亲切	语文教师态度很亲切的学生评价	0.90	0.295
教师层面	个体特征	性别	女 =0，男 =1	0.17	0.376
		学历	大专（对照组），本科，硕士	2.38	0.511
		教龄	教师教学工作年限	14.08	12.372
	教学行为	定期要求练字	否 =0，是 =1	0.74	0.440
		每周布置读书作业	否 =0，是 =1	0.88	0.329
		要求写读书笔记	否 =0，是 =1	0.89	0.307

对象	变量分类	变量名称	变量说明	平均值	标准差
教师层面	教学行为	定期训练讲评作文	否 =0，是 =1	0.96	0.189
		要求写日记	否 =0，是 =1	0.24	0.425
	工作状态	教学能力	掌握教学进度、及时提供反馈的自评情况	0.97	0.174
		人际关系	教师与同事、学生及家长建立友谊，营造积极融洽班级氛围自评的合成指数	0.93	0.196
		工作投入	教师对教学工作充满热情积极性和愿意为学生牺牲休息时间自评的合成指数	0.97	0.144
		职业满意度	对教师职业满意度的自评情况	0.88	0.320

（二）模型构建

构建多水平分析模型，其中学生层面为第一水平变量，教师层面为第二水平变量。构建模型如下：

水平 1：语文成绩 $_{ij}$=β_{0j}+β_{1j}（学生背景 $_{ij}$）+β_{2j}（学习策略 $_{ij}$）+β_{3j}（学习动机 $_{ij}$）+β_{4j}（学习状态 $_{ij}$）+β_{5j}（师生交流 $_{ij}$）+ε_{ij}

水平 2：β_{0j}=γ_{00}+γ_{01}（个体特征 $_j$）+γ_{02}（教学行为 $_j$）+γ_{03}（工作状态 $_j$）+μ_j

（三）结果分析

1. 教师对学生语文成绩差异的解释度

以初一下测评语文成绩为因变量进行零模型分析，该模型将学生语文成绩的差异分解为班级内差异和班级间差异两个部分，其中班级内差异由学生个体原因造成，班级间差异由学生就读班级语文教师的不同引起，结果见下表。

零模型结果表

随机效应参数	估计值	标准误	95% 的置信区间	
教师：个体 变量（常数）	46.1314	.	.	.
变量（残差）	164.6097	.	.	.

似然比检验 vs. 线性模型：chibar2(01) = 1537.13 Prob >= chibar2 = 0.0000

由随机效应部分的结果输出可以发现，学生的语文成绩在班级水平的变异服从 N（0，46.13）的正态分布，并且学生的语文成绩在班级水平的变异具有统计学意义（P<0.001）。学生语文成绩的变异归因于教师的部分占比 VPC（variance partition coefficient）为：

$$VPC=46.13/（46.13+164.61）≈21.89\%$$

2. 学生层面的变量对语文成绩的影响

在学生层面，先用学生背景变量做回归分析（模型1），观察变量对学生语文成绩的影响；再逐步放入学习策略（模型2）、学习动机（模型3）、学习状态（模型4）、师生交流（模型5）4个维度的变量，分析结果见下页表。

2.1 学生背景影响

模型1的数据显示，语文成绩存在显著的性别差异，女生的语文成绩显著比男生好；独生子女的语文成绩显著比非独生子女好；家庭社会经济地位对学生语文成绩有显著的正向影响。

2.2 学习策略影响

模型2的数据显示，在控制学生背景变量后，采用死记硬背方式、不主动查找陌生字的识记策略对语文成绩有显著的负向影响；采用批注摘抄、写读后感的阅读策略和课堂主动发言、敢于并乐于当众发表观点的表达策略，对语文成绩有显著的正向影响；而写日记、交流写作的写作策略没有统计上的显著影响。

学生层面变量影响语文成绩的多水平线性回归表

变量分类	变量名称	模型 1	模型 2	模型 3	模型 4	模型 5
学生背景	性别	−4.74*** (0.284)	−4.86*** (0.282)	−5.02*** (0.281)	−4.89*** (0.283)	−4.83*** (0.283)
	独生子女	1.58*** (0.313)	1.40*** (0.301)	1.36*** (0.300)	1.32*** (0.298)	1.34*** (0.298)
	家庭 SES	1.58*** (0.159)	1.37*** (0.154)	1.35*** (0.153)	1.34*** (0.152)	1.33*** (0.152)
学习策略	识记策略	−	−5.79*** (0.364)	−5.08*** (0.369)	−4.59*** (0.373)	−4.63*** (0.373)
	阅读策略	−	1.98*** (0.413)	1.53*** (0.417)	1.02*** (0.421)	0.95** (0.421)
	写作策略	−	−0.02 (0.418)	−0.38 (0.419)	−0.70 (0.420)	−0.69 (0.421)
	表达策略	−	4.71*** (0.348)	4.10*** (0.353)	3.90*** (0.352)	3.82*** (0.353)
学习动机	浅层动机	−	−	−1.30*** (0.296)	−1.50*** (0.296)	−1.54*** (0.296)
	深层动机	−	−	2.91*** (0.322)	2.19*** (0.336)	2.15*** (0.336)
学习状态	学习信心	−	−	−	4.17*** (0.552)	3.93*** (0.555)
	学习兴趣	−	−	−	0.77 (0.474)	0.496 (0.478)

变量分类	变量名称	模型 1	模型 2	模型 3	模型 4	模型 5
师生交流	给予鼓励	—	—	—	—	−0.14 (0.486)
	态度亲切	—	—	—	—	2.26*** (0.557)

*p < 0.1, **p < 0.05, ***p < 0.01

2.3 学习动机影响

浅层动机指学生希望得到好成绩以获得父母、老师的表扬，深层动机指学生喜欢选择富有挑战性的学习任务。

模型 3 的数据显示，在控制学生背景和学习策略变量后，浅层动机越强，学生的语文成绩显著越差；深层动机越强，学生的语文成绩显著越好。

2.4 学习状态影响

学习信心主要包括两方面，一是学生在成绩不理想时能够平静分析原因，二是学生相信自己能够学好语文。学习兴趣也包括两方面，一是学生认为学习语文感到开心、有趣，二是学生为了读喜欢的书宁愿不看电视、不玩游戏。

模型 4 的数据显示，在控制学生背景、学习策略和学习动机后，学习信心越强，学生的语文成绩显著越好；学习兴趣则没有统计上的显著影响。

2.5 师生交流影响

模型 5 的数据显示，在控制学生背景、学习策略、学习动机和学习状态后，学生感知到语文教师态度亲切对语文成绩有显著的正向影响，学生成绩不理想时语文教师给予鼓励则没有统计上的显著影响。

3. 教师层面的变量对语文成绩的影响

在教师层面，逐步加入个体特征（模型 6）、教学行为（模型 7）、工作状态（模型 8）3 个维度的变量，分析结果见下表。

3.1 个体特征影响

模型 6 的数据显示，在控制学生层面变量后，女教师的学生语文成绩显著更好；教师教龄对语文成绩有显著的正向影响；而教师学历则没有统计上的显著影响。

3.2 教学行为影响

模型 7 的数据显示，在控制学生层面变量、教师个体特征后，教师采取定期要求练字、每周布置读书作业、定期训练讲评作文等教学行为，对学生语文成绩有显著的正向影响；而要求写读书笔记和日记则没有统计上的显著影响。

3.3 工作状态影响

教师教学能力和职业满意度对学生语文成绩有显著的正向影响，人际关系和工作投入无显著影响。教学能力指教师充分掌握教学进度并及时向学生提供学习反馈信息的自评，人际关系主要包括教师与同事、学生及家长建立友谊和建立积极融洽班级氛围的自评，工作投入主要包括教师对教育教学工作充满热情积极性和愿意为学生牺牲休息时间的自评。

模型 8 的数据显示，在控制学生层面变量、教师个体特征和教学行为后，教师教学能力越强，学生的语文成绩显著越好；教师职业满意度越高，学生的语文成绩显著越好；教师人际关系和工作投入则没有统计上的显著影响。

教师层面变量影响语文成绩的多水平线性回归表

变量分类		变量名称	模型 6		模型 7		模型 8	
			系数	标准误	系数	标准误	系数	标准误
学生层面	学生背景	性别	−4.74***	0.312	−4.77***	0.311	−4.77***	0.308
		独生子女	2.34***	0.324	2.31***	0.324	2.23***	0.321
		家庭 SES	2.43***	0.157	2.35***	0.157	2.22***	0.156

○ 中学语文循证教学研究：学业水平差异探因 ●

变量分类		变量名称	模型6		模型7		模型8	
			系数	标准误	系数	标准误	系数	标准误
学生层面	学习策略	识记策略	−4.75***	0.411	−4.71***	0.409	−4.72***	0.406
		阅读策略	1.92***	0.458	1.76***	0.457	1.64***	0.453
		写作策略	−0.52	0.456	−0.45	0.456	−0.37	0.453
		表达策略	3.66***	0.387	3.70***	0.386	3.62***	0.382
	学习动机	浅层动机	−1.74***	0.325	−1.65***	0.324	−1.62***	0.321
		深层动机	2.17***	0.370	2.22***	0.369	2.30***	0.366
	学习状态	学习信心	4.77***	0.613	4.66***	0.611	4.37***	0.607
		学习兴趣	0.75	0.526	0.76	0.524	0.63	0.520
	师生交流	给予鼓励	−0.60	0.536	−0.66	0.534	−0.73	0.530
		态度亲切	3.13***	0.615	3.21***	0.613	3.09***	0.607
教师层面	个体特征	性别	−2.99***	0.410	−3.06***	0.414	−3.51***	0.415
		学历本科	0.19	1.360	0.68	1.393	0.92	1.396
		学历硕士	1.13	1.404	1.67	1.441	2.93**	1.448
		教龄	0.13***	0.015	0.11***	0.016	0.11***	0.016
	教学行为	定期要求练字			2.28***	0.363	2.56***	0.370
		每周布置读书作业			0.94**	0.474	0.51	0.477
		要求写读书笔记			−0.89	0.566	−0.55	0.579
		定期训练、讲评作文			3.37***	0.883	2.98***	0.883
		要求写日记			0.05	0.376	0.85**	0.382

	变量分类	变量名称	模型 6		模型 7		模型 8	
			系数	标准误	系数	标准误	系数	标准误
教师层面	工作状态	教学能力					2.12***	0.395
		人际关系					−0.87	0.499
		工作投入					−1.94	0.415
		职业满意度					3.05***	0.287

*$p < 0.1$，**$p < 0.05$，***$p < 0.01$

第二节　学生成绩的异质分析

一、学生因素

1. 个体特征

1.1 性别影响

女生的初一上学期（以下简称"初一上"）期末语文成绩、初一下测评语文成绩和各方面能力得分均显著高于男生。

学生语文能力层级的个体特征（性别）差异情况表

	男	女	T 值	P 值
初一上期末语文成绩	76.41	81.56	−17.30	0.00***
初一下测评语文成绩	78.46	83.38	−15.32	0.00***
识记得分	11.48	12.13	−8.88	0.00***
理解得分	22.83	23.95	−9.31	0.00***
分析综合得分	11.24	11.90	−7.81	0.00***

	男	女	T 值	P 值
鉴赏评价得分	9.71	10.60	−13.58	0.00***
表达应用得分	40.26	43.06	−20.19	0.00***
探究得分	2.62	2.87	−7.91	0.00***

*p < 0.1，**p < 0.05，***p < 0.01

由上表可知，不同性别学生的初一上期末语文成绩、初一下测评语文成绩和各方面能力得分上均存在显著性差异，并且在 1% 的置信水平上显著，女生的语文成绩和能力得分均显著高于男生。

1.2 是否独生子女

独生子女的初一上期末语文成绩、初一下测评语文成绩和各方面能力得分均显著高于非独生子女。

学生语文能力层级的个体特征（独生子女）差异情况表

	独生子女	非独生子女	T 值	P 值
初一上期末语文成绩	81.34	77.64	11.69	0.00***
初一下测评语文成绩	83.53	79.44	12.00	0.00***
识记得分	12.41	11.47	12.02	0.00***
理解得分	24.32	22.88	11.37	0.00***
分析综合得分	12.24	11.20	11.79	0.00***
鉴赏评价得分	10.50	9.96	7.81	0.00***
表达应用得分	42.25	41.28	6.42	0.00***
探究得分	2.92	2.65	7.90	0.00***

*p < 0.1，**p < 0.05，***p < 0.01

由上页下表可知，是否独生子女学生的初一上期末语文成绩、初一下测评语文成绩和各方面能力得分上均存在显著性差异，并且在 1% 的置信水平上显著，独生子女的语文成绩和能力得分均显著高于非独生子女。

1.3 自我教育期望

自我教育期望为硕士的学生初一上期末语文成绩、初一下测评语文成绩和各方面能力得分均显著更高，中专中职的学生成绩得分均显著最低。

学生语文能力层级的个体特征（自我教育期望）差异情况表

	初一上	初一下	识记	理解	分析综合	鉴赏评价	表达应用	探究
高中	66.17	67.74	9.30	18.90	8.70	8.16	37.09	2.14
中专、中职	61.13	60.79	7.75	16.49	7.21	7.07	34.77	1.86
大专	68.10	68.80	9.30	19.23	8.72	8.22	38.02	2.11
本科	75.91	77.46	11.09	22.25	10.72	9.69	40.59	2.60
硕士	82.98	85.47	12.71	24.85	12.62	10.84	43.19	2.98
博士	82.59	84.69	12.60	24.79	12.49	10.69	42.69	2.88
总体	78.91	80.84	11.79	23.37	11.56	10.14	41.61	2.74
方差齐性显著性	0.00	0.00	0.00	0.00	0.00	0.00	0.00	0.00
韦尔奇值	0.00	0.00	0.00	0.00	0.00	0.00	0.00	0.00
F 值	300.59	310.44	230.07	254.48	232.23	154.90	158.02	60.35
显著性	0.00***	0.00***	0.00***	0.00***	0.00***	0.00***	0.00***	0.00***

*$p < 0.1$, **$p < 0.05$, ***$p < 0.01$

由上表可知，不同教育期望学生的初一上期末语文成绩、初一下测评语文成绩和各方面能力得分均存在显著差异，并且在 1% 的置信水平上显著，期望为硕士的学生语文成绩和能力得分均显著最高，中专、中职的学生则显著最低。

2．学习方法

2.1 用死记硬背的方法记住拼音和字词

低频使用该学习方法的学生的初一上期末语文成绩、初一下测评语文成绩和各方面能力得分均显著更高。

学生语文能力层级的学习方法（死记硬背）差异情况表

	低频	高频	T 值	P 值
初一上期末语文成绩	80.68	76.43	14.01	0.00***
初一下测评语文成绩	82.83	78.06	14.62	0.00***
识记得分	12.23	11.19	13.99	0.00***
理解得分	23.94	22.58	11.17	0.00***
分析综合得分	11.92	11.05	10.14	0.00***
鉴赏评价得分	10.48	9.68	11.96	0.00***
表达应用得分	42.35	40.59	12.31	0.00***
探究得分	2.83	2.62	6.39	0.00***

*$p < 0.1$，**$p < 0.05$，***$p < 0.01$

由上表可知，使用死记硬背方法频率不同的学生的初一上期末语文成绩、初一下测评语文成绩和各方面能力得分存在显著差异，并且在 1% 的置信水平上显著，低频使用的学生的语文成绩和能力得分均显著更高。

2.2 遇到陌生字，放在那里不去管

低频使用该学习方法，即主动查字典 / 词典陌生字学生的初一上期末语文成绩、初一下测评语文成绩和各方面能力得分均显著更高。

学生语文能力层级的学习方法（不主动查字典／词典）差异情况表

	低频	高频	T值	P值
初一上期末语文成绩	80.11	76.00	12.47	0.00***
初一下测评语文成绩	82.13	77.72	12.44	0.00***
识记得分	12.08	11.10	12.11	0.00***
理解得分	23.76	22.45	9.94	0.00***
分析综合得分	11.80	10.96	9.08	0.00***
鉴赏评价得分	10.33	9.69	8.75	0.00***
表达应用得分	42.08	40.49	10.25	0.00***
探究得分	2.81	2.58	6.66	0.00***

$*p < 0.1$，$**p < 0.05$，$***p < 0.01$

由上表可知，主动查字典／词典频率不同学生的初一上期末语文成绩、初一下测评语文成绩和各方面能力得分存在显著差异，并且在 1% 的置信水平上显著，经常主动查字典／词典的学生的语文成绩和能力得分均显著更高。

2.3 平时会注重练字，提高书写水平

高频使用该学习方法的学生的初一上期末语文成绩、初一下测评语文成绩和各方面能力得分均显著更高。

学生语文能力层级的学习方法（注重练字）差异情况表

	低频	高频	T值	P值
初一上期末语文成绩	75.94	80.34	−13.73	0.00***
初一下测评语文成绩	77.53	82.44	−14.32	0.00***
识记得分	11.19	12.09	−11.35	0.00***
理解得分	22.43	23.83	−10.97	0.00***
分析综合得分	10.94	11.86	−10.23	0.00***

	低频	高频	T 值	P 值
鉴赏评价得分	9.66	10.38	−10.14	0.00***
表达应用得分	40.21	42.29	−13.90	0.00***
探究得分	2.58	2.82	−7.28	0.00***

*p < 0.1，**p < 0.05，***p < 0.01

由上表可知，平时练字频率不同的学生的初一上期末语文成绩、初一下测评语文成绩和各方面能力得分存在显著差异，并且在 1% 的置信水平上显著，高频使用的学生语文成绩和能力得分均显著更高。

2.4 读书时有批注圈画和摘抄的习惯

高频使用该学习方法的学生初一上期末语文成绩、初一下测评语文成绩和各方面能力得分均显著更高。

学生语文能力层级的学习方法（批注圈画、摘抄）差异情况表

	低频	高频	T 值	P 值
初一上期末语文成绩	75.61	80.30	−14.32	0.00***
初一下测评语文成绩	77.42	82.29	−13.82	0.00***
识记得分	11.16	12.06	−11.22	0.00***
理解得分	22.35	23.81	−11.15	0.00***
分析综合得分	10.91	11.83	−10.03	0.00***
鉴赏评价得分	9.64	10.36	−9.87	0.00***
表达应用得分	40.14	42.23	−13.58	0.00***
探究得分	2.59	2.80	−5.89	0.00***

*p < 0.1，**p < 0.05，***p < 0.01

由上表可知，读书时批注圈画和摘抄频率不同的学生的初一上期末语文成绩、初一下测评语文成绩和各方面能力得分存在显著差异，并且在1%的置信水平上显著，高频使用的学生的语文成绩和能力得分均显著更高。

2.5 用读后感的形式来写读书笔记

高频使用该学习方法的学生初一上期末语文成绩、初一下测评语文成绩和各方面能力得分均显著更高。

学生语文能力层级的学习方法（写读后感）差异情况表

	低频	高频	T 值	P 值
初一上期末语文成绩	76.70	80.55	−12.69	0.00***
初一下测评语文成绩	78.40	82.65	−13.01	0.00***
识记得分	11.39	12.10	−9.52	0.00***
理解得分	22.66	23.90	−10.21	0.00***
分析综合得分	11.08	11.91	−9.80	0.00***
鉴赏评价得分	9.74	10.44	−10.45	0.00***
表达应用得分	40.61	42.36	−12.30	0.00***
探究得分	2.62	2.83	−6.44	0.00***

*$p < 0.1$, **$p < 0.05$, ***$p < 0.01$

由上表可知，用读后感形式写读书笔记频率不同的学生初一上期末语文成绩、初一下测评语文成绩和各方面能力得分存在显著差异，并且在1%的置信水平上显著，高频使用的学生的语文成绩和能力得分均显著更高。

2.6 有写日记的习惯

高频使用该学习方法的学生初一上期末语文成绩、初一下测评语文成绩和各方面能力得分均显著更高。

学生语文能力层级的学习方法（写日记）差异情况表

	低频	高频	T 值	P 值
初一上期末语文成绩	78.09	80.41	−7.36	0.00***
初一下测评语文成绩	80.04	82.32	−6.70	0.00***
识记得分	11.68	12.01	−4.35	0.00***
理解得分	23.19	23.71	−4.11	0.00***
分析综合得分	11.45	11.75	−3.36	0.00***
鉴赏评价得分	9.99	10.43	−6.48	0.00***
表达应用得分	41.19	42.40	−8.17	0.00***
探究得分	2.71	2.81	−3.07	0.00***

*p < 0.1，**p < 0.05，***p < 0.01

由上表可知，写日记频率不同的学生初一上期末语文成绩、初一下测评语文成绩和各方面能力得分存在显著差异，并且在1%的置信水平上显著，高频使用的学生语文成绩和能力得分均显著更高。

2.7 和同学交流写作内容和写作方法

高频使用该学习方法的学生初一上期末语文成绩、初一下测评语文成绩和各方面能力得分均显著更高。

学生语文能力层级的学习方法（交流写作）差异情况表

	低频	高频	T 值	P 值
初一上期末语文成绩	76.29	81.16	−16.29	0.00***
初一下测评语文成绩	78.15	83.15	−15.51	0.00***
识记得分	11.30	12.22	−12.48	0.00***
理解得分	22.53	24.10	−13.13	0.00***
分析综合得分	11.02	12.02	−11.82	0.00***

	低频	高频	T 值	P 值
鉴赏评价得分	9.75	10.48	−11.01	0.00***
表达应用得分	40.62	42.46	−13.05	0.00***
探究得分	2.60	2.87	−8.49	0.00***

*p < 0.1, **p < 0.05, ***p < 0.01

由上表可知，和同学交流写作内容及方法频率不同的学生初一上期末语文成绩、初一下测评语文成绩和各方面能力得分存在显著差异，并且在1% 的置信水平上显著，高频使用的学生语文成绩和能力得分均显著更高。

2.8 和家长、老师或同学交流阅读内容和感受

高频使用该学习方法的学生初一上期末语文成绩、初一下测评语文成绩和各方面能力得分均显著更高。

学生语文能力层级的学习方法（交流阅读）差异情况表

	低频	高频	T 值	P 值
初一上期末语文成绩	76.24	81.17	−16.49	0.00***
初一下测评语文成绩	78.02	83.24	−16.23	0.00***
识记得分	11.26	12.25	−13.36	0.00***
理解得分	22.44	24.17	−14.48	0.00***
分析综合得分	10.95	12.08	−13.45	0.00***
鉴赏评价得分	9.71	10.51	−12.15	0.00***
表达应用得分	40.63	42.45	−12.90	0.00***
探究得分	2.61	2.85	−7.48	0.00***

*p < 0.1, **p < 0.05, ***p < 0.01

由上表可知，和家长、老师或同学交流阅读内容和感受频率不同的学生初一上期末语文成绩、初一下测评语文成绩和各方面能力得分存在显著差异，并且在1%的置信水平上显著，高频使用的学生语文成绩和能力得分均显著更高。

2.9 在课堂上会主动举手发言

高频使用该学习方法的学生的初一上期末语文成绩、初一下测评语文成绩和各方面能力得分均显著更高。

学生语文能力层级的学习方法（课堂主动发言）差异情况表

	低频	高频	T 值	P 值
初一上期末语文成绩	76.30	80.84	−15.01	0.00***
初一下测评语文成绩	78.07	82.90	−14.86	0.00***
识记得分	11.20	12.24	−14.05	0.00***
理解得分	22.41	24.09	−13.90	0.00***
分析综合得分	10.94	12.01	−12.61	0.00***
鉴赏评价得分	9.74	10.45	−10.68	0.00***
表达应用得分	40.78	42.23	−10.13	0.00***
探究得分	2.62	2.83	−6.46	0.00***

$^*p < 0.1$，$^{**}p < 0.05$，$^{***}p < 0.01$

由上表可知，在课堂上主动举手发言频率不同的学生初一上期末语文成绩、初一下测评语文成绩和各方面能力得分存在显著差异，并且在1%的置信水平上显著，高频使用的学生语文成绩和能力得分均显著更高。

2.10 敢于并乐于当众发表自己的观点

高频使用该学习方法的学生的初一上期末语文成绩、初一下测评语文成绩和各方面能力得分均显著更高。

学生语文能力层级的学习方法（当众发表观点）差异情况表

	低频	高频	T 值	P 值
初一上期末语文成绩	75.86	80.93	−16.65	0.00***
初一下测评语文成绩	77.59	83.00	−16.56	0.00***
识记得分	11.12	12.24	−14.97	0.00***
理解得分	22.28	24.10	−14.98	0.00***
分析综合得分	10.82	12.05	−14.46	0.00***
鉴赏评价得分	9.66	10.47	−12.01	0.00***
表达应用得分	40.62	42.27	−11.43	0.00***
探究得分	2.57	2.86	−8.81	0.00***

*$p < 0.1$, **$p < 0.05$, ***$p < 0.01$

由上表可知，敢于并乐于当众发表观点频率不同的学生初一上期末语文成绩、初一下测评语文成绩和各方面能力得分存在显著差异，并且在 1% 的置信水平上显著，高频使用的学生的语文成绩和能力得分均显著更高。

3.学习强度

3.1 每周写作练笔字数

每周写作练笔字数为 1000—2000 字的学生的初一上期末语文成绩、初一下测评语文成绩和各方面能力得分均显著更高。

学生语文能力层级的学习强度（写作练笔）差异情况表

	初一上	初一下	识记	理解	分析综合	鉴赏评价	表达应用	探究
500 字以下	72.75	74.22	10.63	21.24	10.17	9.08	39.08	2.43
500—1000 字	79.41	81.38	11.88	23.55	11.68	10.25	41.86	2.74
1000—2000 字	83.17	85.53	12.66	24.87	12.53	10.82	43.21	3.02

	初一上	初一下	识记	理解	分析综合	鉴赏评价	表达应用	探究
2000 字以上	81.11	83.01	12.14	24.03	11.94	10.50	42.44	2.96
总体	78.91	80.84	11.79	23.37	11.56	10.14	41.61	2.74
方差齐性显著性	0.00	0.00	0.00	0.00	0.00	0.00	0.00	0.00
韦尔奇值	0.00	0.00	0.00	0.00	0.00	0.00	0.00	0.00
F 值	144.39	145.61	87.41	107.88	91.68	84.33	105.11	39.75
显著性	0.00***	0.00***	0.00***	0.00***	0.00***	0.00***	0.00***	0.00***

$^*p < 0.1$, $^{**}p < 0.05$, $^{***}p < 0.01$

由上表可知，每周写作练笔字数不同的学生初一上期末语文成绩、初一下测评语文成绩和各方面能力得分存在显著差异，并且在 1% 的置信水平上显著，字数为 1000—2000 字的学生语文成绩和能力得分均显著更高。

3.2 每月背诵诗文数量

每月背诵 7—12 篇古诗文或经典文章的学生初一上期末语文成绩、初一下测评语文成绩和各方面能力得分均显著更高。

学生语文能力层级的学习强度（背诵诗文）差异情况表

	初一上	初一下	识记	理解	分析综合	鉴赏评价	表达应用	探究
0 篇	73.68	75.42	10.87	22.02	10.53	9.15	39.09	2.54
1—3 篇	78.38	80.23	11.65	23.26	11.50	10.04	41.34	2.67
4—6 篇	79.93	81.99	12.05	23.67	11.78	10.33	42.07	2.82
7—9 篇	80.61	82.33	12.01	24.04	11.82	10.42	42.05	2.84
10—12 篇	80.18	82.47	12.02	23.50	11.64	10.47	42.70	2.89
13—15 篇	78.04	79.74	11.74	22.77	11.15	9.90	41.34	2.72
总体	78.91	80.84	11.79	23.37	11.56	10.14	41.61	2.74

	初一上	初一下	识记	理解	分析综合	鉴赏评价	表达应用	探究
方差齐性显著性	0.00	0.00	0.00	0.00	0.00	0.00	0.00	0.24
韦尔奇值	0.00	0.00	0.00	0.00	0.00	0.00	0.00	——
F 值	17.03	16.86	10.60	8.47	8.25	13.36	18.78	6.29
显著性	0.00***	0.00***	0.00***	0.00***	0.00***	0.00***	0.00***	0.00***

$*p < 0.1$, $**p < 0.05$, $***p < 0.01$

由上表可知，每月背诵诗文数量不同的学生初一上期末语文成绩、初一下测评语文成绩和各方面能力得分存在显著差异，并且在 1% 的置信水平上显著，7—12 篇的学生的语文成绩和能力得分均显著更高。

3.3 本学期除教材教辅资料外的读书量

本学期阅读 11—15 本书目的学生的初一上期末语文成绩、初一下测评语文成绩和各方面能力得分均显著更高。

学生语文能力层级的学习强度（读书数量）差异情况表

	初一上	初一下	识记	理解	分析综合	鉴赏评价	表达应用	探究
0 本	70.43	70.14	9.87	20.11	9.25	8.76	37.47	2.13
1—5 本	78.02	79.80	11.62	23.00	11.29	9.98	41.34	2.68
6—10 本	81.83	84.19	12.42	24.49	12.45	10.66	42.54	2.91
11—15 本	82.12	84.86	12.43	24.84	12.46	10.70	42.86	3.00
总体	78.91	80.84	11.79	23.37	11.56	10.14	41.61	2.74
方差齐性显著性	0.00	0.00	0.00	0.00	0.00	0.00	0.00	0.00
韦尔奇值	0.00	0.00	0.00	0.00	0.00	0.00	0.00	0.00

	初一上	初一下	识记	理解	分析综合	鉴赏评价	表达应用	探究
F 值	69.71	89.72	52.42	73.18	74.54	42.73	49.97	29.68
显著性	0.00***	0.00***	0.00***	0.00***	0.00***	0.00***	0.00***	0.00***

*$p < 0.1$, **$p < 0.05$，***$p < 0.01$

由上表可知，本学期除教材教辅资料外的读书量不同的学生初一上期末语文成绩、初一下测评语文成绩和各方面能力得分存在显著差异，并且在 1% 的置信水平上显著，总体而言，读书数量越多表现越好，读 11—15 本书的学生语文成绩和能力得分均显著最高。

3.4 本学期每周在家自主阅读时长

每周自主阅读 7—12 小时的学生初一上期末语文成绩、初一下测评语文成绩和各方面能力得分均显著更高。

学生语文能力层级的学习强度（自主阅读时长）差异情况表

	初一上	初一下	识记	理解	分析综合	鉴赏评价	表达应用	探究
0 小时	73.34	73.93	10.54	21.28	10.27	9.27	38.87	2.26
1—3 小时	78.52	80.29	11.70	23.14	11.40	10.06	41.51	2.71
4—6 小时	81.27	83.92	12.37	24.49	12.26	10.55	42.49	2.94
7—9 小时	83.55	86.11	12.75	25.21	12.95	10.95	43.20	2.95
10—12 小时	82.60	85.15	12.50	25.29	12.76	10.85	42.55	3.05
13—15 小时	79.66	83.57	12.18	24.38	12.08	10.55	42.62	3.00
总体	78.91	80.84	11.79	23.37	11.56	10.14	41.61	2.74
方差齐性显著性	0.00	0.00	0.00	0.00	0.00	0.00	0.00	0.00

	初一上	初一下	识记	理解	分析综合	鉴赏评价	表达应用	探究
韦尔奇值	0.00	0.00	0.00	0.00	0.00	0.00	0.00	0.00
F 值	29.84	41.12	25.35	35.58	29.83	18.41	24.53	18.02
显著性	0.00***	0.00***	0.00***	0.00***	0.00***	0.00***	0.00***	0.00***

*p < 0.1, **p < 0.05, ***p < 0.01

由上表可知，每周自主阅读时长不同的学生初一上期末语文成绩、初一下测评语文成绩和各方面能力得分存在显著差异，并且在 1% 的置信水平上显著，阅读时长为 7—12 小时的学生语文成绩和能力得分均显著更高。

3.5 每周参加语文课外辅导时长

每周参加课外辅导 2—3 小时的学生初一上期末语文成绩、初一下测评语文成绩和各方面能力得分均显著更高。

学生语文能力层级的学习强度（课外辅导时长）差异情况表

	初一上	初一下	识记	理解	分析综合	鉴赏评价	表达应用	探究
没参加	78.18	79.97	11.59	23.07	11.33	10.03	41.40	2.70
1 小时以内	75.43	77.66	11.00	22.18	10.82	9.70	40.89	2.50
1—2 小时	80.17	82.47	12.19	23.98	12.01	10.32	41.98	2.85
2—3 小时	83.00	85.10	12.80	24.83	12.63	10.81	42.66	2.94
3 小时以上	77.14	78.64	11.20	22.54	10.90	9.67	41.14	2.74
总体	78.91	80.84	11.79	23.37	11.56	10.14	41.61	2.74
方差齐性显著性	0.00	0.00	0.00	0.00	0.00	0.00	0.00	0.00
韦尔奇值	0.00	0.00	0.00	0.00	0.00	0.00	0.00	0.00

	初一上	初一下	识记	理解	分析综合	鉴赏评价	表达应用	探究
F 值	78.18	79.97	11.59	23.07	11.33	10.03	41.40	2.70
显著性	0.00***	0.00***	0.00***	0.00***	0.00***	0.00***	0.00***	0.00***

*p < 0.1，**p < 0.05，***p < 0.01

由上表可知，每周参加语文课外辅导时长不同的学生初一上期末语文成绩、初一下测评语文成绩和各方面能力得分存在显著差异，并且在1%的置信水平上显著，2—3小时的学生的语文成绩和能力得分均显著更高。但课外辅导超过3小时的学生语文成绩和能力又显著更差。

4.学习动机

4.1 想要获得好成绩，因为这样可以得到父母和老师的夸奖

不符合该浅层动机的学生初一上期末语文成绩、初一下测评语文成绩和各方面能力（表达应用和探究能力除外）得分均显著更高。

学生语文能力层级的学习动机（好成绩被夸奖）差异情况表

	不符合	符合	T 值	P 值
初一上期末语文成绩	79.49	78.62	2.70	0.01**
初一下测评语文成绩	81.63	80.46	3.37	0.00***
识记得分	11.99	11.70	3.66	0.00***
理解得分	23.75	23.19	4.32	0.00***
分析综合得分	11.77	11.46	3.43	0.00***
鉴赏评价得分	10.28	10.08	2.88	0.00***
表达应用得分	41.68	41.58	0.69	0.49
探究得分	2.78	2.72	1.61	0.11

*p < 0.1，**p < 0.05，***p < 0.01

由上表可知，是否因为想得到夸奖而取得好成绩的学生初一上期末语文成绩、初一下测评语文成绩和各方面能力（表达应用和探究能力除外）得分均存在显著差异，并且在 1% 的置信水平上显著（初一上期末语文成绩在 5% 的置信水平上显著），不符合该浅层动机的学生语文成绩和能力得分显著更高。

4.2 认为语文学科的学习很重要

符合该浅层动机的学生的初一上期末语文成绩、初一下测评语文成绩和各方面能力得分均显著更高。

学生语文能力层级的学习动机（认为语文学科重要）差异情况表

	不符合	符合	T 值	P 值
初一上期末语文成绩	69.50	79.17	−10.45	0.00***
初一下测评语文成绩	70.33	81.14	−10.87	0.00***
识记得分	9.53	11.86	−10.26	0.00***
理解得分	20.12	23.47	−9.07	0.00***
分析综合得分	9.35	11.62	−8.79	0.00***
鉴赏评价得分	8.47	10.19	−8.48	0.00***
表达应用得分	37.72	41.72	−9.20	0.00***
探究得分	2.32	2.75	−4.38	0.00***

$*p < 0.1$, $**p < 0.05$, $***p < 0.01$

由上表可知，是否认为语文学科学习很重要的学生初一上期末语文成绩、初一下测评语文成绩和各方面能力得分均存在显著差异，并且在 1% 的置信水平上显著，符合该浅层动机的学生语文成绩和能力得分显著更高。

4.3 学习语文开心、有趣

符合该深层动机的学生初一上期末语文成绩、初一下测评语文成绩和各方面能力得分均显著更高。

学生语文能力层级的学习动机（认为语文学习开心、有趣）差异情况表

	不符合	符合	T 值	P 值
初一上期末语文成绩	74.45	79.83	−13.52	0.00***
初一下测评语文成绩	76.25	81.79	−12.94	0.00***
识记得分	11.00	11.96	−9.74	0.00***
理解得分	22.15	23.63	−9.28	0.00***
分析综合得分	10.75	11.73	−8.70	0.00***
鉴赏评价得分	9.49	10.28	−9.04	0.00***
表达应用得分	39.59	42.03	−13.10	0.00***
探究得分	2.52	2.79	−6.39	0.00***

*p < 0.1, **p < 0.05, ***p < 0.01

由上表可知，是否觉得学习语文开心有趣的学生初一上期末语文成绩、初一下测评语文成绩和各方面能力得分均存在显著差异，并且在 1% 的置信水平上显著，符合该深层动机的学生语文成绩和能力得分显著更高。

4.4 喜欢选择富有挑战性的学习任务

符合该深层动机的学生初一上期末语文成绩、初一下测评语文成绩和各方面能力得分均显著更高。

学生语文能力层级的学习动机（喜欢挑战性任务）差异情况表

	不符合	符合	T 值	P 值
初一上期末语文成绩	74.99	80.90	−18.83	0.00***
初一下测评语文成绩	76.84	82.88	−17.88	0.00***
识记得分	11.02	12.19	−15.06	0.00***
理解得分	22.11	24.02	−15.16	0.00***
分析综合得分	10.74	11.98	−13.96	0.00***

	不符合	符合	T 值	P 值
鉴赏评价得分	9.52	10.46	−13.56	0.00***
表达应用得分	40.14	42.36	−14.95	0.00***
探究得分	2.55	2.84	−8.77	0.00***

*p < 0.1, **p < 0.05, ***p < 0.01

由上表可知，是否喜欢选择富有挑战性学习任务的学生初一上期末语文成绩、初一下测评语文成绩和各方面能力得分均存在显著差异，并且在1%的置信水平上显著，符合该深层动机的学生语文成绩和能力得分显著更高。

5. 学习状态

5.1 相信自己能学好语文

具备语文学习自信心的学生初一上期末语文成绩、初一下测评语文成绩和各方面能力得分均显著更高。

学生语文能力层级的学习自信心差异情况表

	不符合	符合	T 值	P 值
初一上期末语文成绩	72.07	79.65	−15.06	0.00***
初一下测评语文成绩	74.12	81.57	−13.75	0.00***
识记得分	10.54	11.93	−11.20	0.00***
理解得分	21.51	23.58	−10.24	0.00***
分析综合得分	10.31	11.69	−9.77	0.00***
鉴赏评价得分	9.07	10.26	−10.72	0.00***
表达应用得分	38.76	41.92	−13.34	0.00***
探究得分	2.41	2.78	−6.82	0.00***

*p < 0.1, **p < 0.05, ***p < 0.01

由上表可知，是否相信自己能学好语文的学生初一上期末语文成绩、初一下测评语文成绩和各方面能力得分均存在显著差异，并且在1%的置信水平上显著，具备自信心的学生语文成绩和能力得分显著更高。

5.2 为了读喜欢的书，宁可不看电视不玩游戏

语文学习兴趣更高的学生初一上期末语文成绩、初一下测评语文成绩和各方面能力得分均显著更高。

学生语文能力层级的学习兴趣差异情况表

	不符合	符合	T值	P值
初一上期末语文成绩	76.01	80.60	−14.80	0.00***
初一下测评语文成绩	77.81	82.61	−14.40	0.00***
识记得分	11.24	12.12	−11.46	0.00***
理解得分	22.42	23.93	−12.22	0.00***
分析综合得分	10.93	11.93	−11.47	0.00***
鉴赏评价得分	9.69	10.41	−10.45	0.00***
表达应用得分	40.47	42.28	−12.40	0.00***
探究得分	2.61	2.82	−6.19	0.00***

*p < 0.1，**p < 0.05，***p < 0.01

由上表可知，是否愿意为读书不看电视不玩游戏的学生初一上期末语文成绩、初一下测评语文成绩和各方面能力得分均存在显著差异，并且在1%的置信水平上显著，学习兴趣更高的学生语文成绩和能力得分显著更高。

6. 学习焦虑

6.1 觉得手上学习任务太多，无法完成

高频处于该焦虑状态的学生初一上期末语文成绩、初一下测评语文成绩和各方面能力得分均显著更低。

学生语文能力层级的学习焦虑（认为任务无法完成）差异情况表

	低频	高频	T 值	P 值
初一上期末语文成绩	79.71	78.08	5.38	0.00***
初一下测评语文成绩	81.80	79.84	6.02	0.00***
识记得分	11.95	11.64	4.16	0.00***
理解得分	23.64	23.10	4.53	0.00***
分析综合得分	11.78	11.33	5.25	0.00***
鉴赏评价得分	10.28	10.00	4.26	0.00***
表达应用得分	42.00	41.21	5.60	0.00***
探究得分	2.79	2.69	3.01	0.00***

*p < 0.1, **p < 0.05, ***p < 0.01

由上表可知，觉得学习任务太多无法完成频率不同的学生初一上期末语文成绩、初一下测评语文成绩和各方面能力得分均存在显著差异，并且在 1% 的置信水平上显著，低频处于该焦虑状态学生语文成绩和能力得分显著更高。

6.2 遇到挫败时很容易发脾气

高频处于该焦虑状态的学生初一上期末语文成绩、初一下测评语文成绩和各方面能力得分均显著更低。

学生语文能力层级的学习焦虑（挫败时易发脾气）差异情况表

	低频	高频	T 值	P 值
初一上期末语文成绩	79.65	78.16	5.38	0.00***
初一下测评语文成绩	81.76	79.91	6.02	0.00***
识记得分	11.96	11.63	4.16	0.00***
理解得分	23.68	23.07	4.53	0.00***

○ 中学语文循证教学研究：学业水平差异探因 ●

	低频	高频	T 值	P 值
分析综合得分	11.76	11.36	5.25	0.00***
鉴赏评价得分	10.26	10.02	4.26	0.00***
表达应用得分	41.92	41.30	5.60	0.00***
探究得分	2.80	2.69	3.01	0.00***

*p < 0.1，**p < 0.05，***p < 0.01

由上表可知，遇到挫败时容易发脾气频率不同的学生初一上期末语文成绩、初一下测评语文成绩和各方面能力得分均存在显著差异，并且在 1% 的置信水平上显著，低频处于该焦虑状态学生语文成绩和能力得分显著更高。

6.3 空闲时，放松一下也觉得内疚

高频处于该焦虑状态的学生初一下测评语文成绩和各方面能力（鉴赏评价和表达应用能力除外）得分均显著更低。

学生语文能力层级的学习焦虑（放松时觉得内疚）差异情况表

	低频	高频	T 值	P 值
初一上期末语文成绩	79.07	78.64	1.36	0.17
初一下测评语文成绩	81.19	80.25	2.79	0.01**
识记得分	11.90	11.62	3.55	0.00***
理解得分	23.53	23.11	3.35	0.00***
分析综合得分	11.65	11.41	2.72	0.01**
鉴赏评价得分	10.18	10.08	1.44	0.15
表达应用得分	41.65	41.56	0.63	0.53
探究得分	2.77	2.69	2.52	0.01**

*p < 0.1，**p < 0.05，***p < 0.01

由上表可知，对于空闲时放松觉得内疚频率不同的学生初一上期末语文成绩、初一下测评语文成绩和各方面能力（鉴赏评价和表达应用能力除外）得分均存在显著差异，识记和理解能力在 1% 的置信水平上显著，初一下测评语文成绩、分析综合和探究能力在 5% 的置信水平上显著，低频处于该焦虑状态学生的语文成绩和上述能力得分显著更高。

7. 课外活动

7.1 课外书类型

散文类、小说类、历史故事类等课外书籍对提高学生初一上期末语文成绩、初一下测评语文成绩和各方面能力得分的正向作用均显著更强。

学生语文能力层级的课外活动（课外书类型）差异情况表

	初一上	初一下	识记	理解	分析综合	鉴赏评价	表达应用	探究
童话故事类	1.18***	2.06***	0.19**	0.62***	0.32***	0.24***	1.13***	0.10**
科普百科类	1.41***	2.33***	0.29***	0.78***	0.45***	0.26***	1.03***	0.13***
历史故事类	2.07***	3.13***	0.42***	1.04***	0.63***	0.41***	1.31***	0.16***
名人传记类	1.97***	2.89***	0.37***	0.93***	0.52***	0.38***	1.31***	0.17***
科幻故事类	1.58***	2.52***	0.30***	0.82***	0.48***	0.30***	1.12***	0.15***
小说类	2.53***	3.57***	0.48***	1.17***	0.68***	0.46***	1.55***	0.19***
散文类	2.58***	3.57***	0.48***	1.12***	0.68***	0.48***	1.59***	0.19***
寓言类	1.47***	2.22***	0.26**	0.69***	0.37***	0.25***	1.09***	0.14***
优秀学生作文集	1.94***	2.78***	0.34***	0.83***	0.49***	0.35***	1.36***	0.14***
古诗、文言文	1.90***	2.83***	0.40***	0.88***	0.51***	0.35***	1.27***	0.14***

$*p < 0.1$, $**p < 0.05$, $***p < 0.01$

由上表可知，不同类型课外书籍对于提升学生的初一上期末语文成绩、初一下测评语文成绩和各方面能力得分均存在显著正向影响，从回归系数值的大小来看，散文类、小说类、历史故事类对提高语文成绩和能力得分的正向作用更强。

7.2 文艺课学习

学习文艺课数量越多的学生初一上期末语文成绩、初一下测评语文成绩和各方面能力得分均显著更高。

学生语文能力层级的课外活动（文艺课学习）差异情况表

	初一上	初一下	识记	理解	分析综合	鉴赏评价	表达应用	探究
相关系数	0.166	0.174	0.116	0.124	0.118	0.148	0.165	0.104
显著性水平	0.00***	0.00***	0.00***	0.00***	0.00***	0.00***	0.00***	0.00***

*$p < 0.1$, **$p < 0.05$, ***$p < 0.01$

由上表可知，学习文艺课数量不同的学生初一上期末语文成绩、初一下测评语文成绩和各方面能力得分均存在显著差异，并且在 1% 的置信水平上显著，同时学生的语文成绩和能力得分与学习文艺课数量呈显著的正相关，即学习的文艺课数量越多，学生的语文成绩和能力得分显著越高。

7.3 文化场所参观

参观文化场所越多的学生的初一上期末语文成绩、初一下测评语文成绩和各方面能力得分均显著更高。

学生语文能力层级的课外活动（文化场所参观）差异情况表

	初一上	初一下	识记	理解	分析综合	鉴赏评价	表达应用	探究
相关系数	0.238	0.246	0.193	0.209	0.214	0.208	0.191	0.161
显著性水平	0.00***	0.00***	0.00***	0.00***	0.00***	0.00***	0.00***	0.00***

*$p < 0.1$, **$p < 0.05$, ***$p < 0.01$

由上表可知，参观文化场所数量不同的学生的初一上期末语文成绩、初一下测评语文成绩和各方面能力得分均存在显著差异，并且在 **1%** 的置信水平上显著，同时学生的语文成绩和能力得分与参观文化场所数量呈显著的正相关，即参观的文化场所数量越多，学生的语文成绩和能力得分显著越高。

7.4 参加活动类型

参加活动类型越多的学生的初一上期末语文成绩、初一下测评语文成绩和各方面能力得分均显著更高。

学生语文能力层级的课外活动（参加活动类型）差异情况表

	初一上	初一下	识记	理解	分析综合	鉴赏评价	表达应用	探究
相关系数	0.217	0.206	0.172	0.164	0.168	0.148	0.171	0.108
显著性水平	0.00***	0.00***	0.00***	0.00***	0.00***	0.00***	0.00***	0.00***

*$p < 0.1$，**$p < 0.05$，***$p < 0.01$

由上表可知，参加活动类型数量不同的学生的初一上期末语文成绩、初一下测评语文成绩和各方面能力得分均存在显著差异，并且在 **1%** 的置信水平上显著，同时学生的语文成绩和能力得分与参加活动类型数量呈显著的正相关，即参加的活动类型数量越多，学生的语文成绩和能力得分显著越高。

8. 生活状态

8.1 手机使用目的

使用手机进行学习、看新闻对提高学生的初一上期末语文成绩、初一下测评语文成绩和各方面能力得分的正向作用均显著更强，玩游戏、看剧（小视频）则有显著的负向影响。

<h2 style="text-align:center">学生语文能力层级的手机使用目的差异情况表</h2>

	初一上	初一下	识记	理解	分析综合	鉴赏评价	表达应用	探究
学习	0.57***	0.61***	0.14***	0.22***	0.16***	0.07***	0.18***	0.03***
完成作业	0.09	0.12	0.01	0.03	0.01	0.04**	0.07	0.01
看新闻	0.34***	0.41***	0.08***	0.13***	0.10***	0.05***	0.14***	0.02***
玩游戏	−0.34***	−0.36***	−0.06***	−0.07**	−0.04**	−0.07**	−0.23***	−0.01
看剧 / 小视频	−0.28***	−0.31***	−0.07***	−0.12***	−0.08***	−0.03***	−0.07***	−0.02**
社交	0.32***	0.34***	0.06***	0.09***	0.07***	0.06***	0.15***	0.02**

$^*p < 0.1$, $^{**}p < 0.05$, $^{***}p < 0.01$

由上表可知，使用手机目的不同，对学生的初一上期末语文成绩、初一下测评成绩和各方面能力得分的影响不同，从回归系数值的大小来看，使用手机进行学习、看新闻对提高学生的语文成绩和能力得分的正向作用显著更强，玩游戏、看剧（小视频）则有显著的负向影响，而完成作业仅对鉴赏评价能力得分存在显著正向影响。

8.2 手机使用时长

周一至周五平均每天使用手机时间越长，学生的初一上期末语文成绩、初一下测评语文成绩和各方面能力得分均显著更低。

<h2 style="text-align:center">学生语文能力层级的手机使用时长差异情况表</h2>

	初一上	初一下	识记	理解	分析综合	鉴赏评价	表达应用	探究
30 分钟以内	80.63	82.73	12.24	24.07	12.09	10.39	42.06	2.80
30 分钟至 1 小时	79.50	81.52	11.87	23.54	11.63	10.28	42.00	2.75
1—2 小时	77.25	78.98	11.39	22.68	11.09	9.91	41.09	2.71

	初一上	初一下	识记	理解	分析综合	鉴赏评价	表达应用	探究
2—3 小时	75.35	77.11	10.98	22.20	10.52	9.58	40.51	2.61
3 小时以上	72.71	73.82	10.42	21.01	10.09	8.96	39.11	2.56
总体	78.91	80.84	11.79	23.37	11.56	10.14	41.61	2.74
方差齐性显著性	0.00	0.00	0.00	0.00	0.01	0.00	0.00	0.00
韦尔奇值	0.00	0.00	0.00	0.00	0.00	0.00	0.00	0.00
F 值	51.57	55.11	46.41	47.22	47.77	31.56	29.62	4.29
显著性	0.00***	0.00***	0.00***	0.00***	0.00***	0.00***	0.00***	0.00***

$*p < 0.1$, $**p < 0.05$, $***p < 0.01$

由上表可知，周一至周五平均每天使用手机时长不同的学生初一上期末语文成绩、初一下测评语文成绩和各方面能力得分均存在显著差异，并且在 1% 的置信水平上显著，使用时间少于 30 分钟的学生的语文成绩和能力得分显著更高。总体而言，使用手机时间越长，学生成绩表现越差。

8.3 深入了解热点新闻并思考

频率越高的学生，初一上期末语文成绩、初一下测评语文成绩和各方面能力得分均显著越高。

学生语文能力层级的生活状态（关注热点新闻并思考）差异情况表

	低频	高频	T 值	P 值
初一上期末语文成绩	77.03	79.92	−9.17	0.00***
初一下测评语文成绩	78.58	82.07	−10.30	0.00***
识记得分	11.44	11.99	−7.00	0.00***
理解得分	22.61	23.79	−9.40	0.00***

	低频	高频	T 值	P 值
分析综合得分	11.06	11.83	−8.78	0.00***
鉴赏评价得分	9.76	10.35	−8.50	0.00***
表达应用得分	40.84	42.03	−8.02	0.00***
探究得分	2.61	2.82	−6.30	0.00***

$*p < 0.1$，$**p < 0.05$，$***p < 0.01$

由上表可知，深入了解热点新闻并思考频率不同的学生初一上期末语文成绩、初一下测评语文成绩和各方面能力得分均存在显著差异，并且在1%的置信水平上显著，高频的学生语文成绩和能力得分显著更高。

8.4 感觉生活很幸福愉快

生活幸福感越高的学生，初一上期末语文成绩、初一下测评语文成绩和各方面能力得分均显著越高。

学生语文能力层级的生活状态（感觉生活幸福愉快）差异情况表

	低频	高频	T 值	P 值
初一上期末语文成绩	75.11	79.53	−10.21	0.00***
初一下测评语文成绩	77.00	81.47	−9.62	0.00***
识记得分	10.96	11.93	−9.21	0.00***
理解得分	22.04	23.59	−8.99	0.00***
分析综合得分	10.62	11.71	−9.02	0.00***
鉴赏评价得分	9.59	10.24	−6.80	0.00***
表达应用得分	40.53	41.79	−6.18	0.00***
探究得分	2.53	2.78	−5.35	0.00***

$*p < 0.1$，$**p < 0.05$，$***p < 0.01$

由上表可知，感觉生活幸福愉快的学生初一上期末语文成绩、初一下测评语文成绩和各方面能力得分均存在显著差异，并且在1%的置信水平上显著，生活幸福感越高的学生语文成绩和能力得分显著越高。

8.5 会找时间进行运动锻炼

运动锻炼频率高的学生，初一上期末语文成绩、初一下测评语文成绩和各方面能力（理解和鉴赏评价能力除外）得分均显著更高。

学生语文能力层级的生活状态（进行运动锻炼）差异情况表

	低频	高频	T 值	P 值
初一上期末语文成绩	77.70	79.25	−4.23	0.00***
初一下测评语文成绩	79.84	81.12	−3.26	0.00***
识记得分	11.62	11.84	−2.54	0.01**
理解得分	23.21	23.42	−1.47	0.14
分析综合得分	11.41	11.60	−1.82	0.07*
鉴赏评价得分	10.06	10.17	−1.32	0.19
表达应用得分	41.13	41.75	−3.60	0.00***
探究得分	2.66	2.77	−2.87	0.00***

*p < 0.1，**p < 0.05，***p < 0.01

由上表可知，运动锻炼频率不同的学生初一上期末语文成绩、初一下测评语文成绩和各方面能力（理解和鉴赏评价能力除外）得分均存在显著差异，语文成绩、表达应用和探究能力在1%的置信水平上显著，识记能力在5%的置信水平上显著，分析综合能力在10%的置信水平上显著，运动频率越高的学生语文成绩和上述能力得分显著越高。

8.6 会和家人一起吃早餐

和家人吃早餐频率高的学生，初一上期末语文成绩、初一下测评语文成绩和各方面能力得分均显著更高。

学生语文能力层级的生活状态（和家人吃早餐）差异情况表

	低频	高频	T 值	P 值
初一上期末语文成绩	76.99	79.54	−7.31	0.00***
初一下测评语文成绩	78.83	81.51	−7.12	0.00***
识记得分	11.39	11.93	−6.21	0.00***
理解得分	22.71	23.60	−6.38	0.00***
分析综合得分	11.13	11.70	−5.78	0.00***
鉴赏评价得分	9.87	10.23	−4.75	0.00***
表达应用得分	40.92	41.84	−5.61	0.00***
探究得分	2.63	2.78	−3.97	0.00***

*$p < 0.1$, **$p < 0.05$, ***$p < 0.01$

由上表可知，和家人一起吃早餐频率不同的学生初一上期末语文成绩、初一下测评语文成绩和各方面能力得分均存在显著差异，并且在 1% 的置信水平上显著，高频学生的语文成绩和能力得分显著更高。

8.7 睡眠质量很好

睡眠质量高的学生，初一上期末语文成绩、初一下测评语文成绩和各方面能力得分均显著更高。

学生语文能力层级的生活状态（睡眠质量）差异情况表

	低频	高频	T 值	P 值
初一上期末语文成绩	77.27	79.39	−5.84	0.00***
初一下测评语文成绩	79.21	81.32	−5.43	0.00***
识记得分	11.43	11.90	−5.33	0.00***
理解得分	22.80	23.54	−5.16	0.00***
分析综合得分	11.16	11.67	−5.06	0.00***

	低频	高频	T 值	P 值
鉴赏评价得分	9.91	10.21	−3.80	0.00***
表达应用得分	41.14	41.75	−3.62	0.00***
探究得分	2.63	2.77	−3.68	0.00***

*p < 0.1, **p < 0.05, ***p < 0.01

由上表可知，睡眠质量频率不同的学生初一上期末语文成绩、初一下测评语文成绩和各方面能力得分均存在显著差异，并且在 1% 的置信水平上显著，高频学生的语文成绩和能力得分显著更高。

二、家庭因素

1. 家庭背景

1.1 家长学历

家长学历越高，学生的初一上期末语文成绩、初一下测评语文成绩和各方面能力得分均显著越高。

学生语文能力层级的家长学历差异情况表

	初一上	初一下	识记	理解	分析综合	鉴赏评价	表达应用	探究
初中及以下	72.68	73.82	10.36	20.95	9.74	9.09	39.66	2.38
高中或中职中专	75.91	77.78	11.10	22.33	10.78	9.68	40.85	2.58
大专	79.42	81.27	11.98	23.64	11.71	10.18	41.59	2.73
本科	82.35	84.69	12.57	24.56	12.51	10.75	42.73	2.98
硕士及以上	84.76	87.16	12.94	25.66	13.21	11.12	43.49	3.02
总体	78.91	80.84	11.79	23.37	11.56	10.14	41.61	2.74

	初一上	初一下	识记	理解	分析综合	鉴赏评价	表达应用	探究
方差齐性显著性	0.00	0.00	0.00	0.00	0.00	0.00	0.00	0.00
韦尔奇值	0.00	0.00	0.00	0.00	0.00	0.00	0.00	0.00
F 值	159.15	167.82	131.21	138.42	162.23	91.51	66.19	46.83
显著性	0.00***	0.00***	0.00***	0.00***	0.00***	0.00***	0.00***	0.00***

*$p < 0.1$, **$p < 0.05$, ***$p < 0.01$

由上表可知，家长学历不同的学生初一上期末语文成绩、初一下测评语文成绩和各方面能力得分均存在显著差异，并且在 1% 的置信水平上显著，家长学历越高，学生的语文成绩和能力得分显著越高。

1.2 家长职业类型

家长从事管理技术职业的学生初一上期末语文成绩、初一下测评语文成绩和各方面能力得分均显著更高。

学生语文能力层级的家长职业类型差异情况表

	管理技术职业	非管理技术职业	T 值	P 值
初一上期末语文成绩	81.60	78.12	9.66	0.00***
初一下测评语文成绩	83.74	79.99	9.68	0.00***
识记得分	12.40	11.62	8.92	0.00***
理解得分	24.34	23.09	8.72	0.00***
分析综合得分	12.37	11.32	10.39	0.00***
鉴赏评价得分	10.57	10.02	6.93	0.00***
表达应用得分	42.36	41.39	5.71	0.00***
探究得分	2.89	2.70	5.05	0.00***

*$p < 0.1$, **$p < 0.05$, ***$p < 0.01$

由上表可知，家长职业类型不同的学生初一上期末语文成绩、初一下测评语文成绩和各方面能力得分均存在显著差异，并且在 1% 的置信水平上显著，家长从事管理技术职业的学生语文成绩和能力得分显著更高。

1.3 家庭所在地

家庭位于城镇的学生初一上期末语文成绩、初一下测评语文成绩和各方面能力得分均显著更高。

学生语文能力层级的家庭所在地差异情况表

	城镇	农村	T 值	P 值
初一上期末语文成绩	79.73	73.82	13.61	0.00***
初一下测评语文成绩	81.68	75.61	13.01	0.00***
识记得分	11.95	10.80	10.84	0.00***
理解得分	23.64	21.72	11.07	0.00***
分析综合得分	11.76	10.29	12.09	0.00***
鉴赏评价得分	10.28	9.31	10.19	0.00***
表达应用得分	41.88	39.93	9.55	0.00***
探究得分	2.80	2.38	9.10	0.00***

*p < 0.1, **p < 0.05, ***p < 0.01

由上表可知，家庭所在地不同的学生初一上期末语文成绩、初一下测评语文成绩和各方面能力得分均存在显著差异，并且在 1% 的置信水平上显著，家庭位于城镇的学生语文成绩和能力得分显著更高。

1.4 家庭经济状况

家庭富裕的学生初一上期末语文成绩、初一下测评语文成绩和各方面能力得分均显著更高；相比于非常富裕的学生，比较富裕的学生表现显著较高。

学生语文能力层级的家庭经济状况差异情况表

	初一上	初一下	识记	理解	分析综合	鉴赏评价	表达应用	探究
非常贫穷	73.74	74.81	10.69	21.88	10.25	8.83	39.53	2.42
比较贫穷	74.89	76.94	10.96	22.27	10.67	9.55	40.20	2.59
一般	79.26	81.20	11.89	23.46	11.64	10.21	41.75	2.73
比较富裕	81.25	83.10	12.19	24.12	12.09	10.46	42.39	2.92
非常富裕	76.24	78.55	11.16	22.58	10.90	9.81	40.93	2.79
总体	78.91	80.84	11.79	23.37	11.56	10.14	41.61	2.74
方差齐性显著性	0.00	0.00	0.00	0.00	0.04	0.00	0.00	0.00
韦尔奇值	0.00	0.00	0.00	0.00	0.00	0.00	0.00	0.00
F 值	34.83	29.41	23.97	18.09	23.05	18.63	19.02	8.27
显著性	0.00***	0.00***	0.00***	0.00***	0.00***	0.00***	0.00***	0.00***

$*p < 0.1$, $**p < 0.05$, $***p < 0.01$

由上表可知，不同家庭经济状况的学生初一上期末语文成绩、初一下测评语文成绩和各方面能力得分均存在显著差异，并且在 1% 的置信水平上显著，家境富裕学生的语文成绩和能力得分显著更高。但相比于非常富裕的学生，比较富裕的学生表现显著较好。

2. 教育投入

2.1 语文学科支出占教育支出比例

占比超过 20% 的学生的初一上期末语文成绩、初一下测评语文成绩和各方面能力（探究能力除外）得分均显著更高。

学生语文能力层级的教育投入（语文教育支出占比）差异情况表

	初一上	初一下	识记	理解	分析综合	鉴赏评价	表达应用	探究
0	77.92	80.39	11.57	23.28	11.25	10.25	41.88	2.65
0—10%	79.16	81.06	11.82	23.42	11.62	10.19	41.70	2.77
10%—20%	78.02	79.74	11.55	23.00	11.30	9.97	41.28	2.69
20%—30%	79.74	82.19	12.14	23.91	11.85	10.36	41.91	2.79
30% 以上	79.92	81.69	12.08	23.63	11.81	10.10	41.73	2.78
总体	78.91	80.84	11.79	23.37	11.56	10.14	41.61	2.74
方差齐性显著性	0.58	0.70	0.01	0.33	0.48	0.80	0.72	0.16
韦尔奇值	0.00	0.00	0.00	0.00	0.00	0.00	0.04	0.10
F 值	5.19	6.55	7.89	6.01	5.91	3.90	2.61	1.98
显著性	0.00***	0.00***	0.00***	0.00***	0.00***	0.00***	0.03**	0.10

$*p < 0.1$，$**p < 0.05$，$***p < 0.01$

由上表可知，语文学科支出占教育支出比例不同的学生初一上期末语文成绩、初一下测评语文成绩和各方面能力（探究能力除外）得分均存在显著差异，并且在 1% 的置信水平上显著（表达应用能力在 5% 的置信水平上显著），占比超过 20% 的学生的语文成绩和上述能力得分显著更高。

2.2 家庭藏书量

家庭藏书量越多，学生的初一上期末语文成绩、初一下测评语文成绩和各方面能力得分均显著越高。

○ 中学语文循证教学研究：学业水平差异探因 ●

学生语文能力层级的教育投入（家庭藏书量）差异情况表

	初一上	初一下	识记	理解	分析综合	鉴赏评价	表达应用	探究
0—10 本	69.45	70.09	9.63	19.68	9.17	8.64	38.20	2.22
11—25 本	72.14	73.02	10.29	20.93	9.65	8.90	39.04	2.32
26—50 本	75.65	76.87	10.99	21.96	10.67	9.49	40.44	2.55
51—100 本	78.34	80.31	11.71	23.09	11.39	10.07	41.59	2.72
101—200 本	81.56	83.75	12.42	24.37	12.11	10.59	42.60	2.87
超过 200 本	82.84	85.48	12.66	25.01	12.75	10.87	42.90	2.98
总体	78.91	80.84	11.79	23.37	11.56	10.14	41.61	2.74
方差齐性显著性	0.00	0.00	0.00	0.00	0.00	0.00	0.00	0.00
韦尔奇值	0.00	0.00	0.00	0.00	0.00	0.00	0.00	0.00
F 值	137.52	162.81	117.46	135.90	134.74	90.60	76.80	40.62
显著性	0.00***	0.00***	0.00***	0.00***	0.00***	0.00***	0.00***	0.00***

$^*p < 0.1$，$^{**}p < 0.05$，$^{***}p < 0.01$

由上表可知，家庭藏书量不同的学生的初一上期末语文成绩、初一下测评语文成绩和各方面能力得分均存在显著差异，并且在 1% 的置信水平上显著，家庭藏书超过 200 本的学生的语文成绩和各方面能力得分均显著更高。总体来看，家庭藏书量越多，学生的语文成绩和能力得分显著越高。

2.3 家庭学习资源数量

家庭学习资源越多的学生，初一上期末语文成绩、初一下测评语文成绩和各方面能力得分均显著越高。

学生语文能力层级的教育投入（家庭学习资源数量）差异情况表

	初一上	初一下	识记	理解	分析综合	鉴赏评价	表达应用	探究
相关系数	0.267	0.265	0.223	0.238	0.236	0.221	0.201	0.144
显著性水平	0.00***	0.00***	0.00***	0.00***	0.00***	0.00***	0.00***	0.00***

$*p < 0.1$, $**p < 0.05$, $***p < 0.01$

由上表可知，家庭学习资源数量不同的学生的初一上期末语文成绩、初一下测评语文成绩和各方面能力得分均存在显著差异，并且在1%的置信水平上显著，同时学生的语文成绩和能力得分与家庭学习资源数量呈显著的正相关，即家庭提供的学习资源数量越多，学生的语文成绩和能力得分显著越高。

2.4 家长教育期望

家长教育期望为硕士的学生初一上期末语文成绩、初一下测评语文成绩和各方面能力得分均显著更高，期望为中专、中职的学生成绩得分均显著最低。

学生语文能力层级的家长教育期望差异情况表

	初一上	初一下	识记	理解	分析综合	鉴赏评价	表达应用	探究
高中	64.67	65.86	8.99	18.52	8.44	7.80	36.16	2.00
中专、中职	53.86	54.86	7.05	14.72	6.55	6.03	31.45	1.86
大专	65.33	65.34	8.92	18.06	8.13	7.66	36.42	1.90
本科	75.25	76.73	10.90	21.97	10.56	9.55	40.43	2.58
硕士	83.00	85.44	12.73	24.86	12.62	10.81	43.11	2.96
博士	82.41	84.63	12.59	24.78	12.44	10.74	42.70	2.88

	初一上	初一下	识记	理解	分析综合	鉴赏评价	表达应用	探究
总体	78.91	80.84	11.79	23.37	11.56	10.14	41.61	2.74
方差齐性显著性	0.00	0.00	0.00	0.00	0.00	0.00	0.00	0.00
韦尔奇值	0.00	0.00	0.00	0.00	0.00	0.00	0.00	0.00
F 值	283.18	298.34	215.14	238.85	209.66	115.05	161.91	55.18
显著性	0.00***	0.00***	0.00***	0.00***	0.00***	0.00***	0.00***	0.00***

$^*p < 0.1$, $^{**}p < 0.05$, $^{***}p < 0.01$

由上表可知，家长对子女学历期望不同的学生的初一上期末语文成绩、初一下测评语文成绩和各方面能力得分均存在显著差异，并且在 1% 的置信水平上显著，期望为硕士的学生语文成绩和能力得分均显著最高，期望为中专、中职的学生则显著最低。

3．语文辅导

3.1 对子女语文学习的态度

家长非常关心且每天检查语文作业和交流的学生的初一上期末语文成绩、初一下测评语文成绩和各方面能力得分均显著更高。

学生语文能力层级的家长语文辅导（对语文学习态度）差异情况表

	初一上	初一下	识记	理解	分析综合	鉴赏评价	表达应用	探究
非常关心，每天检查作业并交流	79.78	81.59	11.92	23.58	11.76	10.18	41.83	2.83
比较关心，有时间就会督促	79.03	80.98	11.84	23.42	11.58	10.17	41.68	2.74

	初一上	初一下	识记	理解	分析综合	鉴赏评价	表达应用	探究
较少关心，没有时间和精力	75.82	77.88	11.13	22.53	10.94	9.86	40.53	2.51
总体	78.91	80.84	11.79	23.37	11.56	10.14	41.61	2.74
方差齐性显著性	0.00	0.00	0.00	0.03	0.01	0.00	0.00	0.02
韦尔奇值	0.00	0.00	0.00	0.00	0.00	0.06	0.00	0.00
F 值	22.44	17.45	16.09	12.12	5.51	3.48	11.66	12.83
显著性	0.00***	0.00***	0.00***	0.00***	0.00***	0.00***	0.00***	0.00***

$*p < 0.1$, $**p < 0.05$, $***p < 0.01$

由上表可知，家长对子女语文学习态度不同的学生的初一上期末语文成绩、初一下测评语文成绩和各方面能力得分均存在显著差异，并且在 1% 的置信水平上显著，非常关心且每天检查作业和交流的学生语文成绩和能力得分均显著最高。

3.2 辅导子女语文作业的方式

让学生独立完成并自行检查，在遇到困难时家长耐心讲解的学生，初一上期末语文成绩、初一下测评语文成绩和各方面能力得分均显著更高。

学生语文能力层级的家长语文辅导（辅导作业方式）差异情况表

	初一上	初一下	识记	理解	分析综合	鉴赏评价	表达应用	探究
全程陪伴，监督完成并仔细检查	73.79	74.84	10.53	21.37	10.09	9.18	39.72	2.53
由孩子独立完成，检查并纠错	77.57	79.23	11.46	22.75	11.14	9.88	41.20	2.67

	初一上	初一下	识记	理解	分析综合	鉴赏评价	表达应用	探究
孩子独立完成并自行检查,遇到困难耐心讲解	80.47	82.61	12.17	24.00	12.01	10.40	42.11	2.83
没有时间,作业若需要签字,直接签字即可	76.66	78.56	11.27	22.65	10.98	9.89	40.95	2.59
总体	78.91	80.84	11.79	23.37	11.56	10.14	41.61	2.74
方差齐性显著性	0.00	0.00	0.00	0.00	0.00	0.00	0.00	0.00
韦尔奇值	0.00	0.00	0.00	0.00	0.00	0.00	0.00	0.00
F 值	49.65	55.08	48.65	48.70	52.18	28.76	23.91	13.34
显著性	0.00***	0.00***	0.00***	0.00***	0.00***	0.00***	0.00***	0.00***

$^*p < 0.1$,$^{**}p < 0.05$,$^{***}p < 0.01$

由上表可知,家长辅导子女语文作业方式不同,学生的初一上期末语文成绩、初一下测评语文成绩和各方面能力得分均存在显著差异,并且在1%的置信水平上显著,由孩子独立完成并自行检查,在遇到困难时家长耐心讲解的学生的初一上期末语文成绩、初一下测评语文成绩和各方面能力得分均显著更高;家长全程陪伴,监督完成并仔细检查的学生的语文成绩与能力得分表现最差,可能是因为孩子缺乏独立完成作业能力,需要家长全程辅导。

3.3 每天辅导子女语文学习时长

不需要家长辅导的学生初一上期末语文成绩、初一下测评语文成绩和各方面能力(探究能力除外)得分均显著更高;需要家长辅导时间越长,学生表现越差。

学生语文能力层级的家长语文辅导（辅导时长）差异情况表

	初一上	初一下	识记	理解	分析综合	鉴赏评价	表达应用	探究
不辅导	79.36	81.46	11.88	23.53	11.66	10.30	41.90	2.76
30 分钟以内	79.09	81.02	11.86	23.49	11.65	10.13	41.60	2.76
30 分钟至 1 小时	77.49	79.10	11.44	22.75	11.10	9.82	41.08	2.65
1 小时以上	77.44	79.12	11.47	22.78	11.15	9.93	41.06	2.68
总体	78.91	80.84	11.79	23.37	11.56	10.14	41.61	2.74
方差齐性显著性	0.23	0.27	0.17	0.12	0.22	0.86	0.26	0.18
韦尔奇值	0.00	0.00	0.00	0.00	0.00	0.00	0.00	0.22
F 值	5.24	7.11	5.18	6.42	6.27	5.58	4.31	1.52
显著性	0.00***	0.00***	0.00***	0.00***	0.00***	0.00***	0.00***	0.19

$*p < 0.1$, $**p < 0.05$, $***p < 0.01$

由上表可知，家长辅导子女语文作业时长不同的学生初一上期末语文成绩、初一下测评语文成绩和各方面能力（探究能力除外）得分均存在显著差异，并且在 1% 的置信水平上显著，不需要家长辅导的学生初一上期末语文成绩、初一下测评语文成绩和各方面能力（探究能力除外）得分均显著更高。总体来看，需要家长辅导时间越长，学生表现越差，可能是因为子女语文学习本来就较差，需要家长提供更多辅导。

3.4 每月阅读子女作文并交流次数

次数为 4—6 次的学生初一上期末语文成绩、初一下测评语文成绩和各方面能力（鉴赏评价和探究能力除外）得分显著更高。

学生语文能力层级的家长语文辅导（阅读交流作文）差异情况表

	初一上	初一下	识记	理解	分析综合	鉴赏评价	表达应用	探究
0 次	77.69	79.62	11.55	22.99	11.24	10.01	41.25	2.65
1—3 次	79.03	80.93	11.81	23.42	11.59	10.15	41.63	2.75
4—6 次	80.46	82.43	12.13	23.91	11.96	10.36	42.04	2.81
7—9 次	77.17	79.88	11.61	22.41	11.43	10.05	41.77	2.81
10—12 次	79.15	81.28	12.18	22.57	11.29	9.86	42.45	2.78
13—15 次	76.81	79.65	11.31	22.96	11.21	9.96	41.65	2.86
总体	78.91	80.84	11.79	23.37	11.56	10.14	41.61	2.74
方差齐性显著性	0.42	0.92	0.37	0.87	0.96	0.34	0.42	0.74
韦尔奇值	0.00	0.00	0.00	0.00	0.00	0.10	0.05	0.12
F 值	49.65	55.08	48.65	48.70	52.18	28.76	23.91	13.34
显著性	0.00***	0.00***	0.00***	0.00***	0.00***	0.10	0.07*	0.11

$*p < 0.1$，$**p < 0.05$，$***p < 0.01$

由上表可知，家长每月阅读作文并交流次数不同的学生初一上期末语文成绩、初一下测评语文成绩和各方面能力（鉴赏评价和探究能力除外）得分均存在显著差异，并且在 1% 的置信水平上显著（表达应用能力在 10% 的置信水平上显著），次数为 4—6 次的学生的语文成绩和上述能力得分均显著更高。

4. 亲子活动

4.1 亲子阅读

总体来看，家长经常阅读、亲子阅读频率为每周 3—4 次、每次时长 30 分钟至 2 小时的学生语文成绩和能力得分显著更高。

学生语文能力层级的亲子阅读（家长阅读频率）差异情况表

	初一上	初一下	识记	理解	分析综合	鉴赏评价	表达应用	探究
每天至少1次	80.04	82.27	12.09	23.96	11.99	10.35	41.94	2.80
每周2—3次	79.13	81.24	11.84	23.45	11.70	10.18	41.78	2.74
每月2—3次	78.55	80.11	11.66	23.19	11.28	10.04	41.35	2.75
每半年2—3次	77.92	79.48	11.65	22.67	11.08	9.93	41.38	2.72
从不阅读	73.68	74.68	10.51	21.35	9.91	9.47	39.87	2.38
总体	78.91	80.84	11.79	23.37	11.56	10.14	41.61	2.74
方差齐性显著性	0.20	0.86	0.05	0.46	0.60	0.06	0.14	0.45
韦尔奇值	0.00	0.00	0.00	0.00	0.00	0.00	0.00	0.00
F 值	20.02	26.28	20.35	24.37	32.20	9.18	10.27	7.33
显著性	0.00***	0.00***	0.00***	0.00***	0.00***	0.00***	0.00***	0.00***

$*p < 0.1$, $**p < 0.05$, $***p < 0.01$

由上表可知，家长阅读频率不同的学生初一上期末语文成绩、初一下测评语文成绩和各方面能力得分均存在显著差异，并且在 1% 的置信水平上显著，每天至少 1 次的学生的语文成绩和能力得分显著更高。总体来看，家长阅读频率越高，学生的语文成绩和能力得分均显著越高。

学生语文能力层级的亲子阅读（阅读频率）差异情况表

	初一上	初一下	识记	理解	分析综合	鉴赏评价	表达应用	探究
从来没有	78.53	80.34	11.70	23.27	11.49	10.11	41.42	2.69
每月1—2次	79.17	81.15	11.83	23.39	11.58	10.17	41.81	2.78
每周1—2次	79.19	81.45	11.96	23.53	11.61	10.14	41.84	2.79

	初一上	初一下	识记	理解	分析综合	鉴赏评价	表达应用	探究
每周 3—4 次	79.92	82.66	12.24	24.16	12.30	10.35	41.67	2.82
每天 1 次	79.89	80.53	11.72	23.31	11.55	10.11	41.18	2.86
总体	78.91	80.84	11.79	23.37	11.56	10.14	41.61	2.74
方差齐性显著性	0.60	0.32	0.31	0.02	0.18	0.87	0.41	0.52
韦尔奇值	0.18	0.03	0.05	0.17	0.05	0.78	0.09	0.05
F 值	1.58	2.70	2.39	1.70	2.49	0.44	2.04	2.37
显著性	0.18	0.03**	0.05*	0.15	0.04**	0.78	0.09*	0.05*

*$p < 0.1$, **$p < 0.05$, ***$p < 0.01$

由上表可知，不同亲子阅读频率的学生初一下测评语文成绩、识记、分析综合、表达应用和探究能力得分均存在显著差异，每周 3—4 次的学生的初一下测评语文成绩、识记、分析综合和表达应用能力得分显著更高，每天 1 次的学生探究能力得分显著更高。

学生语文能力层级的亲子阅读（阅读时长）差异情况表

	初一上	初一下	识记	理解	分析综合	鉴赏评价	表达应用	探究
30 分钟以内	78.60	80.31	11.71	23.21	11.49	10.04	41.40	2.69
30 分钟至 1 小时	79.74	82.18	12.05	23.71	11.73	10.29	42.17	2.88
1—2 小时	80.22	82.04	11.96	23.56	11.81	10.26	42.01	2.78
2 小时以上	77.61	78.60	11.27	22.96	11.14	10.10	40.61	2.88
总体	78.91	80.84	11.79	23.37	11.56	10.14	41.61	2.74

	初一上	初一下	识记	理解	分析综合	鉴赏评价	表达应用	探究
方差齐性显著性	0.04	0.00	0.01	0.00	0.00	0.15	0.01	0.07
韦尔奇值	0.00	0.00	0.00	0.02	0.06	0.10	0.00	0.00
F 值	3.91	7.06	4.82	2.89	2.28	1.97	6.19	6.67
显著性	0.00***	0.00***	0.00***	0.02**	0.06*	0.10	0.00***	0.00***

$^*p < 0.1$，$^{**}p < 0.05$，$^{***}p < 0.01$

由上表可知，每次亲子阅读时长不同的学生初一上期末语文成绩、初一下测评语文成绩和各方面能力（鉴赏评价能力除外）得分均存在显著差异，每次 1—2 小时的学生初一上期末语文成绩和分析综合能力得分显著更高，每次 30 分钟至 1 小时的学生初一下测评语文成绩、识记、理解、表达应用和探究能力得分显著更高。

4.2 亲子活动类型

总体来看，亲子共同观看语言类节目或名著相关影片、共同玩成语诗词类游戏的学生语文成绩和能力得分均显著更高。

学生语文能力层级的亲子活动类型（观看语言类节目）差异情况表

	否	是	T 值	P 值
初一上期末语文成绩	77.11	81.05	−13.06	0.00***
初一下测评语文成绩	78.81	83.26	−13.75	0.00***
识记得分	11.37	12.30	−12.71	0.00***
理解得分	22.75	24.11	−11.33	0.00***
分析综合得分	11.12	12.08	−11.28	0.00***

	否	是	T 值	P 值
鉴赏评价得分	9.81	10.55	−11.21	0.00***
表达应用得分	40.94	42.42	−10.40	0.00***
探究得分	2.63	2.87	−7.51	0.00***

*p < 0.1，**p < 0.05，***p < 0.01

由上表可知，是否一起观看《中国诗词大会》《朗读者》等语言类节目的学生的初一上期末语文成绩、初一下测评语文成绩和各方面能力得分均存在显著差异，并且在1%的置信水平上显著，会一起观看的学生的语文成绩和能力得分均显著更高。

学生语文能力层级的亲子活动类型（观看名著相关影片）差异情况表

	否	是	T 值	P 值
初一上期末语文成绩	76.99	80.18	−10.35	0.00***
初一下测评语文成绩	78.72	82.25	−10.69	0.00***
识记得分	11.37	12.08	−9.40	0.00***
理解得分	22.71	23.81	−9.02	0.00***
分析综合得分	11.06	11.89	−9.63	0.00***
鉴赏评价得分	9.82	10.36	−7.90	0.00***
表达应用得分	40.95	42.05	−7.65	0.00***
探究得分	2.95	2.84	−7.52	0.00***

*p < 0.1，**p < 0.05，***p < 0.01

由上表可知，是否一起观看与名著相关的电影、电视、纪录片等的学生的初一上期末语文成绩、初一下测评语文成绩和各方面能力得分均存在显著差异，并且在1%的置信水平上显著，会一起观看的学生语文成绩和能力得分均显著更高。

学生语文能力层级的亲子活动类型（成语、诗词类游戏）差异情况表

	否	是	T 值	P 值
初一上期末语文成绩	78.40	80.34	−10.35	0.00***
初一下测评语文成绩	80.24	82.55	−10.69	0.00***
识记得分	11.67	12.16	−9.40	0.00***
理解得分	23.18	23.92	−9.02	0.00***
分析综合得分	11.44	11.90	−9.63	0.00***
鉴赏评价得分	10.05	10.41	−7.90	0.00***
表达应用得分	41.43	42.15	−7.65	0.00***
探究得分	2.70	2.86	−7.52	0.00***

*$p < 0.1$, **$p < 0.05$, ***$p < 0.01$

由上表可知，是否一起玩成语、诗词类游戏的学生的初一上期末语文成绩、初一下测评语文成绩和各方面能力得分均存在显著差异，并且在 1% 的置信水平上显著，会一起玩的学生的语文成绩和能力得分均显著更高。

4.3 每月观看电影次数

每月观影 1—2 次的学生初一上期末语文成绩、初一下测评语文成绩、识记、理解和分析综合能力得分显著更高，每月 5—6 次的学生鉴赏评价和表达应用能力得分显著更高。

学生语文能力层级的亲子活动（每月看电影次数）差异情况表

	初一上	初一下	识记	理解	分析综合	鉴赏评价	表达应用	探究
0 次	78.28	80.44	11.70	23.21	11.44	10.15	41.54	2.69
1—2 次	79.48	81.29	11.90	23.56	11.68	10.18	41.71	2.77
3—4 次	77.82	79.57	11.54	22.87	11.33	9.79	41.19	2.78
5—6 次	78.18	80.81	11.67	23.03	11.16	10.36	42.23	2.70

	初一上	初一下	识记	理解	分析综合	鉴赏评价	表达应用	探究
7—8次	66.32	68.46	8.93	19.57	9.64	8.32	36.46	2.71
9—10次	76.76	75.45	10.86	22.17	9.83	9.64	39.57	2.67
总体	78.91	80.84	11.79	23.37	11.56	10.14	41.61	2.74
方差齐性显著性	0.00	0.00	0.00	0.03	0.04	0.19	0.02	0.08
韦尔奇值	0.00	0.01	0.01	0.01	0.02	0.05	0.15	0.40
F值	6.12	4.72	4.46	4.26	3.72	2.98	3.28	1.09
显著性	0.00***	0.00***	0.00***	0.00***	0.00***	0.01**	0.01**	0.37

*$p < 0.1$, **$p < 0.05$, ***$p < 0.01$

由上表可知，每月观看电影次数不同的学生初一上期末语文成绩、初一下测评语文成绩和各方面能力（探究能力除外）得分均存在显著差异，并且在1%的置信水平上显著（鉴赏评价和表达应用能力在5%的置信水平上显著），每月1—2次的学生初一上期末语文成绩、初一下测评语文成绩、识记、理解和分析综合能力得分显著更高，每月5—6次的学生鉴赏评价和表达应用能力得分显著更高。

4.4 每学期外出旅游次数

每学期外出旅游1—2次的学生初一上期末语文成绩、初一下测评语文成绩和各方面能力得分均显著更高。

学生语文能力层级的亲子活动（每学期外出旅游次数）差异情况表

	初一上	初一下	识记	理解	分析综合	鉴赏评价	表达应用	探究
0次	76.01	77.91	11.21	22.55	10.79	9.70	40.68	2.52
1次	79.87	81.86	11.97	23.70	11.83	10.30	41.95	2.80
2次	79.46	81.44	11.95	23.57	11.70	10.21	41.74	2.82

	初一上	初一下	识记	理解	分析综合	鉴赏评价	表达应用	探究
3 次	78.49	80.38	11.74	23.13	11.45	10.10	41.46	2.69
4 次	77.87	79.52	11.35	22.85	11.22	9.92	41.48	2.59
5 次	77.99	79.46	11.59	22.88	11.21	10.00	41.31	2.67
总体	78.91	80.84	11.79	23.37	11.56	10.14	41.61	2.74
方差齐性显著性	0.01	0.00	0.00	0.00	0.02	0.09	0.01	0.00
韦尔奇值	0.00	0.00	0.00	0.00	0.00	0.00	0.00	0.00
F 值	15.35	14.52	11.37	9.64	11.53	7.67	7.16	9.18
显著性	0.00***	0.00***	0.00***	0.00***	0.00***	0.00***	0.00***	0.00***

$*p < 0.1$，$**p < 0.05$，$***p < 0.01$

由上表可知，每学期外出旅游次数不同的学生初一上期末语文成绩、初一下测评语文成绩和各方面能力得分均存在显著差异，并且在 1% 的置信水平上显著，每月 1—2 次的学生语文成绩和能力得分均显著更高。

5. 教养方式

5.1 家长与子女讨论学习成绩好坏的原因

经常讨论的学生初一上期末语文成绩、初一下测评语文成绩和各方面能力得分均显著更高。

学生语文能力层级的教养方式（讨论学习成绩好坏原因）差异情况表

	低频	高频	T 值	P 值
初一上期末语文成绩	75.16	79.83	−12.36	0.00***
初一下测评语文成绩	76.80	81.84	−12.41	0.00***
识记得分	10.92	12.01	−11.82	0.00***
理解得分	22.07	23.70	−10.84	0.00***

	低频	高频	T 值	P 值
分析综合得分	10.69	11.77	−10.24	0.00***
鉴赏评价得分	9.52	10.30	−9.39	0.00***
表达应用得分	40.31	41.93	−9.14	0.00***
探究得分	2.54	2.79	−6.15	0.00***

*p < 0.1，**p < 0.05，***p < 0.01

由上表可知，家长与子女讨论学习成绩好坏原因频率不同的学生初一上期末语文成绩、初一下测评语文成绩和各方面能力得分均存在显著差异，并且在 1% 的置信水平上显著，经常讨论的学生语文成绩和能力得分均显著更高。

5.2 家长会在子女成绩不理想时给予鼓励

经常得到鼓励的学生初一上期末语文成绩、初一下测评语文成绩和各方面能力得分均显著更高。

学生语文能力层级的教养方式（给予鼓励）差异情况表

	低频	高频	T 值	P 值
初一上期末语文成绩	76.05	79.63	−9.56	0.00***
初一下测评语文成绩	77.75	81.63	−9.63	0.00***
识记得分	11.09	11.97	−9.57	0.00***
理解得分	22.33	23.64	−8.76	0.00***
分析综合得分	10.84	11.74	−8.64	0.00***
鉴赏评价得分	9.72	10.25	−6.43	0.00***
表达应用得分	40.69	41.85	−6.56	0.00***
探究得分	2.59	2.78	−4.67	0.00***

*p < 0.1，**p < 0.05，***p < 0.01

由上表可知，成绩不理想时家长给予子女鼓励频率不同的学生初一上期末语文成绩、初一下测评语文成绩和各方面能力得分均存在显著差异，并且在1%的置信水平上显著，经常得到鼓励的学生语文成绩和能力得分均显著更高。

5.3 家长会管理子女的娱乐玩耍时间

经常管理家庭的学生初一上期末语文成绩、初一下测评语文成绩和各方面能力得分均显著更高。

学生语文能力层级的教养方式（管理娱乐时间）差异情况表

	低频	高频	T值	P值
初一上期末语文成绩	75.44	79.22	−6.84	0.00***
初一下测评语文成绩	77.13	81.17	−6.81	0.00***
识记得分	10.88	11.88	−7.35	0.00***
理解得分	22.18	23.48	−5.93	0.00***
分析综合得分	9.57	10.20	−5.98	0.00***
鉴赏评价得分	9.72	10.25	−5.18	0.00***
表达应用得分	40.61	41.70	−4.22	0.00***
探究得分	2.52	2.76	−4.06	0.00***

*$p < 0.1$, **$p < 0.05$, ***$p < 0.01$

由上表可知，家长管理子女娱乐玩耍时间频率不同的学生初一上期末语文成绩、初一下测评语文成绩和各方面能力得分均存在显著差异，并且在1%的置信水平上显著，经常得到管理的学生语文成绩和能力得分均显著更高。

5.4 家长会因为使用手机忽略子女或表现出不耐烦

经常出现该情况的学生初一上期末语文成绩、初一下测评语文成绩和各方面能力得分均显著更低。

学生语文能力层级的教养方式（因为使用手机忽略子女）差异情况表

	低频	高频	T 值	P 值
初一上期末语文成绩	79.58	78.07	4.96	0.00***
初一下测评语文成绩	81.64	79.84	5.50	0.00***
识记得分	11.96	11.59	5.03	0.00***
理解得分	23.68	22.99	5.63	0.00***
分析综合得分	11.76	11.31	5.33	0.00***
鉴赏评价得分	10.25	10.01	3.64	0.00***
表达应用得分	41.85	41.31	3.77	0.00***
探究得分	2.78	2.70	2.53	0.01**

*$p < 0.1$, **$p < 0.05$, ***$p < 0.01$

由上表可知，家长因为使用手机忽略子女或表现出不耐烦频率不同的学生初一上期末语文成绩、初一下测评语文成绩和各方面能力得分均存在显著差异，并且在1%的置信水平上显著（探究能力在5%的置信水平上显著），经常出现该情况的学生语文成绩和能力得分均显著更低。

5.5 会和家长讨论学校的活动或感兴趣的事情

经常一起讨论的学生初一上期末语文成绩、初一下测评语文成绩和各方面能力得分均显著更高。

学生语文能力层级的教养方式（交流讨论）差异情况表

	低频	高频	T 值	P 值
初一上期末语文成绩	75.23	79.85	−12.40	0.00***
初一下测评语文成绩	76.94	81.84	−12.23	0.00***
识记得分	10.95	12.01	−11.64	0.00***
理解得分	22.23	23.67	−9.61	0.00***
分析综合得分	10.80	11.75	−9.13	0.00***

	低频	高频	T 值	P 值
鉴赏评价得分	9.53	10.30	−9.43	0.00***
表达应用得分	40.18	41.98	−10.29	0.00***
探究得分	2.53	2.80	−6.68	0.00***

*p < 0.1, **p < 0.05, ***p < 0.01

由上表可知，和家长讨论学校活动或感兴趣事情频率不同的学生初一上期末语文成绩、初一下测评语文成绩和各方面能力得分均存在显著差异，并且在1%的置信水平上显著，经常讨论的学生语文成绩和能力得分均显著更高。

5.6 小时候，家长会给子女读睡前故事

经常读睡前故事的学生初一上期末语文成绩、初一下测评语文成绩和各方面能力得分均显著更高。

学生语文能力层级的教养方式（读睡前故事）差异情况表

	低频	高频	T 值	P 值
初一上期末语文成绩	76.74	80.43	−12.12	0.00***
初一下测评语文成绩	78.54	82.46	−11.96	0.00***
识记得分	11.36	12.10	−9.79	0.00***
理解得分	22.57	23.94	−11.31	0.00***
分析综合得分	10.96	11.98	−11.87	0.00***
鉴赏评价得分	9.77	10.41	−9.57	0.00***
表达应用得分	40.99	42.05	−7.38	0.00***
探究得分	2.59	2.85	−8.25	0.00***

*p < 0.1, **p < 0.05, ***p < 0.01

由上表可知，家长给子女读睡前故事频率不同的学生的初一上期末语文成绩、初一下测评语文成绩和各方面能力得分均存在显著差异，并且在1%的置信水平上显著，经常听睡前故事的学生语文成绩和能力得分均显著更高。

三、教师因素

1. 个体特征

1.1 性别

女教师教授的学生初一上期末语文成绩、初一下测评语文成绩、各方面能力（探究能力除外）得分均显著高于男教师教授的学生。

学生语文能力层级的教师性别差异情况表

	男	女	T 值	P 值
初一上期末语文成绩	75.19	79.70	−11.10	0.00***
初一下测评语文成绩	78.13	81.50	−7.67	0.00***
识记得分	11.18	11.93	−7.42	0.00***
理解得分	22.53	23.56	−6.26	0.00***
分析综合得分	10.88	11.71	−7.25	0.00***
鉴赏评价得分	9.60	10.27	−7.45	0.00***
表达应用得分	40.81	41.82	−5.27	0.00***
探究得分	2.71	2.77	−1.46	0.14

*$p < 0.1$，**$p < 0.05$，***$p < 0.01$

由上表可知，不同性别教师教授的学生初一上期末语文成绩、初一下测评语文成绩和各方面能力（探究能力除外）得分上均存在显著性差异，并且在1%的置信水平上显著，女教师教授的学生上述得分均显著更高；探究能力得分则不存在显著差异。

1.2 年龄

41—60 岁年龄段教师教授的学生初一上期末语文成绩、初一下测评语文成绩和各方面能力得分均显著更高。

学生语文能力层级的教师年龄差异情况表

	初一上	初一下	识记	理解	分析综合	鉴赏评价	表达应用	探究
20—30 岁	77.00	78.45	11.36	22.82	10.99	9.81	40.70	2.59
31—40 岁	79.19	80.99	11.77	23.27	11.70	10.15	41.77	2.72
41—50 岁	80.72	82.76	12.32	23.86	11.95	10.44	42.21	2.81
51—60 岁	80.22	82.97	12.13	23.92	11.99	10.46	42.41	2.95
61—70 岁	76.28	79.19	10.93	22.92	10.95	9.40	41.47	3.03
总体	77.00	78.45	11.36	22.82	10.99	9.81	40.70	2.59
方差齐性显著性	0.00	0.00	0.00	0.00	0.00	0.00	0.00	0.00
韦尔奇值	0.00	0.00	0.00	0.00	0.00	0.00	0.00	0.00
F 值	24.77	33.68	26.47	14.63	25.48	19.29	23.98	19.58
显著性	0.00***	0.00***	0.00***	0.00***	0.00***	0.00***	0.00***	0.00***

$*p < 0.1$, $**p < 0.05$, $***p < 0.01$

由上表可知，不同年龄段教师教授的学生各方面能力得分均存在显著差异，并且在 1% 的置信水平上显著，41—60 岁年龄段教师教授的学生初一上期末语文成绩、初一下测评语文成绩和各方面能力得分均显著更高；相对而言，更年轻或年老的教师教授的学生各方面能力得分稍低。

1.3 学历

大专学历教师所教授的学生初一上期末语文成绩、初一下测评语文成绩和各方面能力得分均显著更高。

学生语文能力层级的教师学历差异情况表

	初一上	初一下	识记	理解	分析综合	鉴赏评价	表达应用	探究
大专	82.22	84.10	13.02	23.69	11.79	10.52	43.13	2.84
本科	79.21	81.27	11.83	23.49	11.65	10.20	41.79	2.79
硕士	78.42	80.32	11.72	23.21	11.43	10.07	41.40	2.71
总体	78.93	80.93	11.80	23.38	11.57	10.15	41.65	2.76
方差齐性显著性	0.03	0.22	0.07	0.74	0.12	0.02	0.01	0.56
韦尔奇值	0.00	—	—	—	—	0.05	0.00	—
F 值	5.96	6.22	7.60	2.71	3.19	2.64	6.00	2.46
显著性	0.00***	0.00***	0.00***	0.07*	0.04**	0.07*	0.00***	0.09*

*$p < 0.1$,**$p < 0.05$,***$p < 0.01$

由上表可知，不同学历教师教授的学生初一上期末语文成绩、初一下测评语文成绩、识记和表达应用能力得分在 1% 的置信水平上存在显著差异，分析综合能力得分在 5% 的置信水平上存在显著差异，理解、鉴赏评价和探究能力得分在 10% 的置信水平上存在显著差异。大专学历教师的学生语文能力显著更高，可能是因为大专学历教师的工作时间更长，一线教学经验更为丰富。教师学历越高，学生语文能力得分越低，可能是因为更高学历教师的教龄较短，教学工作经验比较缺乏。

1.4 教龄

拥有 21—30 年教龄教师教授的学生初一上期末语文成绩、初一下测评语文成绩和各方面能力（鉴赏评价能力除外）得分均显著更高，拥有 11—20 年教龄教师教授的学生鉴赏评价能力显著更高。

学生语文能力层级的教师教龄差异情况表

	初一上	初一下	识记	理解	分析综合	鉴赏评价	表达应用	探究
1—10 年	77.52	79.19	11.48	22.89	11.22	9.91	41.03	2.63
11—20 年	80.97	82.47	12.10	23.89	11.89	10.46	42.28	2.78
21—30 年	81.04	84.17	12.42	24.36	12.31	10.44	42.58	3.02
31—40 年	78.71	80.85	11.72	23.18	11.42	10.26	41.88	2.85
总体	78.93	80.93	11.80	23.38	11.57	10.15	41.65	2.76
方差齐性显著性	0.00	0.00	0.00	0.00	0.00	0.00	0.00	0.00
韦尔奇值	0.00	0.00	0.00	0.00	0.00	0.00	0.00	0.00
F 值	36.59	48.92	33.38	31.38	34.31	18.15	28.21	30.02
显著性	0.00***	0.00***	0.00***	0.00***	0.00***	0.00***	0.00***	0.00***

$^*p < 0.1$，$^{**}p < 0.05$，$^{***}p < 0.01$

由上表可知，不同教龄教师教授的学生初一上期末语文成绩、初一下测评语文成绩和各方面能力得分均存在显著差异，并且在 1% 的置信水平上显著，拥有 21—30 年教龄教师教授学生的语文成绩和各方面能力（鉴赏评价能力除外）得分均显著更高，拥有 11—20 年教龄教师教授学生的鉴赏评价能力显著更高。

2. 工作强度

2.1 是否担任班主任

未担任班主任教师教授的学生鉴赏评价能力得分显著更高，语文成绩和其他能力得分不存在显著差异。

学生语文能力层级的工作强度（担任班主任）差异情况表

	否	是	T 值	P 值
初一上期末语文成绩	78.89	78.97	−0.21	0.83
初一下测评语文成绩	80.91	80.61	0.79	0.43
识记得分	11.79	11.81	−0.22	0.83
理解得分	23.42	23.23	1.39	0.17
分析综合得分	11.58	11.49	0.95	0.34
鉴赏评价得分	10.19	10.00	2.50	0.01**
表达应用得分	41.64	41.54	0.60	0.55
探究得分	2.75	2.73	0.36	0.72

$*p < 0.1$，$**p < 0.05$，$***p < 0.01$

由上表可知，是否担任班主任教师教授的学生鉴赏评价能力得分存在显著差异，并且在 5% 的置信水平上显著，未担任班主任教师教授的学生鉴赏评价能力得分显著更高；语文成绩和其他能力得分则不存在显著差异。

2.2 周课时数

每周 1—6 节课的教师教授的学生初一上期末语文成绩、初一下测评语文成绩和各方面能力得分均显著更高。

学生语文能力层级的工作强度（周课时数）差异情况表

	初一上	初一下	识记	理解	分析综合	鉴赏评价	表达应用	探究
1—6 节课	82.22	85.29	12.98	24.33	12.47	11.06	42.82	3.06
7—12 节课	79.29	81.54	11.80	23.62	11.82	10.23	41.85	2.80
13—18 节课	78.39	80.14	11.72	23.11	11.27	10.02	41.43	2.72
19—24 节课	74.89	73.59	10.31	21.73	10.32	8.97	38.89	1.95
总体	78.93	80.93	11.80	23.38	11.57	10.15	41.65	2.76

	初一上	初一下	识记	理解	分析综合	鉴赏评价	表达应用	探究
方差齐性显著性	0.00	0.00	0.00	0.08	0.05	0.06	0.02	0.00
韦尔奇值	0.00	0.00	0.00	0.00	0.00	0.00	0.00	0.00
F 值	14.42	28.74	26.01	13.58	24.80	22.36	15.55	21.41
显著性	0.00***	0.00***	0.00***	0.00***	0.00***	0.00***	0.00***	0.00***

$*p < 0.1$，$**p < 0.05$，$***p < 0.01$

由上表可知，周课时数不同的教师教授的学生初一上期末语文成绩、初一下测评语文成绩和各方面能力得分均存在显著差异，并且在 1% 的置信水平上显著，每周 1—6 节课的教师教授的学生语文成绩和各方面能力得分均显著更高。总体而言，教师周课时数越多，学生各方面能力得分越低，相较于周课时数 19—24 节，1—6 节的教师教授的学生初一上期末语文成绩、初一下测评语文成绩分别高 7.33 分和 11.7 分。

2.3 日工作时长

每天工作 6—10 小时的教师教授学生的初一上期末语文成绩、初一下测评语文成绩和各方面能力得分均显著更高。

学生语文能力层级的工作强度（日工作时长）差异情况表

	初一上	初一下	识记	理解	分析综合	鉴赏评价	表达应用	探究
1—5 小时	71.32	69.64	11.21	20.54	9.14	7.75	35.36	2.50
6—10 小时	79.60	81.81	11.97	23.63	11.73	10.24	41.99	2.83
11—15 小时	78.13	80.03	11.62	23.13	11.40	10.06	41.32	2.69
总体	78.87	80.93	11.80	23.38	11.57	10.15	41.65	2.76

	初一上	初一下	识记	理解	分析综合	鉴赏评价	表达应用	探究
方差齐性显著性	0.01	0.03	0.00	0.01	0.04	0.00	0.07	0.58
韦尔奇值	—	—	0.00	0.00	—	0.01	—	—
F 值	13.01	18.67	11.18	9.97	10.14	8.34	17.85	9.24
显著性	0.00***	0.00***	0.00***	0.00***	0.00***	0.00***	0.00***	0.00***

$^*p < 0.1$, $^{**}p < 0.05$, $^{***}p < 0.01$

由上表可知，日工作时长不同的教师教授的学生初一上期末语文成绩、初一下测评语文成绩和各方面能力得分均存在显著差异，并且在 1% 的置信水平上显著，每天工作 6—10 小时的教师教授学生的语文成绩和各方面能力得分均显著更高。相对而言，每天工作 1—5 小时教师教授的学生初一上期末语文成绩、初一下测评语文成绩分别低 8.28 分和 12.17 分。

2.4 行政工作时长

每周行政工作 4—7 小时的教师教授的学生初一上期末语文成绩、初一下测评语文成绩和分析综合、表达应用、探究能力得分均显著更高。

学生语文能力层级的工作强度（行政工作时长）差异情况表

	初一上	初一下	识记	理解	分析综合	鉴赏评价	表达应用	探究
0—3 小时	78.51	80.62	11.76	23.37	11.50	10.13	41.45	2.72
4—7 小时	79.27	81.27	11.84	23.39	11.65	10.18	41.87	2.80
总体	78.87	80.93	11.80	23.38	11.57	10.15	41.65	2.76
方差齐性显著性	0.09	0.96	0.98	0.91	0.75	0.22	0.84	0.55

	初一上	初一下	识记	理解	分析综合	鉴赏评价	表达应用	探究
韦尔奇值	—	—	—	—	—	—	—	—
F 值	5.83	3.93	1.20	0.04	3.00	0.56	8.40	4.97
显著性	0.02**	0.05*	0.27	0.84	0.08*	0.46	0.00***	0.03**

$*p < 0.1$, $**p < 0.05$, $***p < 0.01$

由上表可知，不同行政工作时长的教师教授的学生初一上期末语文成绩、初一下测评语文成绩和分析综合、表达应用、探究能力得分存在显著差异，其中，表达应用能力在 1% 的置信水平上显著，初一上期末语文成绩和探究能力在 5% 的置信水平上显著，初一下测评语文成绩和分析综合能力在 10% 的置信水平上显著。每周行政工作 4—7 小时的教师教授的学生上述得分均显著更高。

3. 工作状态

3.1 掌握先进的教育理念和专业的教学技能

不符合该自评的教师教授的学生理解、分析综合和鉴赏评价能力得分显著更高。

学生语文能力层级的工作状态自评（掌握理念及技能）差异情况表

	不符合	符合	T 值	P 值
初一上期末语文成绩	79.68	78.86	1.53	0.13
初一下测评语文成绩	81.73	80.85	1.53	0.13
识记得分	11.90	11.79	0.79	0.43
理解得分	23.74	23.35	1.85	0.07*
分析综合得分	11.81	11.54	1.74	0.08*

	不符合	符合	T 值	P 值
鉴赏评价得分	10.33	10.13	1.67	0.09*
表达应用得分	41.90	41.63	1.09	0.28
探究得分	2.70	2.77	−1.21	0.23

*p < 0.1，**p < 0.05，***p < 0.01

由上表可知，是否掌握先进教育理念和专业教学技能的教师教授的学生理解、分析综合和鉴赏评价能力得分存在显著差异，并且在 10% 的置信水平上显著，不符合该自评教师教授的学生上述能力得分显著更高。

3.2 充分掌握教学进度，及时向学生提供学习反馈信息

符合该自评的教师教授的学生初一上期末语文成绩、初一下测评语文成绩和各方面能力得分均显著更高。

学生语文能力层级的工作状态自评（掌握进度、及时反馈）差异情况表

	不符合	符合	T 值	P 值
初一上期末语文成绩	73.30	79.12	−6.60	0.00***
初一下测评语文成绩	73.32	81.17	−8.27	0.00***
识记得分	10.38	11.85	−6.73	0.00***
理解得分	21.19	23.45	−6.42	0.00***
分析综合得分	9.77	11.63	−7.52	0.00***
鉴赏评价得分	9.01	10.19	−6.09	0.00***
表达应用得分	39.00	41.74	−6.62	0.00***
探究得分	2.24	2.78	−5.73	0.00***

*p < 0.1，**p < 0.05，***p < 0.01

由上表可知，是否充分掌握教学进度、及时向学生提供学习反馈信息的教师教授的学生初一上期末语文成绩、初一下测评语文成绩和各方面能力得分均存在显著差异，并且在 1% 的置信水平上显著，符合该自评的教师教授的学生语文成绩和能力得分均显著更高。

3.3 与同事、学生及家长建立友谊，借此开展教育活动

符合该自评的教师教授的学生初一上期末语文成绩、初一下测评语文成绩和各方面能力得分均显著更高。

学生语文能力层级的工作状态自评（良好人际关系）差异情况表

	不符合	符合	T 值	P 值
初一上期末语文成绩	75.05	78.99	−3.13	0.00***
初一下测评语文成绩	75.40	81.01	−4.13	0.00***
识记得分	10.75	11.82	−3.41	0.00***
理解得分	21.68	23.41	−3.42	0.00***
分析综合得分	10.16	11.59	−4.03	0.00***
鉴赏评价得分	9.16	10.17	−3.62	0.00***
表达应用得分	39.77	41.68	−3.23	0.00***
探究得分	2.54	2.76	−1.66	0.09*

*$p < 0.1$, **$p < 0.05$, ***$p < 0.01$

由上表可知，是否与同事、学生及家长建立友谊并借此开展教育活动的教师教授的学生初一上期末语文成绩、初一下测评语文成绩和各方面能力得分均存在显著差异，并且在 1% 的置信水平上显著（探究能力在 10% 的置信水平上显著），符合该自评的教师教授的学生语文成绩和能力得分均显著更高。

3.4 充分激发学生主观能动性，建立积极融洽的班级氛围

符合该自评的教师教授的学生初一上期末语文成绩、初一下测评语文成绩和各方面能力得分均显著更高。

学生语文能力层级的工作状态自评（激发学生主观能动性、融洽班级氛围）差异情况表

	不符合	符合	T 值	P 值
初一上期末语文成绩	74.01	79.15	−6.64	0.00***
初一下测评语文成绩	74.87	81.19	−7.59	0.00***
识记得分	10.41	11.86	−7.62	0.00***
理解得分	21.49	23.46	−6.37	0.00***
分析综合得分	10.37	11.62	−5.76	0.00***
鉴赏评价得分	9.48	10.18	−4.12	0.00***
表达应用得分	39.78	41.73	−5.38	0.00***
探究得分	2.20	2.78	−7.13	0.00***

$*p < 0.1$，$**p < 0.05$，$***p < 0.01$

由上表可知，是否充分激发学生主观能动性、建立积极融洽班级氛围的教师教授的学生初一上期末语文成绩、初一下测评语文成绩和各方面能力得分均存在显著差异，并且在 1% 的置信水平上显著，符合该自评的教师教授的学生语文成绩和能力得分均显著更高。

3.5 对教育教学工作充满热情和积极性

符合该自评的教师教授的学生初一上期末语文成绩、初一下测评语文成绩和各方面能力（表达应用能力除外）得分均显著更高。

学生语文能力层级的工作状态自评（充满热情和积极性）差异情况表

	不符合	符合	T 值	P 值
初一上期末语文成绩	76.10	79.03	−3.39	0.00***
初一下测评语文成绩	78.60	81.01	−2.58	0.01**
识记得分	10.97	11.83	−4.01	0.00***

	不符合	符合	T值	P值
理解得分	22.32	23.42	−3.16	0.00***
分析综合得分	11.04	11.59	−2.24	0.03**
鉴赏评价得分	9.75	10.16	−2.16	0.03**
表达应用得分	41.01	41.67	−1.62	0.11
探究得分	2.97	2.75	2.37	0.02**

*$p < 0.1$，**$p < 0.05$，***$p < 0.01$

由上表可知，是否对教育教学工作充满热情和积极性的教师教授的学生初一上期末语文成绩、初一下测评语文成绩和各方面能力（表达应用能力除外）得分均存在显著差异，初一上期末语文成绩、识记和理解能力在1%的置信水平上显著，初一下测评语文成绩、分析综合、鉴赏评价和探究能力在5%的置信水平上显著，符合该自评的教师教授的学生语文成绩和上述能力得分均显著更高。

3.6 很愿意尝试新的教学模式

不符合该自评的教师教授的学生初一上期末语文成绩、初一下测评语文成绩和各方面能力得分均显著更高。

学生语文能力层级的工作状态自评（愿意尝试新的教学模式）差异情况表

	不符合	符合	T值	P值
初一上期末语文成绩	80.26	78.85	2.24	0.03**
初一下测评语文成绩	83.04	80.78	3.32	0.00***
识记得分	12.14	11.78	2.32	0.02**
理解得分	23.98	23.34	2.54	0.01**
分析综合得分	12.04	11.53	2.88	0.00***

	不符合	符合	T 值	P 值
鉴赏评价得分	10.53	10.13	2.91	0.00***
表达应用得分	42.34	41.60	2.48	0.01**
探究得分	3.00	2.74	3.87	0.00***

*p < 0.1, **p < 0.05, ***p < 0.01

由上表可知，是否愿意尝试新教学模式教师教授的学生初一上期末语文成绩、初一下测评语文成绩和各方面能力得分均存在显著差异，初一下测评语文成绩、分析综合、鉴赏评价和探究能力在 1% 的置信水平上显著，初一上期末语文成绩、识记、理解和表达应用能力在 5% 的置信水平上显著，不符合该自评的教师教授的学生语文成绩和各方面能力得分均显著更高。

3.7 愿意为了学生牺牲自己的休息时间

符合该自评的教师教授的学生初一上期末语文成绩、初一下测评语文成绩和各方面能力得分均显著更高。

学生语文能力层级的工作状态自评（为学生牺牲休息时间）差异情况表

	不符合	符合	T 值	P 值
初一上期末语文成绩	77.29	79.12	−3.59	0.00***
初一下测评语文成绩	79.04	81.14	−3.81	0.00***
识记得分	11.31	11.85	−4.32	0.00***
理解得分	22.74	23.45	−3.50	0.00***
分析综合得分	11.16	11.61	−3.16	0.00***
鉴赏评价得分	9.98	10.17	−1.68	0.09*
表达应用得分	41.20	41.70	−2.09	0.04**
探究得分	2.56	2.78	−4.18	0.00***

*p < 0.1, **p < 0.05, ***p < 0.01

由上表可知，是否愿意为学生牺牲休息时间的教师教授的学生初一上期末语文成绩、初一下测评语文成绩和各方面能力得分均存在显著差异，初一上期末语文成绩、初一下测评语文成绩、识记、理解、分析综合和探究能力在1%的置信水平上显著，表达应用能力在5%的置信水平上显著，鉴赏评价能力在10%的置信水平上显著，符合该自评的教师教授的学生语文成绩和各方面能力得分均显著更高。

3.8 工作时，面对突发问题能保持情绪稳定

符合该自评的教师教授的学生初一上期末语文成绩、初一下测评语文成绩和各方面能力得分均显著更高。

学生语文能力层级的工作状态自评（面对突发问题保持情绪稳定）差异情况表

	不符合	符合	T 值	P 值
初一上期末语文成绩	75.18	79.17	−6.12	0.00***
初一下测评语文成绩	76.12	81.23	−7.29	0.00***
识记得分	10.71	11.87	−7.21	0.00***
理解得分	21.65	23.49	−7.07	0.00***
分析综合得分	10.49	11.63	−6.25	0.00***
鉴赏评价得分	9.55	10.19	−4.49	0.00***
表达应用得分	40.25	41.74	−4.86	0.00***
探究得分	2.53	2.77	−3.48	0.00***

*p < 0.1，**p < 0.05，***p < 0.01

由上表可知，面对工作突发问题是否能保持情绪稳定的教师教授的学生初一上期末语文成绩、初一下测评语文成绩和各方面能力得分均存在显著差异，并且在1%的置信水平上显著，符合该自评的教师教授的学生语

文成绩和各方面能力得分均显著更高。

3.9 职业满意度

满意度高的教师教授的学生初一上期末语文成绩、初一下测评语文成绩和各方面能力（探究能力除外）得分均显著更高。

学生语文能力层级的职业满意度差异情况表

	不满意	满意	T 值	P 值
初一上期末语文成绩	74.49	79.52	−10.53	0.00***
初一下测评语文成绩	76.99	81.44	−8.63	0.00***
识记得分	10.79	11.93	−9.67	0.00***
理解得分	22.09	23.55	−7.62	0.00***
分析综合得分	10.63	11.69	−7.91	0.00***
鉴赏评价得分	9.64	10.22	−5.50	0.00***
表达应用得分	40.38	41.82	−6.39	0.00***
探究得分	2.80	2.75	0.85	0.40

*p < 0.1，**p < 0.05，***p < 0.01

由上表可知，不同职业满意度的教师教授的学生初一上期末语文成绩、初一下测评语文成绩和各方面能力（探究能力除外）得分均存在显著差异，并且在1%的置信水平上显著，符合该自评的教师教授的学生语文成绩和各方面能力（探究能力除外）得分均显著更高。

4. 作业要求

4.1 是否定期要求练字

定期要求练字的教师教授的学生初一上期末语文成绩、初一下测评语文成绩和各方面能力得分均显著更高。

学生语文能力层级的作业要求（要求练字）差异情况表

	是	否	T 值	P 值
初一上期末语文成绩	79.66	76.89	7.95	0.00***
初一下测评语文成绩	81.71	78.71	7.99	0.00***
识记得分	11.97	11.33	7.45	0.00***
理解得分	23.61	22.74	6.23	0.00***
分析综合得分	11.74	11.08	6.79	0.00***
鉴赏评价得分	10.30	9.74	7.21	0.00***
表达应用得分	41.91	40.91	6.14	0.00***
探究得分	2.79	2.68	2.98	0.00***

$^*p < 0.1$，$^{**}p < 0.05$，$^{***}p < 0.01$

由上表可知，是否定期要求练字的教师教授的学生初一上期末语文成绩、初一下测评语文成绩和各方面能力得分均存在显著差异，并且在 1% 的置信水平上显著，定期要求练字的教师教授的学生语文成绩和各方面能力得分均显著更高。其中，被要求定期练字的学生初一上期末语文成绩和初一下测评语文成绩分别为 79.66 分、81.71 分，均高出未定期要求练字的学生 3 分左右。

4.2 是否每周布置读书作业

每周布置读书作业的教师教授的学生初一上期末语文成绩、初一下测评语文成绩和各方面能力（识记能力除外）得分均显著更高。

学生语文能力层级的作业要求（布置读书作业）差异情况表

	是	否	T 值	P 值
初一上期末语文成绩	79.17	77.26	4.08	0.00***
初一下测评语文成绩	81.25	78.61	5.25	0.00***
识记得分	11.82	11.65	1.47	0.14

	是	否	T 值	P 值
理解得分	23.48	22.72	4.07	0.00***
分析综合得分	11.66	10.93	5.53	0.00***
鉴赏评价得分	10.21	9.77	4.25	0.00***
表达应用得分	41.79	40.68	5.08	0.00***
探究得分	2.78	2.59	3.99	0.00***

*p < 0.1, **p < 0.05, ***p < 0.01

由上表可知，是否每周布置读书作业的教师教授的学生初一上期末语文成绩、初一下测评语文成绩和各方面能力（识记能力除外）得分均存在显著差异，并且在 1% 的置信水平上显著，每周布置读书作业的教师教授的学生语文成绩和各方面能力（识记能力除外）得分均显著更高。

4.3 是否要求写读书笔记

要求写读书笔记的教师教授的学生初一上期末语文成绩、初一下测评语文成绩和各方面能力得分均显著更高。

学生语文能力层级的作业要求（要求写读书笔记）差异情况表

	是	否	T 值	P 值
初一上期末语文成绩	79.10	77.57	3.05	0.00***
初一下测评语文成绩	81.13	79.22	3.55	0.00***
识记得分	11.84	11.49	2.81	0.01**
理解得分	23.43	22.95	2.42	0.02**
分析综合得分	11.62	11.14	3.42	0.00***
鉴赏评价得分	10.18	9.90	2.55	0.01**
表达应用得分	41.71	41.14	2.44	0.02**
探究得分	2.78	2.61	3.09	0.00***

*p < 0.1, **p < 0.05, ***p < 0.01

由上表可知，是否要求写读书笔记的教师教授的学生初一上期末语文
成绩、初一下测评语文成绩和各方面能力得分均存在显著差异，初一上期
末语文成绩、初一下测评语文成绩、分析综合和探究能力得分在1%的置
信水平上显著，识记、理解、鉴赏评价和表达应用能力得分在5%的置信
水平上显著，要求写读书笔记的教师教授的学生语文成绩和各方面能力得
分均显著更高。

4.4 是否定期训练和讲评作文

定期训练和讲评作文的教师教授学生的初一上期末语文成绩、初一下
测评语文成绩和各方面能力得分均显著更高。

学生语文能力层级的作业要求（定期训练和讲评作文）差异情况表

	是	否	T 值	P 值
初一上期末语文成绩	79.11	74.41	5.79	0.00***
初一下测评语文成绩	81.11	76.20	5.61	0.00***
识记得分	11.82	11.28	2.68	0.01**
理解得分	23.44	21.97	4.50	0.00***
分析综合得分	11.61	10.47	4.98	0.00***
鉴赏评价得分	10.18	9.51	3.72	0.00***
表达应用得分	41.72	39.82	4.98	0.00***
探究得分	2.77	2.39	4.45	0.00***

*$p < 0.1$, **$p < 0.05$, ***$p < 0.01$

由上表可知，是否定期训练和讲评作文的教师教授的学生初一上期末
语文成绩、初一下测评语文成绩和各方面能力得分均存在显著差异，并且
在1%的置信水平上显著（识记能力在5%的置信水平上显著），定期训练
和讲评作文的教师教授的学生语文成绩和各方面能力得分均显著更高。

4.5 是否要求写日记

要求写日记的教师教授的学生初一上期末语文成绩和探究能力得分显著更高，鉴赏评价和表达应用能力得分显著更低。

学生语文能力层级的作业要求（要求写日记）差异情况表

	是	否	T 值	P 值
初一上期末语文成绩	79.46	78.77	1.90	0.06*
初一下测评语文成绩	80.70	81.00	0.06	0.44
识记得分	11.87	11.78	−0.77	0.30
理解得分	23.37	23.39	0.44	0.91
分析综合得分	11.48	11.60	1.03	0.24
鉴赏评价得分	9.98	10.20	0.30	0.01**
表达应用得分	41.41	41.72	−0.12	0.07*
探究得分	2.89	2.72	0.91	0.00***

*$p < 0.1$, **$p < 0.05$, ***$p < 0.01$

由上表可知，是否定期要求写日记的教师教授的学生初一上期末语文成绩、鉴赏评价、表达应用和探究能力得分均存在显著差异，探究能力在1% 的置信水平上显著，鉴赏评价能力在 5% 的置信水平上显著，初一上期末语文成绩和表达应用能力在 10% 的置信水平上显著，要求写日记的教师教授的学生初一上期末语文成绩和探究能力得分显著更高，鉴赏评价和表达应用能力得分显著更低。

4.6 布置作业的形式

总体来看，布置抄写 / 默写 / 背书和完成习题等传统形式作业的教师教授的学生语文成绩和能力得分显著更低，开展课题研究和实践活动等更具探究性质形式作业的教师教授的学生语文成绩和能力得分显著更高。

学生语文能力层级的作业形式（抄写／默写／背书）差异情况表

	否	是	T 值	P 值
初一上期末语文成绩	81.38	78.35	7.82	0.00***
初一下测评语文成绩	83.90	80.21	8.81	0.00***
识记得分	12.37	11.66	7.34	0.00***
理解得分	24.43	23.13	8.39	0.00***
分析综合得分	12.26	11.40	7.87	0.00***
鉴赏评价得分	10.50	10.07	5.10	0.00***
表达应用得分	42.64	41.41	6.76	0.00***
探究得分	2.93	2.72	5.13	0.00***

*p < 0.1，**p < 0.05，***p < 0.01

由上表可知，是否布置抄写／默写／背书形式作业的教师教授的学生初一上期末语文成绩、初一下测评语文成绩和各方面能力得分均存在显著差异，并且在1%的置信水平上显著，经常布置该形式作业的教师教授的学生语文成绩和能力得分均显著更低。

学生语文能力层级的作业形式（完成习题）差异情况表

	否	是	T 值	P 值
初一上期末语文成绩	80.82	78.71	4.23	0.00***
初一下测评语文成绩	82.33	80.76	2.91	0.00***
识记得分	12.19	11.75	3.53	0.00***
理解得分	23.90	23.32	2.88	0.00***
分析综合得分	11.83	11.54	2.09	0.04**
鉴赏评价得分	10.23	10.14	0.83	0.41
表达应用得分	42.02	41.61	1.77	0.08*
探究得分	2.85	2.75	2.00	0.05*

*p < 0.1，**p < 0.05，***p < 0.01

由上表可知，是否布置完成习题形式作业的教师教授的学生初一上期末语文成绩、初一下测评语文成绩和各方面能力（鉴赏评价能力除外）得分均存在显著差异，初一上期末语文成绩、初一下测评语文成绩、识记和理解能力在1%的置信水平上显著，分析综合能力在5%的置信水平上显著，表达应用和探究能力在10%的置信水平上显著，经常布置该形式作业的教师教授的学生语文成绩和能力（鉴赏评价能力除外）得分均显著更低。

学生语文能力层级的作业形式（课题研究）差异情况表

	否	是	T 值	P 值
初一上期末语文成绩	78.60	79.69	−3.29	0.00***
初一下测评语文成绩	80.53	81.81	−3.56	0.00***
识记得分	11.77	11.88	−1.36	0.17
理解得分	23.30	23.56	−1.99	0.05*
分析综合得分	11.54	11.63	−1.01	0.32
鉴赏评价得分	10.07	10.33	−3.62	0.00***
表达应用得分	41.47	42.05	−3.74	0.00***
探究得分	2.68	2.94	−7.60	0.00***

*p < 0.1, **p < 0.05, ***p < 0.01

由上表可知，是否布置课题研究形式作业的教师教授的学生初一上期末语文成绩、初一下测评语文成绩和各方面能力（识记和分析综合能力除外）得分均存在显著差异，初一上期末语文成绩、初一下测评语文成绩、鉴赏评价、表达应用和探究能力在1%的置信水平上显著，理解能力在10%的置信水平上显著，经常布置该形式作业的教师教授的学生语文成绩和能力（识记和分析综合能力除外）得分均显著更高。

学生语文能力层级的作业形式（开展实践活动）差异情况表

	否	是	T 值	P 值
初一上期末语文成绩	78.89	79.10	−0.58	0.56
初一下测评语文成绩	80.67	81.81	−2.89	0.00***
识记得分	11.77	11.91	−1.58	0.12
理解得分	23.34	23.51	−1.15	0.25
分析综合得分	11.54	11.66	−1.11	0.27
鉴赏评价得分	10.10	10.32	−2.79	0.01**
表达应用得分	41.54	42.03	−2.88	0.00***
探究得分	2.71	2.92	−5.29	0.00***

*p < 0.1，**p < 0.05，***p < 0.01

由上表可知，是否开展实践活动的教师教授的学生初一下测评语文成绩、鉴赏评价、表达应用和探究能力得分均存在显著差异，初一下测评语文成绩、表达应用和探究能力在 1% 的置信水平上显著，鉴赏评价能力在 5% 的置信水平上显著，经常布置该形式作业的教师教授的学生初一下测评语文成绩和上述能力得分均显著更高。

4.7 每天布置语文作业时长

每天布置语文作业时长为 30—60 分钟的教师教授学生的初一上期末语文成绩、初一下测评语文成绩和各方面能力得分均显著更高。

学生语文能力层级的作业要求（每天布置语文作业时长）差异情况表

	初一上	初一下	识记	理解	分析综合	鉴赏评价	表达应用	探究
30 分钟以内	78.68	80.29	11.69	23.14	11.44	10.07	41.46	2.69
30—60 分钟	79.17	81.64	11.93	23.63	11.71	10.24	41.88	2.84
60—90 分钟	68.76	67.66	9.10	20.25	8.85	8.36	36.83	1.43

	初一上	初一下	识记	理解	分析综合	鉴赏评价	表达应用	探究
总体	78.87	80.93	11.80	23.38	11.57	10.15	41.65	2.76
方差齐性显著性	0.04	0.01	0.00	0.00	0.71	0.01	0.00	0.00
韦尔奇值	0.00	0.00	0.00	0.00	—	0.00	0.00	0.00
F 值	17.21	33.22	24.47	18.02	20.24	14.13	21.52	35.76
显著性	0.00***	0.00***	0.00***	0.00***	0.00***	0.00***	0.00***	0.00***

$^*p < 0.1$，$^{**}p < 0.05$，$^{***}p < 0.01$

由上表可知，每天布置语文作业时长不同的教师教授的学生初一上期末语文成绩、初一下测评语文成绩和各方面能力得分均存在显著差异，并且在 1% 的置信水平上显著，时长为 30—60 分钟的教师教授的学生语文成绩和能力得分均显著更高；时长超过 1 小时的教师教授的学生语文成绩和能力得分均显著最低。

4.8 每周布置写作练习时长

每周布置写作练习时长为 2—3 小时的教师教授的学生初一上期末语文成绩、初一下测评语文成绩和各方面能力得分均显著更高。

学生语文能力层级的作业要求（每周布置写作练习时长）差异情况表

	初一上	初一下	识记	理解	分析综合	鉴赏评价	表达应用	探究
1 小时以内	78.90	80.59	11.75	23.36	11.50	10.13	41.52	2.70
1—2 小时	78.17	80.85	11.82	23.20	11.54	10.08	41.69	2.74
2—3 小时	82.31	84.57	12.40	24.65	12.21	10.67	42.88	3.19
3 小时以上	76.26	77.12	10.49	22.07	11.36	9.82	39.86	3.04

	初一上	初一下	识记	理解	分析综合	鉴赏评价	表达应用	探究
总体	78.87	80.93	11.80	23.38	11.57	10.15	41.65	2.76
方差齐性显著性	0.01	0.00	0.00	0.00	0.00	0.00	0.00	0.00
韦尔奇值	0.00	0.00	0.00	0.00	0.00	0.00	0.00	0.00
F 值	16.40	16.64	14.19	15.02	6.33	7.19	12.12	22.25
显著性	0.00***	0.00***	0.00***	0.00***	0.00***	0.00***	0.00***	0.00***

$*p < 0.1$, $**p < 0.05$, $***p < 0.01$

由上表可知，每周布置写作练习时长不同的教师教授的学生初一上期末语文成绩、初一下测评语文成绩和各方面能力得分均存在显著差异，并且在1%的置信水平上显著，时长为2—3小时的教师教授的学生语文成绩和能力得分均显著更高；时长超过3小时的教师教授的学生语文成绩和能力得分均显著最低。

4.9 每周布置阅读篇目时长

每周布置阅读篇目时长超过3小时的教师教授的学生初一上期末语文成绩、初一下测评语文成绩和各方面能力得分均显著更高。

学生语文能力层级的作业要求（每周布置阅读篇目时长）差异情况表

	初一上	初一下	识记	理解	分析综合	鉴赏评价	表达应用	探究
1 小时以内	78.90	80.42	11.77	23.25	11.48	10.09	41.41	2.67
1—2 小时	78.11	80.46	11.59	23.27	11.47	10.07	41.54	2.79
2—3 小时	79.96	82.20	12.11	23.64	11.83	10.18	42.15	2.86

	初一上	初一下	识记	理解	分析综合	鉴赏评价	表达应用	探究
3小时以上	80.65	83.60	12.42	24.15	12.05	10.72	42.56	2.88
总体	78.87	80.93	11.80	23.38	11.57	10.15	41.65	2.76
方差齐性显著性	0.00	0.00	0.00	0.12	0.13	0.00	0.00	0.33
韦尔奇值	0.00	0.00	0.00	—	—	0.00	0.00	—
F 值	8.71	12.31	14.64	6.36	6.39	9.46	8.30	7.34
显著性	0.00***	0.00***	0.00***	0.00***	0.00***	0.00***	0.00***	0.00***

$^*p < 0.1$，$^{**}p < 0.05$，$^{***}p < 0.01$

由上表可知，每周布置阅读篇目时长不同的教师教授的学生初一上期末语文成绩、初一下测评语文成绩和各方面能力得分均存在显著差异，并且在 1% 的置信水平上显著，时长超过 3 小时的教师教授的学生语文成绩和能力得分均显著更高。总体而言，布置阅读篇目时长越短的教师教授的学生各方面能力得分显著越低。

5. 教学行为

5.1 备课方式

查阅教学参考书、搜集素材以自行制作课件的教师对提高学生的初一上期末语文成绩、初一下测评语文成绩和各方面能力得分均存在显著正向作用。

学生语文能力层级的教学行为（备课方式）差异情况表

	初一上	初一下	识记	理解	分析综合	鉴赏评价	表达应用	探究
从网络上直接下载课件	0.02	−0.16*	−0.04**	−0.02	−0.07***	−0.02	−0.05	−0.02**
查阅教学参考书、搜集素材，制作课件	1.01***	1.55***	0.22***	0.57***	0.32***	0.19***	0.57***	0.10***
从其他教师那里获取上课经验、教案等	−0.20**	−0.50	0.01	−0.09**	−0.01	0.03	0.01	−0.01

*$p < 0.1$, **$p < 0.05$, ***$p < 0.01$

由上表可知，查阅教学参考书、搜集素材以自行制作课件的教师对于提升学生的初一上期末语文成绩、初一下测评语文成绩和各方面能力得分均存在显著正向影响，而从网络上直接下载课件、从其他教师那里获取教学经验、教案等备课方式对于学生的语文成绩和能力得分存在负向影响。

5.2 课堂时间分配

课堂上为学生提供自主研究学习、同学间交流合作的时间，对于提升学生的初一上期末语文成绩、初一下测评语文成绩和各方面能力得分均存在显著正向作用。

学生语文能力层级的教学行为（课堂时间分配）差异情况表

	初一上	初一下	识记	理解	分析综合	鉴赏评价	表达应用	探究
教师单方面讲解知识	0.15*	0.08	−0.003	0.03	0.02	0.04**	0.03	0.004
教师与同学共同讨论	−0.45***	−0.42**	−0.12***	−0.12**	−0.09**	−0.06*	−0.15**	−0.02

	初一上	初一下	识记	理解	分析综合	鉴赏评价	表达应用	探究
学生完成习题	−0.21***	−0.23***	−0.01	−0.10***	−0.06***	−0.04***	−0.06**	−0.05***
学生自主研究学习	0.31***	0.28***	0.06***	0.12***	0.04**	0.01	0.07**	0.04***
学生与其他同学交流合作	0.40***	0.43***	0.08***	0.09***	0.07***	0.11***	0.18***	0.05***

*$p < 0.1$, **$p < 0.05$, ***$p < 0.01$

由上表可知，课堂上为学生提供自主研究学习、同学间交流合作的时间对于提升学生的初一上期末语文成绩、初一下测评语文成绩和各方面能力得分均存在显著正向影响，而提供较多时间用于共同讨论和完成习题对于学生的语文成绩和能力得分存在负向影响。

5.3 多媒体教学时长

课内大部分时间使用多媒体授课的教师教授的学生初一上期末语文成绩、初一下测评语文成绩和各方面能力得分均显著更高。

学生语文能力层级的教学行为（多媒体教学时长）差异情况表

	初一上	初一下	识记	理解	分析综合	鉴赏评价	表达应用	探究
基本全程	76.85	78.85	11.43	22.57	11.08	9.87	41.03	2.60
大部分时间	79.26	81.58	11.93	23.57	11.69	10.24	41.86	2.83
偶尔使用	78.92	80.17	11.61	23.29	11.47	10.03	41.36	2.65
总体	78.87	80.93	11.80	23.38	11.57	10.15	41.65	2.76
方差齐性显著性	0.37	0.00	0.00	0.00	0.11	0.06	0.00	0.10
韦尔奇值	—	0.00	0.00	0.00	—	—	0.00	—

	初一上	初一下	识记	理解	分析综合	鉴赏评价	表达应用	探究
F 值	12.95	17.64	12.88	14.83	11.86	8.18	9.50	16.53
显著性	0.00***	0.00***	0.00***	0.00***	0.00***	0.00***	0.00***	0.00***

*p < 0.1, **p < 0.05, ***p < 0.01

由上表可知，多媒体教学时长不同的教师教授的学生初一上期末语文成绩、初一下测评语文成绩和各方面能力得分均存在显著差异，并且在1%的置信水平上显著，大部分时间使用多媒体的教师教授的学生语文成绩和各方面能力得分均显著更高，其次是偶尔使用多媒体授课教师教授的学生。值得注意的是，基本全程使用多媒体进行授课教师教授的学生各方面能力得分显著最低。

5.4 批阅作业频率

每天都收取前一天作业进行批阅的教师教授的学生初一上期末语文成绩、识记和分析综合能力得分显著更高，探究能力得分显著更低。

学生语文能力层级的教学行为（批阅作业方式）差异情况表

	初一上	初一下	识记	理解	分析综合	鉴赏评价	表达应用	探究
每天批阅	79.00	80.98	11.83	23.40	11.58	10.16	41.65	2.75
隔几天批阅	75.42	79.61	11.11	22.89	11.11	9.96	41.66	2.90
总体	78.87	80.93	11.80	23.38	11.57	10.15	41.65	2.76
方差齐性显著性	0.02	0.07	0.00	0.25	0.01	0.55	0.18	0.10
韦尔奇值	0.00	—	0.00	—	0.06	—	—	—
F 值	18.51	2.42	12.69	2.50	4.30	1.20	0.00	2.94
显著性	0.00***	0.12	0.00***	0.11	0.04**	0.27	0.97	0.09*

*p < 0.1, **p < 0.05, ***p < 0.01

由上表可知，批阅作业频率不同的教师教授的学生初一上期末语文成绩、识记、分析综合和探究能力得分存在显著差异，初一上期末语文成绩和识记能力在1%的置信水平上显著，分析综合能力在5%的置信水平上显著，探究能力在10%的置信水平上显著，每天都收取前一天作业进行批阅的教师教授的学生初一上期末语文成绩、识记和分析综合能力得分显著更高，探究能力得分显著更低。

5.5 每月讲评作文次数

每月讲评作文13—15次的教师教授的学生初一上期末语文成绩、初一下测评语文成绩和各方面能力得分均显著更高。

学生语文能力层级的教学行为（每月讲评作文次数）差异情况表

	初一上	初一下	识记	理解	分析综合	鉴赏评价	表达应用	探究
1—3次	77.91	80.13	11.62	23.15	11.39	10.04	41.42	2.67
4—6次	79.98	81.74	12.04	23.60	11.74	10.29	41.82	2.84
7—9次	81.39	83.33	12.12	24.19	12.03	10.51	42.68	3.02
10—12次	75.99	77.22	11.07	22.31	10.98	9.40	40.31	2.41
13—15次	84.90	90.38	12.79	26.37	13.54	10.89	45.52	3.96
总体	78.87	80.93	11.80	23.38	11.57	10.15	41.65	2.76
方差齐性显著性	0.00	0.00	0.00	0.00	0.00	0.00	0.00	0.00
韦尔奇值	0.00	0.00	0.00	0.00	0.00	0.00	0.00	0.00
F值	19.26	20.60	11.73	14.03	12.56	8.48	15.10	28.28
显著性	0.00***	0.00***	0.00***	0.00***	0.00***	0.00***	0.00***	0.00***

*$p < 0.1$，**$p < 0.05$，***$p < 0.01$

由上表可知，每月讲评作文次数不同的教师教授的学生初一上期末语文成绩、初一下测评语文成绩和各方面能力得分均存在显著差异，并且在 1% 的置信水平上显著，每月讲评作文 13—15 次的教师教授的学生语文成绩和能力得分均显著更高。值得注意的是，讲评作文并非次数越多，学生得分越高，例如，每月讲评 7—9 次的教师教授的学生各方面能力得分显著高于 10—12 次的教师。

5.6 是否写批语指点学生写作

写批语指点学生写作的教师教授的学生初一上期末语文成绩、初一下测评语文成绩和各方面能力得分均显著更高。

学生语文能力层级的教学行为（批语指点写作）差异情况表

	是	否	T 值	P 值
初一上期末语文成绩	79.46	76.44	7.47	0.00***
初一下测评语文成绩	81.54	78.00	8.12	0.00***
识记得分	11.93	11.17	7.60	0.00***
理解得分	23.55	22.58	5.99	0.00***
分析综合得分	11.72	10.85	7.62	0.00***
鉴赏评价得分	10.24	9.72	5.92	0.00***
表达应用得分	41.88	40.56	6.97	0.00***
探究得分	2.77	2.70	1.75	0.08*

$*p < 0.1$, $**p < 0.05$, $***p < 0.01$

由上表可知，是否写批语指点学生写作的教师教授的学生初一上期末语文成绩、初一下测评语文成绩和各方面能力得分均存在显著差异，并且在 1% 的置信水平上显著（探究能力在 10% 的置信水平上显著），写批语的教师教授的学生语文成绩和能力得分均显著更高。

6. 学生评价

6.1 语文教师讲课精彩，知识点讲解明白

符合该评价的教师教授的学生初一上期末语文成绩、初一下测评语文成绩和各方面能力得分均显著更高。

学生语文能力层级的学生评价（讲课精彩）差异情况表

	不符合	符合	T 值	P 值
初一上期末语文成绩	74.00	79.24	−8.50	0.00***
初一下测评语文成绩	75.10	81.23	−9.27	0.00***
识记得分	10.60	11.88	−8.43	0.00***
理解得分	21.69	23.49	−7.35	0.00***
分析综合得分	10.30	11.65	−7.82	0.00***
鉴赏评价得分	9.32	10.20	−6.48	0.00***
表达应用得分	39.64	41.75	−7.30	0.00***
探究得分	2.43	2.76	−5.08	0.00***

$*p < 0.1$，$**p < 0.05$，$***p < 0.01$

由上表可知，讲课是否精彩、知识点讲解是否明白的教师教授的学生初一上期末语文成绩、初一下测评语文成绩和各方面能力得分均存在显著差异，并且在 1% 的置信水平上显著，符合该评价的教师教授的学生语文成绩和各方面能力得分均显著更高。

6.2 语文教师很负责，认真讲解、耐心指导

符合该评价的教师教授的学生初一上期末语文成绩、初一下测评语文成绩和各方面能力得分均显著更高。

学生语文能力层级的学生评价（认真负责）差异情况表

	不符合	符合	T 值	P 值
初一上期末语文成绩	73.76	79.14	−7.16	0.00***
初一下测评语文成绩	74.84	81.11	−7.77	0.00***
识记得分	10.52	11.85	−7.26	0.00***
理解得分	21.42	23.46	−6.82	0.00***
分析综合得分	10.21	11.62	−6.71	0.00***
鉴赏评价得分	9.29	10.18	−5.39	0.00***
表达应用得分	39.71	41.70	−5.62	0.00***
探究得分	2.52	2.75	−2.96	0.00***

*$p < 0.1$，**$p < 0.05$，***$p < 0.01$

由上表可知，是否负责、认真讲解和耐心指导的教师教授的学生初一上期末语文成绩、初一下测评语文成绩和各方面能力得分均存在显著差异，并且在 1% 的置信水平上显著，符合该评价的教师教授的学生语文成绩和各方面能力得分均显著更高。

6.3 学生成绩不理想时，语文教师会给予鼓励

符合该评价的教师教授的学生初一上期末语文成绩、初一下测评语文成绩和各方面能力得分均显著更高。

学生语文能力层级的学生评价（给予鼓励）差异情况表

	不符合	符合	T 值	P 值
初一上期末语文成绩	75.38	79.44	−9.12	0.00***
初一下测评语文成绩	77.09	81.41	−9.02	0.00***
识记得分	11.03	11.91	−8.08	0.00***
理解得分	22.32	23.53	−6.86	0.00***

	不符合	符合	T 值	P 值
分析综合得分	10.86	11.67	−6.49	0.00***
鉴赏评价得分	9.57	10.23	−6.73	0.00***
表达应用得分	40.17	41.83	−7.92	0.00***
探究得分	2.51	2.78	−5.67	0.00***

*p < 0.1，**p < 0.05，***p < 0.01

由上表可知，学生成绩不理想时是否会给予鼓励的教师教授的学生初一上期末语文成绩、初一下测评语文成绩和各方面能力得分均存在显著差异，并且在1%的置信水平上显著，符合该评价的教师教授学生的语文成绩和各方面能力得分均显著更高。

6.4 学生喜欢语文教师，非常有人格魅力

符合该评价的教师教授的学生初一上期末语文成绩、初一下测评语文成绩和各方面能力得分均显著更高。

学生语文能力层级的学生评价（有人格魅力）差异情况表

	不符合	符合	T 值	P 值
初一上期末语文成绩	73.53	79.46	−11.49	0.00***
初一下测评语文成绩	75.11	81.43	−11.39	0.00***
识记得分	10.67	11.91	−9.81	0.00***
理解得分	21.77	23.54	−8.57	0.00***
分析综合得分	10.42	11.68	−8.68	0.00***
鉴赏评价得分	9.20	10.24	−9.19	0.00***
表达应用得分	39.41	41.84	−10.01	0.00***
探究得分	2.43	2.77	−6.23	0.00***

*p < 0.1，**p < 0.05，***p < 0.01

由上表可知，学生是否喜欢并认为有人格魅力的教师教授的学生初一上期末语文成绩、初一下测评语文成绩和各方面能力得分均存在显著差异，并且在1%的置信水平上显著，符合该评价的教师教授的学生语文成绩和各方面能力得分均显著更高。

6.5 语文教师对学生很亲切

符合该评价的教师教授的学生初一上期末语文成绩、初一下测评语文成绩和各方面能力得分均显著更高。

学生语文能力层级的学生评价（态度亲切）差异情况表

	不符合	符合	T 值	P 值
初一上期末语文成绩	73.47	79.49	−11.83	0.00***
初一下测评语文成绩	74.87	81.48	−12.10	0.00***
识记得分	10.70	11.91	−9.71	0.00***
理解得分	21.77	23.55	−8.75	0.00***
分析综合得分	10.36	11.69	−9.33	0.00***
鉴赏评价得分	9.11	10.25	−10.27	0.00***
表达应用得分	39.18	41.87	−11.29	0.00***
探究得分	2.39	2.78	−7.14	0.00***

$^*p < 0.1$，$^{**}p < 0.05$，$^{***}p < 0.01$

由上表可知，对学生态度是否亲切的教师教授的学生初一上期末语文成绩、初一下测评语文成绩和各方面能力得分均存在显著差异，并且在1%的置信水平上显著，符合该评价的教师教授的学生语文成绩和各方面能力得分均显著更高。

6.6 学生经常主动找语文教师交流

符合该评价的教师教授的学生初一上期末语文成绩、初一下测评语文

　○ 中学语文循证教学研究：学业水平差异探因　●

成绩和各方面能力得分均显著更高。

学生语文能力层级的学生评价（主动交流）差异情况表

	不符合	符合	T 值	P 值
初一上期末语文成绩	77.05	80.41	−11.08	0.00***
初一下测评语文成绩	79.07	82.28	−9.85	0.00***
识记得分	11.45	12.08	−8.46	0.00***
理解得分	22.89	23.76	−7.23	0.00***
分析综合得分	11.24	11.82	−6.80	0.00***
鉴赏评价得分	9.88	10.36	−7.14	0.00***
表达应用得分	40.91	42.18	−8.97	0.00***
探究得分	2.64	2.82	−5.68	0.00***

*$p < 0.1$, **$p < 0.05$, ***$p < 0.01$

由上表可知，学生是否经常主动交流的教师教授的学生初一上期末语文成绩、初一下测评语文成绩和各方面能力得分均存在显著差异，并且在1%的置信水平上显著，符合该评价的教师教授的学生语文成绩和各方面能力得分均显著更高。

第四章

研究发现与建议

第一节　中学生自身影响其语文学业水平的因素及建议

一、个体特质与学业成绩

1. 学生语文能力层级的个体特征（性别）差异情况表

	男	女	T 值	P 值
初一上期末语文成绩	76.41	81.56	−17.30	0.00***
初一下测评语文成绩	78.46	83.38	−15.32	0.00***
识记得分	11.48	12.13	−8.88	0.00***
理解得分	22.83	23.95	−9.31	0.00***
分析综合得分	11.24	11.90	−7.81	0.00***
鉴赏评价得分	9.71	10.60	−13.58	0.00***
表达应用得分	40.26	43.06	−20.19	0.00***
探究得分	2.62	2.87	−7.91	0.00***

*$p < 0.1$, **$p < 0.05$, ***$p < 0.01$

发现：女生学业成绩显著高于男生。

2. 学生语文能力层级的个体特征（独生子女）差异情况表

	独生子女	非独生子女	T 值	P 值
初一上期末语文成绩	81.34	77.64	11.69	0.00***
初一下测评语文成绩	83.53	79.44	12.00	0.00***
识记得分	12.41	11.47	12.02	0.00***

	独生子女	非独生子女	T 值	P 值
理解得分	24.32	22.88	11.37	0.00***
分析综合得分	12.24	11.20	11.79	0.00***
鉴赏评价得分	10.50	9.96	7.81	0.00***
表达应用得分	42.25	41.28	6.42	0.00***
探究得分	2.92	2.65	7.90	0.00***

*p < 0.1, **p < 0.05, ***p < 0.01

发现：独生子女学业成绩显著高于非独生子女。

3. 学生语文能力层级的个体特征（自我教育期望）差异情况表

	初一上	初一下	识记	理解	分析综合	鉴赏评价	表达应用	探究
高中	66.17	67.74	9.30	18.90	8.70	8.16	37.09	2.14
中专、中职	61.13	60.79	7.75	16.49	7.21	7.07	34.77	1.86
大专	68.10	68.80	9.30	19.23	8.72	8.22	38.02	2.11
本科	75.91	77.46	11.09	22.25	10.72	9.69	40.59	2.60
硕士	82.98	85.47	12.71	24.85	12.62	10.84	43.19	2.98
博士	82.59	84.69	12.60	24.79	12.49	10.69	42.69	2.88
总体	78.91	80.84	11.79	23.37	11.56	10.14	41.61	2.74
方差齐性显著性	0.00	0.00	0.00	0.00	0.00	0.00	0.00	0.00
韦尔奇值	0.00	0.00	0.00	0.00	0.00	0.00	0.00	0.00
F 值	300.59	310.44	230.07	254.48	232.23	154.90	158.02	60.35
显著性	0.00***	0.00***	0.00***	0.00***	0.00***	0.00***	0.00***	0.00***

*p < 0.1, **p < 0.05, ***p < 0.01

发现：自我教育期望为硕士的，学业成绩显著更高；自我教育期望是中专、中职的，学业成绩显著最低。

二、学习方法与学业成绩

1. 学生语文能力层级的学习方法（不主动查字典／词典频率）差异情况表

	低频	高频	T 值	P 值
初一上期末语文成绩	80.11	76.00	12.47	0.00***
初一下测评语文成绩	82.13	77.72	12.44	0.00***
识记得分	12.08	11.10	12.11	0.00***
理解得分	23.76	22.45	9.94	0.00***
分析综合得分	11.80	10.96	9.08	0.00***
鉴赏评价得分	10.33	9.69	8.75	0.00***
表达应用得分	42.08	40.49	10.25	0.00***
探究得分	2.81	2.58	6.66	0.00***

$p < 0.1$, $p < 0.05$, $p < 0.01$

发现：经常查字典／词典，有利于语文学业成绩的显著提升。

2. 学生语文能力层级的学习方法（注重练字频率）差异情况表

	低频	高频	T 值	P 值
初一上期末语文成绩	75.94	80.34	−13.73	0.00***
初一下测评语文成绩	77.53	82.44	−14.32	0.00***
识记得分	11.19	12.09	−11.35	0.00***
理解得分	22.43	23.83	−10.97	0.00***
分析综合得分	10.94	11.86	−10.23	0.00***
鉴赏评价得分	9.66	10.38	−10.14	0.00***
表达应用得分	40.21	42.29	−13.90	0.00***
探究得分	2.58	2.82	−7.28	0.00***

$p < 0.1$, $p < 0.05$, $p < 0.01$

发现：经常注重练字，提高书写水平，有利于学业成绩的提升。

3. 学生语文能力层级的学习方法（批注圈画、摘抄）差异情况表

	低频	高频	T值	P值
初一上期末语文成绩	75.61	80.30	−14.32	0.00***
初一下测评语文成绩	77.42	82.29	−13.82	0.00***
识记得分	11.16	12.06	−11.22	0.00***
理解得分	22.35	23.81	−11.15	0.00***
分析综合得分	10.91	11.83	−10.03	0.00***
鉴赏评价得分	9.64	10.36	−9.87	0.00***
表达应用得分	40.14	42.23	−13.58	0.00***
探究得分	2.59	2.80	−5.89	0.00***

*$p < 0.1$，**$p < 0.05$，***$p < 0.01$

4. 学生语文能力层级的学习方法（写读后感）差异情况表

	低频	高频	T值	P值
初一上期末语文成绩	76.70	80.55	−12.69	0.00***
初一下测评语文成绩	78.40	82.65	−13.01	0.00***
识记得分	11.39	12.10	−9.52	0.00***
理解得分	22.66	23.90	−10.21	0.00***
分析综合得分	11.08	11.91	−9.80	0.00***
鉴赏评价得分	9.74	10.44	−10.45	0.00***
表达应用得分	40.61	42.36	−12.30	0.00***
探究得分	2.62	2.83	−6.44	0.00***

*$p < 0.1$，**$p < 0.05$，***$p < 0.01$

发现：养成摘抄、批注和写读后感的习惯，有利于学业成绩的提升。

5. 学生语文能力层级的学习方法（写日记）差异情况表

	低频	高频	T 值	P 值
初一上期末语文成绩	78.09	80.41	−7.36	0.00***
初一下测评语文成绩	80.04	82.32	−6.70	0.00***
识记得分	11.68	12.01	−4.35	0.00***
理解得分	23.19	23.71	−4.11	0.00***
分析综合得分	11.45	11.75	−3.36	0.00***
鉴赏评价得分	9.99	10.43	−6.48	0.00***
表达应用得分	41.19	42.40	−8.17	0.00***
探究得分	2.71	2.81	−3.07	0.00***

$*p < 0.1$, $**p < 0.05$, $***p < 0.01$

6. 学生语文能力层级的学习方法（交流写作）差异情况表

	低频	高频	T 值	P 值
初一上期末语文成绩	76.29	81.16	−16.29	0.00***
初一下测评语文成绩	78.15	83.15	−15.51	0.00***
识记得分	11.30	12.22	−12.48	0.00***
理解得分	22.53	24.10	−13.13	0.00***
分析综合得分	11.02	12.02	−11.82	0.00***
鉴赏评价得分	9.75	10.48	−11.01	0.00***
表达应用得分	40.62	42.46	−13.05	0.00***
探究得分	2.60	2.87	−8.49	0.00***

$*p < 0.1$, $**p < 0.05$, $***p < 0.01$

发现：经常写日记，经常与同学交流写作内容和方法，有利于学业成绩的提升。

7. 学生语文能力层级的学习方法（课堂主动发言）差异情况表

	低频	高频	T 值	P 值
初一上期末语文成绩	76.30	80.84	−15.01	0.00***
初一下测评语文成绩	78.07	82.90	−14.86	0.00***
识记得分	11.20	12.24	−14.05	0.00***
理解得分	22.41	24.09	−13.90	0.00***
分析综合得分	10.94	12.01	−12.61	0.00***
鉴赏评价得分	9.74	10.45	−10.68	0.00***
表达应用得分	40.78	42.23	−10.13	0.00***
探究得分	2.62	2.83	−6.46	0.00***

*$p < 0.1$，**$p < 0.05$，***$p < 0.01$

8. 学生语文能力层级的学习方法（当众发表观点）差异情况表

	低频	高频	T 值	P 值
初一上期末语文成绩	75.86	80.93	−16.65	0.00***
初一下测评语文成绩	77.59	83.00	−16.56	0.00***
识记得分	11.12	12.24	−14.97	0.00***
理解得分	22.28	24.10	−14.98	0.00***
分析综合得分	10.82	12.05	−14.46	0.00***
鉴赏评价得分	9.66	10.47	−12.01	0.00***
表达应用得分	40.62	42.27	−11.43	0.00***
探究得分	2.57	2.86	−8.81	0.00***

*$p < 0.1$，**$p < 0.05$，***$p < 0.01$

发现：课堂主动举手发言，敢于并乐于当众发表自己的观点，有利于提升语文学业成绩。

三、学习强度与学业成绩

1. 学生语文能力层级的学习强度（写作练笔）差异情况表

	初一上	初一下	识记	理解	分析综合	鉴赏评价	表达应用	探究
500 字以下	72.75	74.22	10.63	21.24	10.17	9.08	39.08	2.43
500—1000 字	79.41	81.38	11.88	23.55	11.68	10.25	41.86	2.74
1000—2000 字	83.17	85.53	12.66	24.87	12.53	10.82	43.21	3.02
2000 字以上	81.11	83.01	12.14	24.03	11.94	10.50	42.44	2.96
总体	78.91	80.84	11.79	23.37	11.56	10.14	41.61	2.74
方差齐性显著性	0.00	0.00	0.00	0.00	0.00	0.00	0.00	0.00
韦尔奇值	0.00	0.00	0.00	0.00	0.00	0.00	0.00	0.00
F 值	144.39	145.61	87.41	107.88	91.68	84.33	105.11	39.75
显著性	0.00***	0.00***	0.00***	0.00***	0.00***	0.00***	0.00***	0.00***

*$p < 0.1$，**$p < 0.05$，***$p < 0.01$

2. 学生语文能力层级的学习强度（背诵诗文）差异情况表

	初一上	初一下	识记	理解	分析综合	鉴赏评价	表达应用	探究
0 篇	73.68	75.42	10.87	22.02	10.53	9.15	39.09	2.54
1—3 篇	78.38	80.23	11.65	23.26	11.50	10.04	41.34	2.67
4—6 篇	79.93	81.99	12.05	23.67	11.78	10.33	42.07	2.82
7—9 篇	80.61	82.33	12.01	24.04	11.82	10.42	42.05	2.84
10—12 篇	80.18	82.47	12.02	23.50	11.64	10.47	42.70	2.89
13—15 篇	78.04	79.74	11.74	22.77	11.15	9.90	41.34	2.72

	初一上	初一下	识记	理解	分析综合	鉴赏评价	表达应用	探究
总体	78.91	80.84	11.79	23.37	11.56	10.14	41.61	2.74
方差齐性显著性	0.00	0.00	0.00	0.00	0.00	0.00	0.00	0.24
韦尔奇值	0.00	0.00	0.00	0.00	0.00	0.00	0.00	——
F 值	17.03	16.86	10.60	8.47	8.25	13.36	18.78	6.29
显著性	0.00***	0.00***	0.00***	0.00***	0.00***	0.00***	0.00***	0.00***

$*p < 0.1$, $**p < 0.05$, $***p < 0.01$

发现：每周写作练笔字数 1000—2000 字，每月背诵古诗文或经典文章7—12 篇，明显有利于学业成绩的提升。

3. 学生语文能力层级的学习强度（读书数量）差异情况表

	初一上	初一下	识记	理解	分析综合	鉴赏评价	表达应用	探究
0 本	70.43	70.14	9.87	20.11	9.25	8.76	37.47	2.13
1—5 本	78.02	79.80	11.62	23.00	11.29	9.98	41.34	2.68
6—10 本	81.83	84.19	12.42	24.49	12.45	10.66	42.54	2.91
11—15 本	82.12	84.86	12.43	24.84	12.46	10.70	42.86	3.00
总体	78.91	80.84	11.79	23.37	11.56	10.14	41.61	2.74
方差齐性显著性	0.00	0.00	0.00	0.00	0.00	0.00	0.00	0.00
韦尔奇值	0.00	0.00	0.00	0.00	0.00	0.00	0.00	0.00
F 值	69.71	89.72	52.42	73.18	74.54	42.73	49.97	29.68
显著性	0.00***	0.00***	0.00***	0.00***	0.00***	0.00***	0.00***	0.00***

$*p < 0.1$, $**p < 0.05$, $***p < 0.01$

4. 学生语文能力层级的学习强度（自主阅读时长）差异情况表

	初一上	初一下	识记	理解	分析综合	鉴赏评价	表达应用	探究
0 小时	73.34	73.93	10.54	21.28	10.27	9.27	38.87	2.26
1—3 小时	78.52	80.29	11.70	23.14	11.40	10.06	41.51	2.71
4—6 小时	81.27	83.92	12.37	24.49	12.26	10.55	42.49	2.94
7—9 小时	83.55	86.11	12.75	25.21	12.95	10.95	43.20	2.95
10—12 小时	82.60	85.15	12.50	25.29	12.76	10.85	42.55	3.05
13—15 小时	79.66	83.57	12.18	24.38	12.08	10.55	42.62	3.00
总体	78.91	80.84	11.79	23.37	11.56	10.14	41.61	2.74
方差齐性显著性	0.00	0.00	0.00	0.00	0.00	0.00	0.00	0.00
韦尔奇值	0.00	0.00	0.00	0.00	0.00	0.00	0.00	0.00
F 值	29.84	41.12	25.35	35.58	29.83	18.41	24.53	18.02
显著性	0.00***	0.00***	0.00***	0.00***	0.00***	0.00***	0.00***	0.00***

$^*p < 0.1$, $^{**}p < 0.05$, $^{***}p < 0.01$

发现：每学期除教材教辅资料外阅读 11—15 本书，每周在家自主阅读 7—12 小时，明显有利于学业成绩的提升。

四、学习动机、信心与学业成绩

1. 学生语文能力层级的学习动机（认为语文学习开心有趣）差异情况表

	不符合	符合	T 值	P 值
初一上期末语文成绩	74.45	79.83	−13.52	0.00***
初一下测评语文成绩	76.25	81.79	−12.94	0.00***
识记得分	11.00	11.96	−9.74	0.00***

	不符合	符合	T值	P值
理解得分	22.15	23.63	−9.28	0.00***
分析综合得分	10.75	11.73	−8.70	0.00***
鉴赏评价得分	9.49	10.28	−9.04	0.00***
表达应用得分	39.59	42.03	−13.10	0.00***
探究得分	2.52	2.79	−6.39	0.00***

*$p < 0.1$，**$p < 0.05$，***$p < 0.01$

2. 学生语文能力层级的学习动机（喜欢挑战性任务）差异情况表

	不符合	符合	T值	P值
初一上期末语文成绩	74.99	80.90	−18.83	0.00***
初一下测评语文成绩	76.84	82.88	−17.88	0.00***
识记得分	11.02	12.19	−15.06	0.00***
理解得分	22.11	24.02	−15.16	0.00***
分析综合得分	10.74	11.98	−13.96	0.00***
鉴赏评价得分	9.52	10.46	−13.56	0.00***
表达应用得分	40.14	42.36	−14.95	0.00***
探究得分	2.55	2.84	−8.77	0.00***

*$p < 0.1$，**$p < 0.05$，***$p < 0.01$

3. 学生语文能力层级的学习自信心（自信心强）差异情况表

	不符合	符合	T值	P值
初一上期末语文成绩	72.07	79.65	−15.06	0.00***
初一下测评语文成绩	74.12	81.57	−13.75	0.00***
识记得分	10.54	11.93	−11.20	0.00***

	不符合	符合	T 值	P 值
理解得分	21.51	23.58	−10.24	0.00***
分析综合得分	10.31	11.69	−9.77	0.00***
鉴赏评价得分	9.07	10.26	−10.72	0.00***
表达应用得分	38.76	41.92	−13.34	0.00***
探究得分	2.41	2.78	−6.82	0.00***

*p < 0.1, **p < 0.05, ***p < 0.01

发现：觉得学习语文开心有趣，喜欢选择富有挑战性的语文学习任务，语文学习自信心强，明显有利于学业成绩的提升。

五、学习压力情状与学业成绩

1. 学生语文能力层级的学习焦虑（认为任务无法完成）差异情况表

	低频	高频	T 值	P 值
初一上期末语文成绩	79.71	78.08	5.38	0.00***
初一下测评语文成绩	81.80	79.84	6.02	0.00***
识记得分	11.95	11.64	4.16	0.00***
理解得分	23.64	23.10	4.53	0.00***
分析综合得分	11.78	11.33	5.25	0.00***
鉴赏评价得分	10.28	10.00	4.26	0.00***
表达应用得分	42.00	41.21	5.60	0.00***
探究得分	2.79	2.69	3.01	0.00***

*p < 0.1, **p < 0.05, ***p < 0.01

2. 学生语文能力层级的学习焦虑（挫败时易发脾气）差异情况表

	低频	高频	T 值	P 值
初一上期末语文成绩	79.65	78.16	5.38	0.00***
初一下测评语文成绩	81.76	79.91	6.02	0.00***
识记得分	11.96	11.63	4.16	0.00***
理解得分	23.68	23.07	4.53	0.00***
分析综合得分	11.76	11.36	5.25	0.00***
鉴赏评价得分	10.26	10.02	4.26	0.00***
表达应用得分	41.92	41.30	5.60	0.00***
探究得分	2.80	2.69	3.01	0.00***

*$p < 0.1$, **$p < 0.05$, ***$p < 0.01$

3. 学生语文能力层级的学习焦虑（放松时觉得内疚）差异情况表

	低频	高频	T 值	P 值
初一上期末语文成绩	79.07	78.64	1.36	0.17
初一下测评语文成绩	81.19	80.25	2.79	0.01**
识记得分	11.90	11.62	3.55	0.00***
理解得分	23.53	23.11	3.35	0.00***
分析综合得分	11.65	11.41	2.72	0.01**
鉴赏评价得分	10.18	10.08	1.44	0.15
表达应用得分	41.65	41.56	0.63	0.53
探究得分	2.77	2.69	2.52	0.01**

*$p < 0.1$, **$p < 0.05$, ***$p < 0.01$

发现：经常觉得手上学习任务太多，无法完成；遇到挫败时很容易发脾气，而且频率高；空闲时放松一下也觉得内疚，这些都不利于学业成绩的提升。

六、课外活动与学业成绩

1. 学生语文能力层级的课外活动（课外书类型）差异情况表

	初一上	初一下	识记	理解	分析综合	鉴赏评价	表达应用	探究
童话故事类	1.18***	2.06***	0.19**	0.62***	0.32***	0.24***	1.13***	0.10**
科普百科类	1.41***	2.33***	0.29***	0.78***	0.45***	0.26***	1.03***	0.13***
历史故事类	2.07***	3.13***	0.42***	1.04***	0.63***	0.41***	1.31***	0.16***
名人传记类	1.97***	2.89***	0.37***	0.93***	0.52***	0.38***	1.31***	0.17***
科幻故事类	1.58***	2.52***	0.30***	0.82***	0.48***	0.30***	1.12***	0.15***
小说类	2.53***	3.57***	0.48***	1.17***	0.68***	0.46***	1.55***	0.19***
散文类	2.58***	3.57***	0.48***	1.12***	0.68***	0.48***	1.59***	0.19***
寓言类	1.47***	2.22***	0.26**	0.69***	0.37***	0.25***	1.09***	0.14***
优秀学生作文集	1.94***	2.78***	0.34***	0.83***	0.49***	0.35***	1.36***	0.14***
古诗、文言文	1.90***	2.83***	0.40***	0.88***	0.51***	0.35***	1.27***	0.14***

*$p < 0.1$，**$p < 0.05$，***$p < 0.01$

发现：散文类、小说类、历史故事类书籍，对语文学业水平有明显提升作用。

2. 学生语文能力层级的课外活动（文艺课学习）差异情况表

	初一上	初一下	识记	理解	分析综合	鉴赏评价	表达应用	探究
相关系数	0.166	0.174	0.116	0.124	0.118	0.148	0.165	0.104
显著性水平	0.00***	0.00***	0.00***	0.00***	0.00***	0.00***	0.00***	0.00***

*$p < 0.1$，**$p < 0.05$，***$p < 0.01$

3. 学生语文能力层级的课外活动（文化场所参观）差异情况表

	初一上	初一下	识记	理解	分析综合	鉴赏评价	表达应用	探究
相关系数	0.238	0.246	0.193	0.209	0.214	0.208	0.191	0.161
显著性水平	0.00***	0.00***	0.00***	0.00***	0.00***	0.00***	0.00***	0.00***

*p < 0.1, **p < 0.05, ***p < 0.01

发现：文艺课学习书法、绘画、乐器、朗诵等课程，明显有利于语文学业成绩的提升。

4. 学生语文能力层级的课外活动（参加活动类型）差异情况表

	初一上	初一下	识记	理解	分析综合	鉴赏评价	表达应用	探究
相关系数	0.217	0.206	0.172	0.164	0.168	0.148	0.171	0.108
显著性水平	0.00***	0.00***	0.00***	0.00***	0.00***	0.00***	0.00***	0.00***

*p < 0.1, **p < 0.05, ***p < 0.01

发现：经常参观博物馆、展览馆、科技馆等文化活动场所，明显有利于语文学业成绩的提升。经常参加学校语文活动周、朗诵/演讲比赛、读书节、社会实践等活动，明显有利于语文学业成绩的提升。

七、生活状态与学业成绩

1. 学生语文能力层级的生活状态（关注热点新闻并思考）差异情况表

	低频	高频	T 值	P 值
初一上期末语文成绩	77.03	79.92	−9.17	0.00***
初一下测评语文成绩	78.58	82.07	−10.30	0.00***
识记得分	11.44	11.99	−7.00	0.00***

	低频	高频	T 值	P 值
理解得分	22.61	23.79	−9.40	0.00***
分析综合得分	11.06	11.83	−8.78	0.00***
鉴赏评价得分	9.76	10.35	−8.50	0.00***
表达应用得分	40.84	42.03	−8.02	0.00***
探究得分	2.61	2.82	−6.30	0.00***

*$p < 0.1$，**$p < 0.05$，***$p < 0.01$

发现：喜欢深入了解热点新闻并思考，明显有利于语文学业成绩的提升。

2. 学生语文能力层级的生活状态（进行运动锻炼）差异情况表

	低频	高频	T 值	P 值
初一上期末语文成绩	77.70	79.25	−4.23	0.00***
初一下测评语文成绩	79.84	81.12	−3.26	0.00***
识记得分	11.62	11.84	−2.54	0.01**
理解得分	23.21	23.42	−1.47	0.14
分析综合得分	11.41	11.60	−1.82	0.07*
鉴赏评价得分	10.06	10.17	−1.32	0.19
表达应用得分	41.13	41.75	−3.60	0.00***
探究得分	2.66	2.77	−2.87	0.00***

*$p < 0.1$，**$p < 0.05$，***$p < 0.01$

发现：重视运动锻炼，明显有利于语文学业成绩提升。

3.学生语文能力层级的生活状态（和家人吃早餐）差异情况表

	低频	高频	T 值	P 值
初一上期末语文成绩	76.99	79.54	−7.31	0.00***
初一下测评语文成绩	78.83	81.51	−7.12	0.00***
识记得分	11.39	11.93	−6.21	0.00***
理解得分	22.71	23.60	−6.38	0.00***
分析综合得分	11.13	11.70	−5.78	0.00***
鉴赏评价得分	9.87	10.23	−4.75	0.00***
表达应用得分	40.92	41.84	−5.61	0.00***
探究得分	2.63	2.78	−3.97	0.00***

*$p < 0.1$, **$p < 0.05$, ***$p < 0.01$

发现：经常和家人一起吃早餐，明显有利于提升语文学业成绩。

基于以上数据分析与研究发现，我们给中学生提出语文学科学习的如下建议：

其一，在字词学习方面，拼音和字词可适当减少死记硬背，应当灵活运用联想记忆、及时迁移运用等方法，使学到的拼音和字词内化。遇到陌生字词不能置之不理或者总是跳过，应当准备字词积累本，养成勤查字典／词典的好习惯。增强对练字的重视，描摹规范字帖，纠正写字习惯，不断提高书写水平。

其二，在阅读方面，读书时养成批注圈画和摘抄的习惯，以增强对阅读内容的记忆，并积累词句，以活学活用。建议阅读之后用读后感的形式来写读书笔记，以强化对阅读内容的理解，并培养独立思考能力。"奇文共欣赏，疑义相与析"，经常和家长、老师、同学交流阅读内容和感受，以获得新观点，并提升自己看待问题的高度。"腹有诗书气自华"，建议除教材教辅资料外，多读书、读好书。

其三，在写作方面，培养写日记或周记的习惯，坚持"每日三省吾身"，总结日常"得与失"。经常与同学交流写作内容和写作方法，坚持每周写1000字以上的练笔，在持续练笔中提升写作能力。

其四，在表达能力方面，不断鼓励自己在课堂上多主动举手发言，敢于并乐于当众发表自己的观点，不怕出错，勇于发表意见。

其五，在手机使用方面，要明确手机使用时长与学业成绩成反比，所以要尽力控制自己使用手机的时长，在此基础上尽量使用手机来学习或看新闻，深入了解热点新闻并进行深入思考。

第二节　影响中学生语文学业水平家庭因素及建议

一、语文教育投入

1. 学生语文能力层级的教育投入（家庭藏书量）差异情况表

	初一上	初一下	识记	理解	分析综合	鉴赏评价	表达应用	探究
0	77.92	80.39	11.57	23.28	11.25	10.25	41.88	2.65
0—10%	79.16	81.06	11.82	23.42	11.62	10.19	41.70	2.77
10%—20%	78.02	79.74	11.55	23.00	11.30	9.97	41.28	2.69
20%—30%	79.74	82.19	12.14	23.91	11.85	10.36	41.91	2.79
30%以上	79.92	81.69	12.08	23.63	11.81	10.10	41.73	2.78
总体	78.91	80.84	11.79	23.37	11.56	10.14	41.61	2.74
方差齐性显著性	0.58	0.70	0.01	0.33	0.48	0.80	0.72	0.16
韦尔奇值	0.00	0.00	0.00	0.00	0.00	0.00	0.04	0.10

	初一上	初一下	识记	理解	分析综合	鉴赏评价	表达应用	探究
F 值	5.19	6.55	7.89	6.01	5.91	3.90	2.61	1.98
显著性	0.00***	0.00***	0.00***	0.00***	0.00***	0.00***	0.03**	0.10

2.学生语文能力层级的教育投入（家庭学习资源数量）差异情况表

	初一上	初一下	识记	理解	分析综合	鉴赏评价	表达应用	探究
相关系数	0.267	0.265	0.223	0.238	0.236	0.221	0.201	0.144
显著性水平	0.00***	0.00***	0.00***	0.00***	0.00***	0.00***	0.00***	0.00***

$*p < 0.1$，$**p < 0.05$，$***p < 0.01$

发现：家庭藏书量和家庭学习资源如字帖、报纸、杂志、书桌、电脑、平板等越丰富多样，中学生语文学业表现越好。

二、家庭辅导交流

1.学生语文能力层级的家长语文辅导（对语文学习态度）差异情况表

	初一上	初一下	识记	理解	分析综合	鉴赏评价	表达应用	探究
非常关心，每天检查作业并交流	79.78	81.59	11.92	23.58	11.76	10.18	41.83	2.83
比较关心，有时间就会督促	79.03	80.98	11.84	23.42	11.58	10.17	41.68	2.74
较少关心，没有时间和精力	75.82	77.88	11.13	22.53	10.94	9.86	40.53	2.51
总体	78.91	80.84	11.79	23.37	11.56	10.14	41.61	2.74
方差齐性显著性	0.00	0.00	0.00	0.03	0.01	0.00	0.00	0.02

	初一上	初一下	识记	理解	分析综合	鉴赏评价	表达应用	探究
韦尔奇值	0.00	0.00	0.00	0.00	0.00	0.06	0.00	0.00
F 值	22.44	17.45	16.09	12.12	5.51	3.48	11.66	12.83
显著性	0.00***	0.00***	0.00***	0.00***	0.00***	0.00***	0.00***	0.00***

$*p < 0.1$，$**p < 0.05$，$***p < 0.01$

发现：家长非常关心且每天检查学生的语文作业并和学生交流，有利于学业成绩的提升。

2. 学生语文能力层级的家长语文辅导（辅导作业方式）差异情况表

	初一上	初一下	识记	理解	分析综合	鉴赏评价	表达应用	探究
全程陪伴，监督完成并仔细检查	73.79	74.84	10.53	21.37	10.09	9.18	39.72	2.53
由孩子独立完成，检查并纠错	77.57	79.23	11.46	22.75	11.14	9.88	41.20	2.67
由孩子独立完成并自行检查，遇到困难耐心讲解	80.47	82.61	12.17	24.00	12.01	10.40	42.11	2.83
没有时间，作业若需要签字，直接签字即可	76.66	78.56	11.27	22.65	10.98	9.89	40.95	2.59
总体	78.91	80.84	11.79	23.37	11.56	10.14	41.61	2.74
方差齐性显著性	0.00	0.00	0.00	0.00	0.00	0.00	0.00	0.00
韦尔奇值	0.00	0.00	0.00	0.00	0.00	0.00	0.00	0.00
F 值	49.65	55.08	48.65	48.70	52.18	28.76	23.91	13.34
显著性	0.00***	0.00***	0.00***	0.00***	0.00***	0.00***	0.00***	0.00***

$*p < 0.1$，$**p < 0.05$，$***p < 0.01$

发现：学生先独立完成作业，然后遇到困难时家长能耐心讲解，有利于学生学业水平的提升。

3. 学生语文能力层级的家长语文辅导（阅读交流作文）差异情况表

	初一上	初一下	识记	理解	分析综合	鉴赏评价	表达应用	探究
0 次	77.69	79.62	11.55	22.99	11.24	10.01	41.25	2.65
1—3 次	79.03	80.93	11.81	23.42	11.59	10.15	41.63	2.75
4—6 次	80.46	82.43	12.13	23.91	11.96	10.36	42.04	2.81
7—9 次	77.17	79.88	11.61	22.41	11.43	10.05	41.77	2.81
10—12 次	79.15	81.28	12.18	22.57	11.29	9.86	42.45	2.78
13—15 次	76.81	79.65	11.31	22.96	11.21	9.96	41.65	2.86
总体	78.91	80.84	11.79	23.37	11.56	10.14	41.61	2.74
方差齐性显著性	0.42	0.92	0.37	0.87	0.96	0.34	0.42	0.74
韦尔奇值	0.00	0.00	0.00	0.00	0.00	0.10	0.05	0.12
F 值	49.65	55.08	48.65	48.70	52.18	28.76	23.91	13.34
显著性	0.00***	0.00***	0.00***	0.00***	0.00***	0.10	0.07*	0.11

*$p < 0.1$, **$p < 0.05$, ***$p < 0.01$

发现：每月能阅读子女作文并与孩子交流 4—6 次，有利于学生学业水平的提升。

三、亲子阅读与学业成绩

1. 学生语文能力层级的亲子阅读（阅读频率）差异情况表

	初一上	初一下	识记	理解	分析综合	鉴赏评价	表达应用	探究
从来没有	78.53	80.34	11.70	23.27	11.49	10.11	41.42	2.69
每月 1—2 次	79.17	81.15	11.83	23.39	11.58	10.17	41.81	2.78

	初一上	初一下	识记	理解	分析综合	鉴赏评价	表达应用	探究
每周1—2次	79.19	81.45	11.96	23.53	11.61	10.14	41.84	2.79
每周3—4次	79.92	82.66	12.24	24.16	12.30	10.35	41.67	2.82
每天1次	79.89	80.53	11.72	23.31	11.55	10.11	41.18	2.86
总体	78.91	80.84	11.79	23.37	11.56	10.14	41.61	2.74
方差齐性显著性	0.60	0.32	0.31	0.02	0.18	0.87	0.41	0.52
韦尔奇值	0.18	0.03	0.05	0.17	0.05	0.78	0.09	0.05
F值	1.58	2.70	2.39	1.70	2.49	0.44	2.04	2.37
显著性	0.18	0.03**	0.05*	0.15	0.04**	0.78	0.09*	0.05*

*$p < 0.1$, **$p < 0.05$, ***$p < 0.01$

2. 学生语文能力层级的亲子阅读（阅读时长）差异情况表

	初一上	初一下	识记	理解	分析综合	鉴赏评价	表达应用	探究
30分钟以内	78.60	80.31	11.71	23.21	11.49	10.04	41.40	2.69
30分钟至1小时	79.74	82.18	12.05	23.71	11.73	10.29	42.17	2.88
1—2小时	80.22	82.04	11.96	23.56	11.81	10.26	42.01	2.78
2小时以上	77.61	78.60	11.27	22.96	11.14	10.10	40.61	2.88
总体	78.91	80.84	11.79	23.37	11.56	10.14	41.61	2.74
方差齐性显著性	0.04	0.00	0.01	0.00	0.00	0.15	0.01	0.07
韦尔奇值	0.00	0.00	0.00	0.02	0.06	0.10	0.00	0.00
F值	3.91	7.06	4.82	2.89	2.28	1.97	6.19	6.67
显著性	0.00***	0.00***	0.00***	0.02**	0.06*	0.10	0.00***	0.00***

*$p < 0.1$, **$p < 0.05$, ***$p < 0.01$

发现：亲子阅读频率为每周 3—4 次，每次 30 分钟以上，有利于学生学业水平的提升。

四、亲子陪伴与语文学业成绩

1. 学生语文能力层级的亲子活动类型（观看语言类节目）差异情况表

	否	是	T 值	P 值
初一上期末语文成绩	77.11	81.05	−13.06	0.00***
初一下测评语文成绩	78.81	83.26	−13.75	0.00***
识记得分	11.37	12.30	−12.71	0.00***
理解得分	22.75	24.11	−11.33	0.00***
分析综合得分	11.12	12.08	−11.28	0.00***
鉴赏评价得分	9.81	10.55	−11.21	0.00***
表达应用得分	40.94	42.42	−10.40	0.00***
探究得分	2.63	2.87	−7.51	0.00***

*p < 0.1, **p < 0.05, ***p < 0.01

2. 学生语文能力层级的亲子活动类型（观看名著相关影片）差异情况表

	否	是	T 值	P 值
初一上期末语文成绩	76.99	80.18	−10.35	0.00***
初一下测评语文成绩	78.72	82.25	−10.69	0.00***
识记得分	11.37	12.08	−9.40	0.00***
理解得分	22.71	23.81	−9.02	0.00***
分析综合得分	11.06	11.89	−9.63	0.00***
鉴赏评价得分	9.82	10.36	−7.90	0.00***
表达应用得分	40.95	42.05	−7.65	0.00***
探究得分	2.95	2.84	−7.52	0.00***

*p < 0.1, **p < 0.05, ***p < 0.01

3.学生语文能力层级的亲子活动类型（成语、诗词类游戏）差异情况表

	否	是	T 值	P 值
初一上期末语文成绩	78.40	80.34	−10.35	0.00***
初一下测评语文成绩	80.24	82.55	−10.69	0.00***
识记得分	11.67	12.16	−9.40	0.00***
理解得分	23.18	23.92	−9.02	0.00***
分析综合得分	11.44	11.90	−9.63	0.00***
鉴赏评价得分	10.05	10.41	−7.90	0.00***
表达应用得分	41.43	42.15	−7.65	0.00***
探究得分	2.70	2.86	−7.52	0.00***

*$p < 0.1$, **$p < 0.05$, ***$p < 0.01$

发现：家长经常和孩子一起观看语言类节目／名著相关影片、共同玩成语诗词类游戏，有利于孩子语文学业水平的提升。

4.学生语文能力层级的亲子活动（每月看电影次数）差异情况表

	初一上	初一下	识记	理解	分析综合	鉴赏评价	表达应用	探究
0 次	78.28	80.44	11.70	23.21	11.44	10.15	41.54	2.69
1—2 次	79.48	81.29	11.90	23.56	11.68	10.18	41.71	2.77
3—4 次	77.82	79.57	11.54	22.87	11.33	9.79	41.19	2.78
5—6 次	78.18	80.81	11.67	23.03	11.16	10.36	42.23	2.70
7—8 次	66.32	68.46	8.93	19.57	9.64	8.32	36.46	2.71
9—10 次	76.76	75.45	10.86	22.17	9.83	9.64	39.57	2.67
总体	78.91	80.84	11.79	23.37	11.56	10.14	41.61	2.74

	初一上	初一下	识记	理解	分析综合	鉴赏评价	表达应用	探究
方差齐性显著性	0.00	0.00	0.00	0.03	0.04	0.19	0.02	0.08
韦尔奇值	0.00	0.01	0.01	0.01	0.02	0.05	0.15	0.40
F 值	6.12	4.72	4.46	4.26	3.72	2.98	3.28	1.09
显著性	0.00***	0.00***	0.00***	0.00***	0.00***	0.01**	0.01**	0.37

*p < 0.1，**p < 0.05，***p < 0.01

5. 学生语文能力层级的亲子活动（每学期外出旅游次数）差异情况表

	初一上	初一下	识记	理解	分析综合	鉴赏评价	表达应用	探究
0 次	76.01	77.91	11.21	22.55	10.79	9.70	40.68	2.52
1 次	79.87	81.86	11.97	23.70	11.83	10.30	41.95	2.80
2 次	79.46	81.44	11.95	23.57	11.70	10.21	41.74	2.82
3 次	78.49	80.38	11.74	23.13	11.45	10.10	41.46	2.69
4 次	77.87	79.52	11.35	22.85	11.22	9.92	41.48	2.59
5 次	77.99	79.46	11.59	22.88	11.21	10.00	41.31	2.67
总体	78.91	80.84	11.79	23.37	11.56	10.14	41.61	2.74
方差齐性显著性	0.01	0.00	0.00	0.00	0.02	0.09	0.01	0.00
韦尔奇值	0.00	0.00	0.00	0.00	0.00	0.00	0.00	0.00
F 值	15.35	14.52	11.37	9.64	11.53	7.67	7.16	9.18
显著性	0.00***	0.00***	0.00***	0.00***	0.00***	0.00***	0.00***	0.00***

*p < 0.1，**p < 0.05，***p < 0.01

发现：每月观看电影1—2次，每学期外出旅游1—2次，有利于孩子学业水平的提升。

五、教养方式

1. 学生语文能力层级的教养方式（讨论学习成绩好坏）差异情况表

	低频	高频	T 值	P 值
初一上期末语文成绩	75.16	79.83	−12.36	0.00***
初一下测评语文成绩	76.80	81.84	−12.41	0.00***
识记得分	10.92	12.01	−11.82	0.00***
理解得分	22.07	23.70	−10.84	0.00***
分析综合得分	10.69	11.77	−10.24	0.00***
鉴赏评价得分	9.52	10.30	−9.39	0.00***
表达应用得分	40.31	41.93	−9.14	0.00***
探究得分	2.54	2.79	−6.15	0.00***

*$p < 0.1$，**$p < 0.05$，***$p < 0.01$

发现：家长与子女经常讨论学习成绩好坏的原因，有利于学生学业水平的提升。

2. 学生语文能力层级的教养方式（给予鼓励）差异情况表

	低频	高频	T 值	P 值
初一上期末语文成绩	76.05	79.63	−9.56	0.00***
初一下测评语文成绩	77.75	81.63	−9.63	0.00***
识记得分	11.09	11.97	−9.57	0.00***
理解得分	22.33	23.64	−8.76	0.00***
分析综合得分	10.84	11.74	−8.64	0.00***

	低频	高频	T 值	P 值
鉴赏评价得分	9.72	10.25	−6.43	0.00***
表达应用得分	40.69	41.85	−6.56	0.00***
探究得分	2.59	2.78	−4.67	0.00***

*p < 0.1, **p < 0.05, ***p < 0.01

发现：在子女成绩不理想时给予鼓励，有利于其学业水平的提升。

3. 学生语文能力层级的教养方式（因为使用手机忽略子女）差异情况表

	低频	高频	T 值	P 值
初一上期末语文成绩	79.58	78.07	4.96	0.00***
初一下测评语文成绩	81.64	79.84	5.50	0.00***
识记得分	11.96	11.59	5.03	0.00***
理解得分	23.68	22.99	5.63	0.00***
分析综合得分	11.76	11.31	5.33	0.00***
鉴赏评价得分	10.25	10.01	3.64	0.00***
表达应用得分	41.85	41.31	3.77	0.00***
探究得分	2.78	2.70	2.53	0.01**

*p < 0.1, **p < 0.05, ***p < 0.01

发现：家长因为使用手机忽略子女或表现出不耐烦，不利于孩子学业成绩的提升。

4. 学生语文能力层级的教养方式（交流讨论）差异情况表

	低频	高频	T 值	P 值
初一上期末语文成绩	75.23	79.85	−12.40	0.00***
初一下测评语文成绩	76.94	81.84	−12.23	0.00***

	低频	高频	T 值	P 值
识记得分	10.95	12.01	−11.64	0.00***
理解得分	22.23	23.67	−9.61	0.00***
分析综合得分	10.80	11.75	−9.13	0.00***
鉴赏评价得分	9.53	10.30	−9.43	0.00***
表达应用得分	40.18	41.98	−10.29	0.00***
探究得分	2.53	2.80	−6.68	0.00***

*p < 0.1, **p < 0.05, ***p < 0.01

发现：家长与孩子讨论学校的活动或感兴趣的事情，有利于其学业水平的提升。

基于以上数据分析和研究发现，我们想给家长提出以下几个方面的建议：

其一，在语文教育投入方面，家长可适当增加语文学科支出在家庭教育支出中的占比。调研数据显示，当语文学科支出在家庭教育总支出中占比超过 20% 时，子女的语文成绩与语文素养能力均显著较高。增加家庭中语文学习资源的种类和数量，能够有效帮助子女提升语文成绩与相关能力。

其二，在语文辅导方面，家长应适当关心子女的语文学习与作业完成情况，关注孩子的语文作业并加强交流。在条件允许的情况下，可让子女独立完成作业并自行检查，在其遇到困难时再进行耐心讲解。在孩子的语文学习中，家长可以经常阅读子女的作文并交流，频率以每月4—6次为宜。

其三，在亲子活动方面，适当的亲子阅读对于提升子女的语文学习能力有重要作用，阅读时间需合理把握，频率为每周3—4次、每次30分钟至1小时为宜。在条件允许的情况下，家长应多与子女一起共同观看语言类节目或名著相关影片、共同玩成语诗词类游戏、看电影、共同旅游等。

其中，看电影的频率在每月1—2次，共同旅游的次数在每学期1—2次为宜。

其四，在亲子交流方面，加强与子女在学习方面的沟通与交流，包括与子女讨论学习成绩好坏的原因，在子女成绩不理想时给予鼓励等。除学习方面的沟通交流，在生活方面家长也应与子女积极沟通，如与孩子讨论学校的活动或其他感兴趣的事情等。可以合理干预与调整子女的娱乐玩耍时间，同时家长也应以身作则，尽可能避免因使用手机而忽略子女或表现出不耐烦的情况发生。

第三节　影响中学生语文学业水平的教师因素及建议

一、语文教师的个体特质与学生学业成绩的关系

1. 学生语文能力层级的教师年龄差异情况表

	初一上	初一下	识记	理解	分析综合	鉴赏评价	表达应用	探究
20—30 岁	77.00	78.45	11.36	22.82	10.99	9.81	40.70	2.59
31—40 岁	79.19	80.99	11.77	23.27	11.70	10.15	41.77	2.72
41—50 岁	80.72	82.76	12.32	23.86	11.95	10.44	42.21	2.81
51—60 岁	80.22	82.97	12.13	23.92	11.99	10.46	42.41	2.95
61—70 岁	76.28	79.19	10.93	22.92	10.95	9.40	41.47	3.03
总体	77.00	78.45	11.36	22.82	10.99	9.81	40.70	2.59
方差齐性显著性	0.00	0.00	0.00	0.00	0.00	0.00	0.00	0.00
韦尔奇值	0.00	0.00	0.00	0.00	0.00	0.00	0.00	0.00
F 值	24.77	33.68	26.47	14.63	25.48	19.29	23.98	19.58
显著性	0.00***	0.00***	0.00***	0.00***	0.00***	0.00***	0.00***	0.00***

$^*p < 0.1$, $^{**}p < 0.05$, $^{***}p < 0.01$

2．学生语文能力层级的教师教龄差异情况表

	初一上	初一下	识记	理解	分析综合	鉴赏评价	表达应用	探究
1—10 年	77.52	79.19	11.48	22.89	11.22	9.91	41.03	2.63
11—20 年	80.97	82.47	12.10	23.89	11.89	10.46	42.28	2.78
21—30 年	81.04	84.17	12.42	24.36	12.31	10.44	42.58	3.02
31—40 年	78.71	80.85	11.72	23.18	11.42	10.26	41.88	2.85
总体	78.93	80.93	11.80	23.38	11.57	10.15	41.65	2.76
方差齐性显著性	0.00	0.00	0.00	0.00	0.00	0.00	0.00	0.00
韦尔奇值	0.00	0.00	0.00	0.00	0.00	0.00	0.00	0.00
F 值	36.59	48.92	33.38	31.38	34.31	18.15	28.21	30.02
显著性	0.00***	0.00***	0.00***	0.00***	0.00***	0.00***	0.00***	0.00***

*p < 0.1，**p < 0.05，***p < 0.01

发现：教师 41—60 岁年龄段、21—30 年教龄段，学生学业水平整体会更高。

二、语文教师的工作强度与学生的学业成绩

1．学生语文能力层级的教师工作强度（日工作时长）差异情况表

	初一上	初一下	识记	理解	分析综合	鉴赏评价	表达应用	探究
1—5 小时	71.32	69.64	11.21	20.54	9.14	7.75	35.36	2.50
6—10 小时	79.60	81.81	11.97	23.63	11.73	10.24	41.99	2.83
11—15 小时	78.13	80.03	11.62	23.13	11.40	10.06	41.32	2.69
总体	78.87	80.93	11.80	23.38	11.57	10.15	41.65	2.76

	初一上	初一下	识记	理解	分析综合	鉴赏评价	表达应用	探究
方差齐性显著性	0.01	0.03	0.00	0.01	0.04	0.00	0.07	0.58
韦尔奇值	—	—	0.00	0.00	—	0.01	—	—
F 值	13.01	18.67	11.18	9.97	10.14	8.34	17.85	9.24
显著性	0.00***	0.00***	0.00***	0.00***	0.00***	0.00***	0.00***	0.00***

*p < 0.1, **p < 0.05, ***p < 0.01

发现：每天工作 6—10 小时的教师所教授的学生语文成绩和各方面能力得分均显著更高。

三. 语文教师的工作态度与学生的学业成绩

1. 学生语文能力层级的教师工作状态（工作充满热情和积极性）差异情况表

	不符合	符合	T 值	P 值
初一上期末语文成绩	76.10	79.03	−3.39	0.00***
初一下测评语文成绩	78.60	81.01	−2.58	0.01**
识记得分	10.97	11.83	−4.01	0.00***
理解得分	22.32	23.42	−3.16	0.00***
分析综合得分	11.04	11.59	−2.24	0.03**
鉴赏评价得分	9.75	10.16	−2.16	0.03**
表达应用得分	41.01	41.67	−1.62	0.11
探究得分	2.97	2.75	2.37	0.02**

*p < 0.1, **p < 0.05, ***p < 0.01

发现：语文教师对教育教学工作充满热情和积极性，学生语文成绩和能力得分更高。

2. 学生语文能力层级的教师工作（愿意为学生牺牲休息时间）差异情况表

	不符合	符合	T 值	P 值
初一上期末语文成绩	77.29	79.12	−3.59	0.00***
初一下测评语文成绩	79.04	81.14	−3.81	0.00***
识记得分	11.31	11.85	−4.32	0.00***
理解得分	22.74	23.45	−3.50	0.00***
分析综合得分	11.16	11.61	−3.16	0.00***
鉴赏评价分	9.98	10.17	−1.68	0.09*
表达应用得分	41.20	41.70	−2.09	0.04**
探究得分	2.56	2.78	−4.18	0.00***

*p < 0.1，**p < 0.05，***p < 0.01

发现：愿意为学生牺牲自己休息时间的老师，其学生语文成绩和能力得分显著更高。

四、语文教师的工作能力与学生的语文学业成绩

1. 学生语文能力层级的教师工作（能掌握进度、及时反馈）差异情况表

	不符合	符合	T 值	P 值
初一上期末语文成绩	73.30	79.12	−6.60	0.00***
初一下测评语文成绩	73.32	81.17	−8.27	0.00***
识记得分	10.38	11.85	−6.73	0.00***

	不符合	符合	T 值	P 值
理解得分	21.19	23.45	−6.42	0.00***
分析综合得分	9.77	11.63	−7.52	0.00***
鉴赏评价得分	9.01	10.19	−6.09	0.00***
表达应用得分	39.00	41.74	−6.62	0.00***
探究得分	2.24	2.78	−5.73	0.00***

*p < 0.1，**p < 0.05，***p < 0.01

发现：充分掌握教学进度，及时向学生提供学习反馈信息，学生语文成绩和能力得分显著更高。

2. 学生语文能力层级的教师工作（能激发学生主观能动性、融洽班级氛围）差异情况表

	不符合	符合	T 值	P 值
初一上期末语文成绩	74.01	79.15	−6.64	0.00***
初一下测评语文成绩	74.87	81.19	−7.59	0.00***
识记得分	10.41	11.86	−7.62	0.00***
理解得分	21.49	23.46	−6.37	0.00***
分析综合得分	10.37	11.62	−5.76	0.00***
鉴赏评价得分	9.48	10.18	−4.12	0.00***
表达应用得分	39.78	41.73	−5.38	0.00***
探究得分	2.20	2.78	−7.13	0.00***

*p < 0.1，**p < 0.05，***p < 0.01

发现：充分激发学生主观能动性，建立积极融洽的班级氛围，学生语文成绩和能力得分显著更高。

五、语文教师布置的作业形式与学生语文学业成绩

1. 作业形式（经常布置抄写／默写／背书）差异情况表

	否	是	T值	P值
初一上期末语文成绩	81.38	78.35	7.82	0.00***
初一下测评语文成绩	83.90	80.21	8.81	0.00***
识记得分	12.37	11.66	7.34	0.00***
理解得分	24.43	23.13	8.39	0.00***
分析综合得分	12.26	11.40	7.87	0.00***
鉴赏评价得分	10.50	10.07	5.10	0.00***
表达应用得分	42.64	41.41	6.76	0.00***
探究得分	2.93	2.72	5.13	0.00***

*p < 0.1，**p < 0.05，***p < 0.01

发现：经常布置抄写／默写／背书形式作业的教师，其学生学业成绩和能力各项得分均显著更低。

2. 作业形式（经常布置课题研究类作业）差异情况表

	否	是	T值	P值
初一上期末语文成绩	78.60	79.69	−3.29	0.00***
初一下测评语文成绩	80.53	81.81	−3.56	0.00***
识记得分	11.77	11.88	−1.36	0.17
理解得分	23.30	23.56	−1.99	0.05*
分析综合得分	11.54	11.63	−1.01	0.32
鉴赏评价得分	10.07	10.33	−3.62	0.00***
表达应用得分	41.47	42.05	−3.74	0.00***
探究得分	2.68	2.94	−7.60	0.00***

*p < 0.1，**p < 0.05，***p < 0.01

3. 作业形式（经常布置实践活动类作业）差异情况表

	否	是	T 值	P 值
初一上期末语文成绩	78.89	79.10	−0.58	0.56
初一下测评语文成绩	80.67	81.81	−2.89	0.00***
识记得分	11.77	11.91	−1.58	0.12
理解得分	23.34	23.51	−1.15	0.25
分析综合得分	11.54	11.66	−1.11	0.27
鉴赏评价得分	10.10	10.32	−2.79	0.01**
表达应用得分	41.54	42.03	−2.88	0.00***
探究得分	2.71	2.92	−5.29	0.00***

*p < 0.1，**p < 0.05，***p < 0.01

发现：经常布置课题研究类作业和实践活动类作业的教师，其学生语文成绩和能力得分显著更高。

六、语文教师的教学行为与学生的学业成绩

1. 教学行为（备课方式）差异情况表

	初一上	初一下	识记	理解	分析综合	鉴赏评价	表达应用	探究
从网络上直接下载课件	0.02	−0.16*	−0.04**	−0.02	−0.07***	−0.02	−0.05	−0.02**
查阅教学参考书、搜集素材，制作课件	1.01***	1.55***	0.22***	0.57***	0.32***	0.19***	0.57***	0.10***
从其他教师那里获取上课经验、教案等	−0.20**	−0.50	0.01	−0.09**	−0.01	0.03	0.01	−0.01

*p < 0.1，**p < 0.05，***p < 0.01

发现：经常查阅教学参考书、搜集素材，自己制作课件的教师，对提升学生语文成绩和各方面能力得分均存在显著正向影响，而从网络上直接下载课件、从其他教师那里获取上课经验、教案的教师，对学生语文成绩和能力得分存在负向影响。

2. 教学行为（多媒体教学时长）差异情况表

	初一上	初一下	识记	理解	分析综合	鉴赏评价	表达应用	探究
基本全程	76.85	78.85	11.43	22.57	11.08	9.87	41.03	2.60
大部分时间	79.26	81.58	11.93	23.57	11.69	10.24	41.86	2.83
偶尔使用	78.92	80.17	11.61	23.29	11.47	10.03	41.36	2.65
总体	78.87	80.93	11.80	23.38	11.57	10.15	41.65	2.76
方差齐性显著性	0.37	0.00	0.00	0.00	0.11	0.06	0.00	0.10
韦尔奇值	—	0.00	0.00	0.00	—	—	0.00	—
F 值	12.95	17.64	12.88	14.83	11.86	8.18	9.50	16.53
显著性	0.00***	0.00***	0.00***	0.00***	0.00***	0.00***	0.00***	0.00***

$*p < 0.1$，$**p < 0.05$，$***p < 0.01$

发现：语文课堂上较多时间应用多媒体教学的教师，其学生语文成绩和能力得分会更好。

3. 学生语文能力层级的教学行为（批语指点写作）差异情况表

	是	否	T 值	P 值
初一上期末语文成绩	79.46	76.44	7.47	0.00***
初一下测评语文成绩	81.54	78.00	8.12	0.00***
识记得分	11.93	11.17	7.60	0.00***
理解得分	23.55	22.58	5.99	0.00***

	是	否	T 值	P 值
分析综合得分	11.72	10.85	7.62	0.00***
鉴赏评价得分	10.24	9.72	5.92	0.00***
表达应用得分	41.88	40.56	6.97	0.00***
探究得分	2.77	2.70	1.75	0.08*

*$p < 0.1$, **$p < 0.05$, ***$p < 0.01$

发现：经常写批语指点学生作业的教师，其学生的语文成绩和能力得分均显著更高。

七、语文教师留给学生的感觉与学生学业成绩差异

1. 学生对教师评价（讲课精彩）与成绩差异情况表

	不符合	符合	T 值	P 值
初一上期末语文成绩	74.00	79.24	−8.50	0.00***
初一下测评语文成绩	75.10	81.23	−9.27	0.00***
识记得分	10.60	11.88	−8.43	0.00***
理解得分	21.69	23.49	−7.35	0.00***
分析综合得分	10.30	11.65	−7.82	0.00***
鉴赏评价得分	9.32	10.20	−6.48	0.00***
表达应用得分	39.64	41.75	−7.30	0.00***
探究得分	2.43	2.76	−5.08	0.00***

*$p < 0.1$, **$p < 0.05$, ***$p < 0.01$

发现：语文教师留给学生的印象是讲课精彩，其学生的语文成绩和各方面能力得分均显著更高。

2. 学生对教师评价（认真负责）与成绩差异情况表

	不符合	符合	T 值	P 值
初一上期末语文成绩	73.76	79.14	−7.16	0.00***
初一下测评语文成绩	74.84	81.11	−7.77	0.00***
识记得分	10.52	11.85	−7.26	0.00***
理解得分	21.42	23.46	−6.82	0.00***
分析综合得分	10.21	11.62	−6.71	0.00***
鉴赏评价得分	9.29	10.18	−5.39	0.00***
表达应用得分	39.71	41.70	−5.62	0.00***
探究得分	2.52	2.75	−2.96	0.00***

*$p < 0.1$, **$p < 0.05$, ***$p < 0.01$

发现：语文教师留给学生的印象是认真负责，其学生的语文成绩和各方面能力得分均显著更高。

3. 学生对教师评价（成绩不理想会给予鼓励）与成绩差异情况表

	不符合	符合	T 值	P 值
初一上期末语文成绩	75.38	79.44	−9.12	0.00***
初一下测评语文成绩	77.09	81.41	−9.02	0.00***
识记得分	11.03	11.91	−8.08	0.00***
理解得分	22.32	23.53	−6.86	0.00***
分析综合得分	10.86	11.67	−6.49	0.00***
鉴赏评价得分	9.57	10.23	−6.73	0.00***
表达应用得分	40.17	41.83	−7.92	0.00***
探究得分	2.51	2.78	−5.67	0.00***

*$p < 0.1$, **$p < 0.05$, ***$p < 0.01$

发现：学生认为语文教师在自己成绩不理想时会给予鼓励，其语文成绩和各方面能力得分均显著更高。

4. 学生对教师评价（有人格魅力）与成绩差异情况表

	不符合	符合	T 值	P 值
初一上期末语文成绩	73.53	79.46	−11.49	0.00***
初一下测评语文成绩	75.11	81.43	−11.39	0.00***
识记得分	10.67	11.91	−9.81	0.00***
理解得分	21.77	23.54	−8.57	0.00***
分析综合得分	10.42	11.68	−8.68	0.00***
鉴赏评价得分	9.20	10.24	−9.19	0.00***
表达应用得分	39.41	41.84	−10.01	0.00***
探究得分	2.43	2.77	−6.23	0.00***

*$p < 0.1$，**$p < 0.05$，***$p < 0.01$

发现：语文教师给自己学生的印象是有人格魅力，其学生的语文成绩和各方面能力得分均显著更高。

基于以上数据分析和研究发现，我们给初中语文教师提出以下建议：

其一，在语文教学方面，尽量少从网上直接下载课件和从其他教师处获取教学设计，多查阅教学参考书、搜集素材，基于自己学生的实际，多自行设计制作教学课件，更有助于梳理教学思路，把握教学重点，提升教学质量。合理安排语文课堂教学内容，在课堂上适当为学生提供自主研究学习、同学间交流合作的时间，有利于增加学生上课的参与感和获得感。适当运用多媒体教学设备来创设情境，使课堂教学活动变得活泼生动有趣，富有启发性、真实性。可以在班内多组织演讲、课堂展示等活动，鼓励学生当众发表自己的观点，并制定一定的奖励机制。在课堂上，适度增加与学生的互动，多提问，并鼓励学生举手发言。

其二，在作业布置方面，每日的作业量在 30 分钟左右为佳，数据显示作业完成时长超过 1 小时，学生就会产生疲惫感和厌烦感，质量和效果都比较差。低学段抄写、默写、背书和做习题等传统语文作业形式虽然是夯实基础的必要手段，但是在提升学生的语文成绩和综合能力上，开展课题研究和实践活动等更具有探究性质的作业会更胜一筹。所以，在作业布置上要"减负"，控制作业数量，提高作业设计质量，多创设情境，设计与语文课程内容有密切关联的研究性题目和实践活动类题目。

其三，在阅读指导方面，教师可以在学期初动员全班同学制定自己的学期阅读计划，鼓励学生按照自己的节奏阅读，每周阅读时长在 3 小时以上的学生可以得到一定的奖励。教师可以为学生制定推荐书单，阅读的书目不局限在课标推荐读物，散文类、小说类和历史故事类的书籍均对提升语文成绩有显著积极影响。在阅读时，注意培养学生圈画、摘抄的习惯，鼓励学生在阅读后写读书笔记并与家长、同学分享阅读感受，在增长见识的同时，显著提升学生的逻辑思维能力和表达能力，一举多得。

其四，在写作指导方面，鼓励学生多写作，每周布置写作练习。数据分析显示，每周练笔字数在 1000—2000 字的学生，其写作能力显著优于同龄人。经常对学生的习作进行讲解和点评，多为学生的习作写批语能够起到很好的指引效果。鼓励学生经常与自己的同学交流写作内容和写作方法，或者与家长分享最近的写作体会，这两种途径均有助于提升学生的写作能力和表达能力。

其五，在师生交流方面，加强与学生的交流，利用课后辅导时间及时向学生提供语文学习反馈信息，了解学生近期的学习状态。学生长期处于高压、焦虑状态不利于学习，而近半数的学生又不愿意主动找老师沟通。所以，语文教师应该多留心观察，或者通过小纸条、情绪信箱等方式间接了解学生的情况，并在适当的时候给予学生一定的鼓励，拉近与学生的距离，构建和睦的师生关系，这些都明显有利于学生语文学业成绩的提升。

第五章

基于数据分析的语文行动

第一节 基于"学生—教师—家长"匹配数据分析的语文行动

一、区域推介中学语文教与学策略调整 30 条

基于匹配大数据分析结果，自 2021 年 12 月开始，我们在深圳市福田区各初中学校推介中学语文教与学行为调整策略。为便于操作，从研究发现中提取了分别针对学生、教师、家长的 30 条策略。

1. 学生学习策略调整 10 条

① 养成定时练字、读书批注、写读后感的习惯；

② 课堂多举手发言；

③ 多当众发表自己的观点和看法；

④ 每周写作 1000—2000 字；

⑤ 每周背诵一两首诗文；

⑥ 每月读 1—2 本书；

⑦ 每天有 1 小时左右的阅读时间（多读小说、散文、历史类书籍）；

⑧ 多从事具挑战性的语文学习活动（制作课件、视频剪辑、编导、采访、编文集、文学创作、改编戏剧、戏剧表演……）；

⑨ 多参与文娱活动和体育锻炼；

⑩ 多看新闻并能参与热点述评。

2. 家庭教育行为调整 10 条

① 增加家中藏书数量，基于孩子阅读兴趣增加投资；

② 多看孩子作文并能及时表扬；

③ 多些亲子共读；

④ 与孩子一起看语言类节目；

⑤ 每月看一两次电影；

⑥ 每学期一两次外出旅游；

⑦ 多倾听孩子讲学校的事；

⑧ 多与孩子分析成败原因；

⑨ 孩子成绩下滑时及时给孩子鼓励；

⑩ 多倾听孩子讲学校的事。

3. 语文教师教学行为调整 10 条

① 每周定期组织学生练字 2 次以上；

② 每周让学生写作练习 2—3 小时；

③ 每周组织学生阅读 3 小时以上；

④ 课堂多运用材料自己制作课件；

⑤ 课堂留有学生自主研究学习和交流学习时间；

⑥ 作业多写评语指点；

⑦ 多设计和布置课题研究和实践性语文活动或作业；

⑧ 情绪稳定、讲解清晰、耐心；

⑨ 有亲和力，能吸引学生主动来交流学习、生活问题；

⑩ 能适当使用多媒体技术，知识点讲解清晰，课堂精彩有吸引力。

二、成立专项科研团队，细分中学语文循证研究项目

即便已经获得不少研究发现，还有基于数据分析的教与学的策略推介，但这距离我们期待的循证语文教学仍然有距离，正如前文我们提及一线教师期待的是解决具体问题的"良药"，并不那么需要概念正确、放之四海而

皆准的结论，不那么需要人人皆可服用的"维生素"。所以，循证语文教学深度推进不仅要有数据分析的结论，有基于此的干预策略，更需要详细的操作过程、实操结果，以及这些过程给我们的启示与思考。目前中学语文循证教学研究需要进一步推进，每一项基于大数据分析的观点，需要在教与学的实际过程中探究如何实施，而且不同的实施过程会有怎样具体不同的结果。我们需要有具体实施的细节，包括实施的具体规划、如何落实、落实过程、遇到的问题、如何解决或调整、阶段成效、得失评价、如何进一步调整……还包括综合多种实施现象，获取更为优化的教育学策略等。要把这些工作做好是个极其浩大的工程，每个项目都需要有研究人员，而且他们还要真正明白研究的目标和价值。

2022 年 4 月，我们以深圳市陶波教科研专家工作室为依托，组建了一支 50 多人的研究队伍，展开进一步的深入研究。

1. 确立项目研究框架

研究对象	研究方向	具体研究内容	研究方法
学生	学习方法	每周定时练字	重点关注并记录 3 个以上愿意参与实验的学生，布置具体练字时间和练字内容，记录练字效果，鼓励学生坚持并比较其语文成绩和语文学习表现的变化
		读书做批注	重点关注并记录 3 个以上愿意参与实验的学生，持续督促其读书并做批注，记录所读内容和主要批注内容，鼓励学生坚持并比较其语文成绩和语文学习表现
		写读后感	重点关注并记录 3 个以上愿意参与实验的学生，持续督促其读书并尽可能多地写读后感，记录读了哪些书，写了哪些读后感，鼓励学生坚持并比较其语文成绩和语文学习表现的变化

研究对象	研究方向	具体研究内容	研究方法
学生	学习方法	课堂多举手发言，多当众发表自己的观点和看法	重点关注并记录 3 个以上愿意参与实验的学生，持续鼓励其上课多举手发言，多当众发表观点和看法，多创造机会多点名让他们发言，记录他们的发言状况，鼓励坚持并比较其语文成绩和语文学习表现的变化
	学习强度	每周写作 1000—2000 字	重点关注并记录 3 个以上愿意参与实验的学生，每周坚持写作，记录他们写作的内容和写作状态，鼓励坚持并比较其语文成绩和语文学习表现的变化
		每周背诵一两首诗文	重点关注并记录 3 个以上愿意参与实验的学生，每周背诵诗文内容和背诵表现，鼓励坚持并比较其语文成绩和语文学习表现的变化
		每月读 1—2 本书	重点关注并记录 3 个以上愿意参与实验的学生，督促每月阅读 1—2 本书，鼓励坚持并比较其语文成绩和语文学习表现的变化
		每天有 1 小时左右的阅读时间	重点关注并记录 3 个以上愿意参与实验的学生，每天阅读 1 小时，督促阅读并记录阅读内容和阅读效果，鼓励坚持并比较其语文成绩和语文学习表现的变化
	学习情绪	每天语文学习任务完成情况的态度	选择觉得自己无法完成语文学习任务的 3 个以上学生，咨询真实是否能完成，支持鼓励其完成并调整心态，记录态度变化并关注成绩变化
		遇到挫败时很容易发脾气	记录 3 个以上愿意参与实验的学生，可选择面对学习困难时易发脾气的学生，咨询其学习困难，帮助其调整情绪，支持鼓励其少发脾气，记录脾气变化并关注成绩变化

研究对象	研究方向	具体研究内容	研究方法
学生	课外活动	阅读课外书类型	记录3个以上愿意参与实验的学生，详细记载其阅读课外书书目，并鼓励其阅读散文类、小说类、历史故事类等课外书，记录阅读过程，关注成绩变化
		参与文娱活动和体育锻炼	记录3个以上愿意参与实验的学生，可选择不太愿意参加文艺活动和体育锻炼的学生，提供平台鼓励支持其参加活动或锻炼身体，并记录其参与内容、活动成果
	生活状态	看新闻并能参与热点述评	记录3个以上愿意参与实验的学生，鼓励其看新闻，并提供机会让他们多发表对热点社会现象的评述，记录内容和过程，并关注表现和成绩变化
		感觉生活很幸福愉快	记录3个以上愿意参与实验的学生，可选择对生活很不满意的学生，调整其对生活的感觉，记录调节过程方法，鼓励其感知生活的幸福感，记录其表现与成绩变化
教师	教学行为	备课方式：查阅教学参考书、搜集素材以自行制作课件授课为主	比较并记录自己备课方式变化过程，举例说明并阐释效果
		课堂时间分配：课堂上为学生提供自主研究学习、同学间交流合作的时间	记录学生自主研究学习时间与同学合作交流时间每节课有怎样的调整变化，怎么操作，举例说明，阐释并论证效果

研究对象	研究方向	具体研究内容	研究方法
教师	教学行为	多媒体教学时长	多媒体具体如何使用，有怎样的调整，平均使用时间长度，记录调整过程，阐释并论证效果
		批阅作业频率：每天作业及时批阅并反馈	及时反馈作业批阅调整情况，记录过程，阐释并论证效果
		作业多写评语指点	作业评改评语和指导方式调整情况，记录案例，阐释并论证效果
	作业要求	每周定期练字2次以上	定期要求学生练字，告之具体怎么操作，记录落实效果
		每天阅读15分钟以上	记录布置了怎样的读书作业，阅读时间多少，怎样督促检查，落实效果如何
		每周要求写读书笔记	要求学生写怎样的读书笔记，怎样督促检查，落实效果如何
		定期训练（1000—2000字）和讲评作文	如何落实每周的习作任务，如何定期讲评作文，训练了怎样的作文，怎样有重点地讲评，效果如何
		布置作业的形式：多开展课题研究和实践活动等更具探究性质的作业	记录作业布置有怎样的变化，具体内容是怎样的，学生完成情况，效果如何
	工作状态	掌握先进的教育理念和专业的教学技能	记录自己怎样阅读，接受和调整了怎样的教育教学理念，学习和调整了怎样的教学技能，有怎样的效果变化

研究对象	研究方向	具体研究内容	研究方法
教师	工作状态	充分掌握教学进度，及时向学生提供学习反馈信息	记录相对过去自己怎样更好地掌握了教学进度，怎样及时与学生沟通教学安排方面的信息，取得了怎样的效果
		与同事、学生及家长建立友谊，借此开展教育活动	记录与同事、学生、家长相处关系做了怎样的调整，通过这些调整学生学习成绩有了怎样的变化
		充分激发学生的主观能动性，建立积极融洽的班级氛围	记录作为语文教师兼班主任做了怎样的工作，建立了怎样的班级氛围，这个氛围如何影响语文学业成绩
		对教育教学工作充满热情和积极性	记录对语文教学工作的热情及各种活动的积极性有怎样的变化，对学生语文学业产生了怎样的影响
		愿意尝试新的教学模式	记录尝试了哪些不同教学模式，这些尝试带来了怎样的变化
		愿意为了学生牺牲自己的休息时间	记录自己如何更愿意为学生牺牲休息时间，这种牺牲学生是否知晓，带来了怎样的变化
		工作时面对突发问题能保持情绪稳定	记录自己如何更从容应对突发问题和事件，自己情绪心态的变化，对学生语文学习的影响
家长	教育投入	语文学科支出占教育支出比例	记录孩子语文教育教学支出状况变化，孩子语文学习表现及学业成绩变化
		家庭藏书量	记录家中藏书有多少，是否有变化，主要在哪些类别上变化，有何效果

研究对象	研究方向	具体研究内容	研究方法
家长	教育投入	家庭学习资源数量	记录家中各类便捷的学习资源有哪些，有没有什么变化，这些变化对孩子语文学习表现与学习效果的影响
	语文辅导	对子女语文学习关注	记录关心孩子语文作业和交流作业内容情况，关注频率、交流频率与交流内容，孩子语文学习表现与学业成绩变化
		辅导子女语文作业	记录辅导方式和辅导频率调整，有怎样的效果变化
		每月阅读子女作文并交流次数	记录阅读孩子作文内容和交流内容，效果和影响如何
	亲子活动	亲子阅读	记录与孩子一起读了哪些书，有怎样的交流，效果与影响如何
		亲子语言文化类活动	记录与孩子共同观看《中国诗词大会》《朗读者》等语言文化类节目或者共同玩成语、诗词类等游戏，具体活动内容及活动效果如何
		每月观看电影次数	记录观看电影内容及产生的效果
	教养方式	家长与子女讨论学习成功或失败的原因	记录孩子语文学习成功与失败的经历，在此过程中自己如何与孩子交流讨论，效果和影响如何
		家长会在子女成绩不理想时给予鼓励	记录是怎样不理想的情状，如何鼓励，效果和影响如何
		家长会管理子女的娱乐玩耍时间	记录详细的娱乐时间管理情况，效果和影响如何

研究对象	研究方向	具体研究内容	研究方法
家长	教养方式	家长对孩子的情绪如何？是否因为使用手机忽略子女或表现出不耐烦	记录自己对孩子的情绪，以及如何使用手机忽略孩子或者如何不忽略孩子，效果和影响如何
		家长阅读状况	记录家长自己是否在持续阅读学习，具体阅读学习内容是什么，对子女是否有影响，效果如何

2. 将整个研究活动分为学生、教师、家长 3 个维度，12 个板块

其中学生维度包括学习方法、学习强度、学习情绪、课外活动、生活状态 5 个板块；教师维度包括教学行为、作业要求、工作状态 3 个板块；家长维度包括教育投入、语文辅导、亲子活动、教养方式 4 个板块。

12 个板块内包含 46 个小项目。

2.1 学生维度

①学习方法板块：每周定时练字、读书做批注、写读后感、课堂多举手发言、多当众发表自己的观点和看法等 4 个项目。

②学习强度板块：每周写作 1000—2000 字、每周背诵一两首诗文、每月读 1—2 本书、每天有 1 小时左右的阅读时间等 4 个项目。

③学习情绪板块：每天语文学习任务完成情况的态度，遇到挫败时容易发脾气 2 个项目。

④课外活动板块：阅读课外书类型、参与文娱活动和体育锻炼、看新闻并能参与热点述评 3 个项目。

⑤生活状态板块：感觉生活很幸福愉快 1 个项目。

2.2 教师维度

①教学行为板块：备课方式、课堂时间分配、多媒体教学时长3个项目。

②作业要求板块：批阅作业频率、作业多写评语指点、每周定期练字2次以上、每天阅读15分钟以上、每周要求写读书笔记、定期训练（1000—2000字）和讲评作文、布置作业的形式、多开展课题研究和实践活动等更具探究性质作业等8个项目。

③工作状态板块：掌握先进的教育理念和专业的教学技能；充分掌握教学进度，及时向学生提供学习反馈信息；与同事、学生及家长建立友谊，借此开展教育活动；充分激发学生主观能动性，建立积极融洽的班级氛围；对教育教学工作充满热情和积极性；愿意尝试新的教学模式；愿意为了学生牺牲自己的休息时间；工作时面对突发问题能保持情绪稳定等8个项目。

2.3 家长维度

①教育投入板块：语文学科支出占教育支出比例、家庭藏书量、家庭学习资源数量3个项目。

②语文辅导板块：对子女语文学习关注、辅导子女语文作业、每月阅读子女作文并交流次数3个项目。

③亲子活动板块：亲子阅读、亲子语言文化类活动、亲子观看电影次数等3个项目。

④教养方式板块：家长与子女讨论学习成功或失败的原因、家长在子女成绩不理想时给予鼓励、家长管理子女的娱乐玩耍时间、家长是否会因为使用手机忽略子女或表现出不耐烦、家长阅读状况等6个项目。

我们特别强调，整个研究倡导兴趣导向，不是硬性摊派任务，而是首先跟团队成员讲明白目前的一些数据分析报告、研究成果、接下来的研究方向和研究价值，并呈现了研究框架，请大家各自规划专业发展方向，语文教师自主自愿选择研究项目。

总体而言，项目研究是通过选择一定的策略，对学生家长和语文教师语文教学相关联行为予以调整，各自选择自己感兴趣的、有价值的点去做有目的的干预实践，并详细地记录具体的干预办法、过程、变化、感悟和评价结果等。

三、要获取"行的知"

在教育界，有很多很好的教育成果、教学方法、教学模式无法推广应用，给人的感觉是说起来一回事儿，做起来是另一回事儿，推广应用的时候"水土不服"很普遍，为什么？

因为教育教学和其他研究不同，最大的区别就是教育教学是人与人、人与环境、人与资源、人与文化等等多因素的综合作用，其中的变量很多，而且难以把控，任何一个变化都会影响整体结果。

现实生活中很多学习都是概念化的了解，并没有真正理解。所以，在这个知识爆炸、信息过载的时代，"知道式"的学者很多，但知行合一的稀缺。所以，有必要特别注意王阳明知行合一的内涵。知行合一很多人都知道，但为什么人们一想到这个词就会想到王阳明呢？因为王阳明特别强调"行的知"，并认为"行的知"才是真知，"行了知了"才是真正的知行合一。

现在的问题是知的多，行的少。

不从事一线具体教学的专家，概念化的"知"或许行得通，这样的专家在教育界有很多，如果想听，打开网上的各种平台，每天都能听到各种各样这般专家的讲座。没在讲台上站几天，也没见有什么突出的教学成效，但凡有人请讲，搜集一些文献或者网上找一下相关资料，就可以口若悬河地讲起来，而且还能跨界讲，什么都敢接，什么都敢讲。有些所谓的专家掌握了一些讲授的技巧，譬如图片＋视频，外国研究＋名家说、数据＋思维结构图……一些时髦的概念，能把一线教师弄得眼花缭乱、心服神往，但听完后冷静思考，又觉得空空如也。

但我们做一线教育教学行动研究不能这样，在一线不能只是"了解式的知"，要具体而微地行动，要有"行的知"。

我们这个团队的研究，就是要获得"行的知"。

比如我们通过实证研究发现，每天课外阅读30分钟以上学生的语文成绩显著高；又比如我们通过数据调研分析发现每周坚持练笔1000—2000字的学生语文成绩显著高。在实践中应用这个观点的时候，我们要通过自己的行动研究来证实或证伪，而且要经过行动后，这个观点才能真正成为我们"行的知"。

在行动研究中要观察各种变量，掌握变量的变化规律，比如，即便是学生每天有30分钟的课外阅读，那么是学生自由课外阅读30分钟，还是在老师指导下系统的结构化阅读30分钟？这两种阅读哪一种更加有效？有怎样的效果差别？

有没有即便是学生每天保证了课外阅读30分钟，但其语文学习成绩不仅没有更好，反而更差的现象？

同样是阅读30分钟但不同层次的学生会不会有很大的差别？

不同的教师在落实这个30分钟的时候，内容肯定有差异，调控也会有差别，效果会不会也有差别？而这些差异产生的原因是什么？

这些都需要通过行动研究找到具体的答案，然后通过这些答案分析出一些更深层次的、更具体的实践知识。

又比如，我们让学生每周练笔1000—2000字，同样有很多具体问题迫切需要获得答案。每周1000—2000字本身就是一个比较大的数量区间，不同教师指导的内容不同，学生笔下写的内容就不同。更重要的是，学生在写的时候，情绪、兴趣、态度都是不一样的，有的是饶有兴趣地写，有的是被迫写；有的很有方向感，有的是随意地写；有的是碎片化地写，有的是系列化地写；不同的行为一定会产生不同的结果。

会有怎样的结果？同样需要通过我们较长时间的行动研究，才能真正弄明白。

我们就是要通过这些具体的、详细的过程研究，找到差别。更重要的是，通过这些细致的过程记载，探索出一些规律性的东西，这才可能是特别有价值的关键知识，也是一线教师特别需要的实践操作知识。

语文教育教学有很多概念化的东西，听起来好像很有用，其实不仅没有什么用，还可能有坏处。比如经常有人给学生和家长开出的提高语文学习成绩的万能药方：多读多写。听起来好像是对的，但具体如何操作呢？多读多少？读什么？什么时间读？为什么读？读了有啥效果？多写多少？写什么？什么时间写？……都没有给出科学的有针对性的回答。在这个学科众多、信息爆炸、书籍泛滥的时代，让学生漫无边际地、没有时间观念地多读多写，恐怕是有害而无益的，因为每个人的时间是有限的。

所以，我们的研究是基础研究，是行动研究，不是停留在一些概念化的口号上，停留在一般概念化的方法策略上，而是从寻求真理的角度转入科学化的、精细化的、精微化的深入研究。

占有大量过程与细节的资料，从大量资料和大量现象中探寻一些更有价值的精微知识。从这个角度去研究，任何一个研究都是全新的、创造性的，也都是有特别价值的。

科技竞争已经进入了精微时代，犹如芯片，即便我们知道其中的原理，能有各种设计，甚至设计得更先进，但就是无法做出来，为什么？因为我们缺乏精细化的制造工具和精细化的制造技术。事实上有很多真知，有很多精微的知识都蕴含在轮扁斫轮的道理中。这也是我们常常感慨的"懂了一堆道理，但仍然过不好一生"的原因。

关于教育教学改革，其实大家早都知道势在必行，看看苏霍姆林斯基和他的帕夫雷什中学，其中所蕴含的"知"，到现在都历久弥新，但只是概念化的传承，效果有限，而且极容易走样、变形。

正如有哲学家说，关于人文领域的一些问题，2500 年前古圣先贤已经回答得差不多了，而我们要做的是如何结合我们的时代更合宜地去落地。

我们现在的研究，本质就是怎样去具体而微地落实、落地，在落地的过程和细节上获得真知，获得"行的知"。

四、行动研究怎样做？

我们做的是微观的教育行动研究和实证研究，要和实际的教学工作紧密结合，如果有增量就是相对系统地记录某些真实的教与学的行为过程。

譬如基于我们第一期研究显示，学生如每周练笔 1000—2000 字，学业成绩显著高。如果我们选择这个研究项目，想用行动研究来证实或证伪，具体怎么做？

行动研究就是基于自己所带班、年级、学校的学生或者是选择部分学生，持续激发、唤醒、驱动和支持他们去持续落实每周 1000—2000 字的练笔。

在这个过程中，有两个方向的行动研究记录很有价值：

其一，教师主动干预过程。作为老师，如何激发、引导、规划、设计、落实、评价学生每周的练笔内容、方向、方法、时间等？如何设计练笔任务？内容是否有点逻辑或结构化？能否与课程教材教学紧密结合？能否与热点人文主题紧密结合？练笔任务是否有开放性？学生是否乐意写？是否给学生足够的自由空间，去充分发展其聪明才智？等等，从教师角度推进落实这一学习行为过程的种种情景和细节都要记录。

其二，学生每周练笔的过程、态度、情绪、成果等。学生基于教师的指导落实了每天的练笔，部分甚至全部的练笔内容还提交给教师，作为老师如何对学生的过程、态度、成果予以评价？这些内容教师可以通过观察记录，也可以让学生自己谈一谈、写一写行为态度、行为认知、行为表现。学生成果可以选择部分或全部拍照留存，好的成果还可以由教师帮学生或者让学生自己转化为文档，作为重要的行动研究资料，用不同的形式在公众号平台或其他自媒体上发布，这样既能保留研究轨迹，用于总结反思，还可以对学生有推动和促进作用，一举多得。

这些微观、具体的研究工作单独一次看不出价值，如果能坚持每天做、每周做，就一定会有明显价值；如果能坚持一学期、一学年，无论是研究的教师还是参与的学生，一定能有看得见的收获。

以上是根据经验例说行动叙事内容，希望其他单项研究都遵循这个行动研究的方法，期待所有研究成员能充分发挥自己的聪明才智，探索出更有创造性的研究路径。

可能有人说，每天写，不知道要写什么。我们的行动叙事研究，并不是简单要求大家每天写200—300字，而是平均这个量，这是底线。

如果真有明确的干预策略或者是行为变化策略，详细记录每天、每周如何施策、如何变化，一段时间后学生检测数据上有没有变化？有怎样的变化？认真地去做这样的研究，一周可以记载下来的东西一定会超过1000字，底线任务是对那些不愿意做的人而言，对于真有兴趣于这个研究的人而言，应该跟没有任务一般，因为有没有要求，每周研究记录都会远远超过这个数字……

如果长期这样研究积累下去，一定会产生出特有的价值和丰硕的成果，而且这些成果会打上研究者个人的烙印，方法、策略、微观变化都是只有自己才真正懂得，别人都是概念化的了解。

这个研究不仅有教的行为的真实变化，还有学的行为的真实变化，有变化的原理、变化的措施，还有过程性评价、阶段性评价，还有借助各种数据的评价，这是科学的评价。

五、研究可能遇到的疑问

1. 对象如何确定

起点是3个以上，但越多越好，最好是自己所带班级的所有学生。样本大，研究结果才更科学。可以自己选择对比对象，也可以不选择，因为同年级其他班或其他学校学生都可以是对比对象。

2．具体研究什么

46 个项目，每一个项目都是基于 2020—2021 年度深圳市福田区 13652 名初一学生（现在初二）两次检测成绩，再结合我们设计的关联学生、教师、家长问卷调研（7888 项有效匹配数据）结果，请北京大学大数据实验室通过数理统计分析得出的相对科学的能影响学生语文成绩的因素。也就是说，46 个项目不是凭空想象的要素，而是第一阶段数理统计分析的结果。

目前，我们的课题研究已进入第二阶段，即运用第一阶段得出的能影响学生语文成绩的因素，采取有明确目的、有实际措施的行为和策略调整，包括指导学生调整语文学科"学"的行为、教师改变自身的与语文教学相关的行为、指导家长调整其教育自己孩子学语文的行为和自身行为。

目的是通过一段时间这样的行为和策略的调整，看看学生的语文学习效果有没有变化，具体又会有怎样的变化。

3．研究难度在哪里

其一，各个维度各个项目的行动研究的翔实路径、策略、效果（这是我们团队着力要突破的事）。

其二，水平变化的检测工具（我们团队研制）。

其三，关联学生、教师、家长的三方调研问卷的研发（我们团队 + 北大）。

其四，实证叙事研究数据，水平检测数据和问卷数据的数理统计分析（北大）。

4．团队成员如何开展研究

第一，全面了解我们这个科研项目的缘起和研究方向、程序、目的等。

第二，基于自己的工作实际和个人兴趣爱好选择自己的行动研究方向。

第三，制定自己的行动研究计划，确定研究对象，立即行动起来。

第四，记录自己的行动研究过程，包括运用的策略，实施的内容，研究对象的实际落实情况。

5.效果如何评价

如果行动研究关联的深圳市福田区初二年级学生，下学期期末会有区级检测，检测数据能在一定程度上验证我们半年的行动研究效果，2022年4月又会有区级检测，检测数据能验证一年行动研究的效果（年级整个区有13652名学生，辅助以北大帮助我们开发的学生、教师、家长三方数据）这样研究的科学性应该是有保障的。

如果关联的不是福田区初三年级学生，参与课题组的教师要收集目前所带学生的多次检测成绩，为后续经过一个学期乃至一个学年的行动研究做参照。需要参与成员自己撰写学业水平变化和行动研究关系的分析报告。

6.成员、项目组长、板块组长、维度组长主要工作有哪些

成员：认真落实行动研究，要有计划、目标，要有落实计划和目标的策略、具体措施、过程叙事效果评价。

项目组长：在团队成员研究任务的基础上，建立项目微信群，定期收集项目组成员研究材料，组织项目组研讨交流会，交流讨论研究过程中的疑问和成果，及时向板块组长提交过程性研究材料。

板块组长：在团队成员研究任务的基础上，建立板块内各项目组长的微信群，定期收集项目组长汇总的项目组过程性研究材料，并组织项目组长交流研讨会，交流讨论研究过程中的疑问和成果，及时向维度组长提交全部板块过程性研究材料。

维度组长：在团队成员研究任务的基础上，建立维度内各板块组长的微信群，定期收集板块组长汇总的板块组过程性研究材料，并组织板块组长交流研讨会，交流讨论研究过程中的疑问和成果，及时整理全维度过程性研究材料。

7. "走多快"与"走多远"

46个项目，如果方向正确、路径科学、过程详细可靠，每一个研究结果一定能在语文教育教学研究的学术史上留下印记。如果46个项目，每一个都能留印记，综合起来就一定会成为后续语文教育教学研究者不可忽视的重要成果。

愿我们每一个项目的研究都科学、严谨、真实，可以实现单项突破。愿我们形成合力，拥有长期价值，一起向未来！目前，我们迫切需要大家积极行动起来，基于自己的选择，探索出具体的单个或多个维度研究的范例。有了范式，我们就能及时交流、论证、修订、参考、推广、应用……

第二节　中学语文循证教学实践案例与反思

目前，有46个小项目已经开启实践研究，每个项目都拟定了具体的研究计划，个别项目已经实践研究1—2个学期，研究小组也召开了实践初探案例交流与反思会。在此，呈现几个项目实践研究的过程和思考。

一、家庭藏书与学生语文学业水平的循证研究

这个项目由福田区红岭石厦学校林楚涛负责，林老师已经做了半年的研究，主要研究步骤和思考如下。

（一）征集研究对象，建立研究群

语文成绩提高循证研究家长群 (31)

> 亲爱的家长们，欢迎大家进入这个课题研究，从进入的时候开始，大家就要做好心理准备了，我们在进入研究之后将会进行大量的工作，比如我会对您进行访谈、调查，对孩子进行观察，必要时候还会通过家访进行实地考察，而大家需要撰写大量实施材料以跟进孩子的阅读情况。我相信通过我们一两年的研究，从家长的角度切入，会改变孩子的语文学习情况。现在我想说的是，如果没有时间或无法坚持的家长可以选择退群，因为如果您长期没有按照我们研究的进度提供数据或材料，可能很抱歉，我会请您退出实验。

研究群示例

以下为林楚涛老师的研究过程叙事与反思。

家长的热情远超需求，尽管我们多次申明入群的规则，强调被试的条件，建群当天依然有 35 名家长主动入群。于是，这一现象本身成为我思考的起点，它看似题外，实指核心，延展出作为研究前提的种种疑惑：家长们在加入之前是否了解我的研究意图？如果了解，他们出于何种心态加入？如果不了解，他们为何加入？他们能否对我的研究提供我需要的支持？循着这些思考痕迹，我开始一点点缀连我所看到的家庭阅读乃至家庭教育的真相。准确地说，从我向家长发出征集的那一刻，研究就开始了。

必须承认，项目名称中"学生语文成绩提升"是一个极其诱人的字眼。在"卷"成为热词的时代背景下，教育及其相关的话题都自带热度，提升语文成绩作为一种指向明确的愿景，更能击中家长已经敏感而焦虑的神经。在参与课题之前，多数家长已经为孩子语文成绩并不理想而感到困惑，其中有经常阅读但语文成绩依然不佳的孩子，也有对语文学习不感兴趣的孩子。在"得语文者得天下"的言论甚嚣尘上、考试改革不断提高语文学科地位的背景下，对孩子语文学习成绩的焦虑成为大部分家长愿意参与课题的内在驱动力，这应该是合理的结论。

这种带着焦虑情绪和美好愿景进入课题的心理状态是值得"同情和理解"的，但我们更希望家长能保持一种正视研究的理性。因为愿景的迷惑性在于它以结果导向过滤了通往结果的进程，但循证研究的科学性在于以丰富的过程性材料呈现不同的可能。一旦"学生语文成绩提升"这一预期结果在不同心理状态中产生必然与或然的理解偏差，那么可能会成为研究者与被试思考的分歧。事实上，我从一开始就已经意识到这种可能的分歧，并试图对此进行研究前提的设定：本研究不是为大家提供提高孩子成绩的方法，也不是为大家提供语文学习的资料，而是通过家长的参与投入，从家庭语文教育投资到藏书提质到文化生活提质等方面的改变，来跟进孩子学习。所以如果是希望孩子语文成绩能在短期内提升的家长，可能会有点失望；但如果是从长远关注孩子未来发展的家长，愿意坚持并配合的家长，应该会在以后感受到孩子的变化。

这段开场白的目的在于消解课题关键词可能引发的愿景期待，但它还是有充满功利主义的煽动性。因此，从后续家长参与的情况看，它并没有达到应有的让家长理性加入的效果。心理学实验的研究表明，被试并不是消极被动的，被试可能会自发地对实验者的实验目的产生一个假设或猜想，然后再以一种自以为能满足这一假想的实验目的的方式进行反应。学生语文成绩提升是一个非常迷人的假设，为了达到这个假设，家长可能会不自觉地以主观诉求干预正常的研究步骤，这可以解释很多参与研究的家长为什么一开始就迫不及待要求我提供阅读书单、进行读法指导了。

（二）下发调研问卷

林楚涛设计了简单的问卷，并发布在他所建立的研究群中。

1. 基础资料

您的身份（×××的爸爸/妈妈）	
您的教育水平	
您的职业	
家庭每年可用于购书的预算	

2. 请您统计家庭藏书情况（不包括孩子的教材及教辅资料）

类别	数量	藏书总量
文史		
社科		
科技		
职业		
报刊		
其他		

3. 您的家庭藏书主要来源或渠道是什么？

4. 您对家庭藏书现状是否满意？请从质量和数量两方面加以说明。

5. 如果要进一步提升家庭藏书品质，您认为您需要做什么？

6. 您需要寻求哪些家庭藏书方面的帮助？

7. 请结合以下材料，阐述您对家庭藏书作用的认识。

以下为林楚涛研究过程叙事与反思。

除了受焦虑情绪的影响，不少家长的态度还有点"暧昧"。比如，在前期的征集中，有一些家长是犹豫不定的，虽然他们经过思考以没时间为由退出，但最终又希望能共享参与研究的家长所能获得的资源。也有个别家长前期积极地加入了群聊，但是在后续的研究过程中却缺席——没有填交问卷，也没有任何回应，或者虽然提交问卷，但是回答得粗糙而马虎。有趣的是，还有个别家长先是加入，看到我下面这段话后又选择了退出。

我说："我们在进入研究之后将会进行大量的工作，比如我会对您进行访谈、调查，对孩子进行观察，必要时还会通过家访进行实地考察，而大家需要撰写大量实施材料以跟进孩子的阅读情况。我相信通过我们一两年的研究，从家长的角度切入，会改变孩子的语文学习情况。现在我想说的是，如果没有时间或无法坚持的家长可以选择退群，因为如果您长期没有按照我们研究的进度提供数据或材料，很抱歉，我可能会请您退出实验。"

这可能是"劝退"这部分家长的原因，这其实也是当前家庭教育的一种困境，在忙碌的生活状态下，家庭教育的质量被琐屑的日常稀释了。快速运转的时代，中年人忙着应付生活的种种"暴击"，没有时间、精力顾及孩子。

种种"暧昧"的心态，透露出家长们内心的需求，也折射出一种无力感，并不能用急功近利这一简单评语进行定性。在目前结果取向的评价体系中，看重教育精力投入的效能是非常合理也应被理解的行为。起码，这些家长已经试图改变，并且因为有期待而付出了干预的努力，不管这种努力是否具有持久性，敢于直面孩子的教育现状远比麻木不仁的"躺平"更有希望。只是，没有经历过程不可能会走向我们期待的结果，家长还是有必要调试参与课题的心理定位。而通过挖掘家长心态背后的真相并给出积极的引导和改变是我们努力的方向，毕竟，只有改变家长才能改变孩子。

问卷由两个维度构成：一是客观情况的了解，比如"统计家庭藏书情况""家庭购书的主要渠道"等；二是对家庭藏书的主观感受和思考，比如"如果要进一步提升家庭藏书品质，您认为您需要做什么""阐述您对家庭藏书作用的认识""您认为该如何发挥家庭藏书的作用"等。

（三）个案选取与走访问答

为使研究能有质量地持续推进，林楚涛审慎选择研究个案，如从问卷判断家长对课题的态度，选择回答认真、态度真诚的家长，以期他们能为研究提供可能的支持；结合问卷内容与平时对学生的了解情况，寻找具有某些典型特征的家庭作为个案；选择不同类型的家庭，孩子阅读水平和语文学习成绩有明显差异的家庭。

以下为林老师研究过程叙事与反思。

在第一期问卷调查下发后，我也同时感受到家长的真诚，可能他们的功利意识更为隐蔽，但无疑更接近我们需要的被试心态。他们在问卷中积极配合的态度和如实用心的反馈给了我继续深入探究的勇气。在问卷之后的实地观察中，我受到了受访家庭的热烈欢迎和接待，他们坦诚地、不加掩饰地让我看到了原生态的家庭藏书现状；他们花费时间与我进行交流，直面心中的困惑并在寻找解决困惑的方法；他们表达了自己为了孩子的语文教育而坚持的决心，并做好了物力与人力的充分准备。所有这一切都为课题研究的展开注入信心。感谢所有因为课题而与我接触、见面和交流的家长。

在家庭藏书情况的调查中，有一项是家庭每年可用于购书的预算。不少家庭对此表现出足够的慷慨，从动辄万计到上不封顶，家长对藏书的投入不计代价，凸显对家庭文化建设的重视，但是高昂的购书预算与其家庭一二百本的少量藏书却形成强烈反差，预算可观而购书有限，给人的感觉是这种重视停留在预算与期待上，而非落实。也许家长也意识到了这个问题，因为我在问卷中设计了"您对家庭藏书现状是否满意"这道题目，问卷上的答案显示出家长在回答这个问题时一种微妙的心态，他们的答案有很强烈的同一性。

"我对家庭藏书现状不太满意，主要是家里书房太小，好多纸质书没有地方放，所以在数量上没有办法突破，质量尚可。所购书籍都是名家经典，而且我喜欢成套购买，比如《明朝那些事儿》、《三体》、四大名著等，都是正版原著。"

"不满意……文学历史类居多，类型比较单一……近年因为电子书的出现及断舍离的理念，清理掉了家里大部分书籍，同时践行以借代买的做法，需要的书籍从图书馆借，导致家里书籍数量减少，缺乏阅读氛围。"

"不满意，从质量上讲，类型单一。根据孩子自己喜好，买的科普类的书籍比较多，文史类以及时文报纸杂志比较少；从数量上讲，远远不够，也没有养成藏书的好习惯……"

"不满意。受家庭储藏空间所限，收藏的书籍不算太多，其中给孩子看的童书绘本、历史读物、文学著作占大部分。"

这是一个没有预设的提问，但家长们的回答似乎表现一种对"正确答案"的追求。除了少数家长对藏书"基本满意"外，多数家长是"不满意"的，尽管他们列举了非常多现实的有说服力的理由以支撑他们的态度，但答案的字里行间还是让我感觉到一种意识到自己需要反思的"检讨"，以及一定会为孩子而整改的决心，似乎这个问题因为这份问卷的出现才凸显其重要性和紧迫性，而不是出于家长长期关注家庭文化建设后的自觉。这种"异口同声"的回答可能是客观真实的想法，也可能出于习惯性的谦虚，甚至可能是通过"正确答案"来表达对这个课题高度配合的姿态。

不管怎样，上述回答却也很客观地揭示了家庭藏书存在的现状：单一的收藏类型，受制于居住环境的有限空间，科技改变阅读形态后的观念改变。如果足够敏锐，这些现状理应引起我们对家庭藏书价值的重新思考：时代发展的今天家庭藏书是否还如我们所想象的那样重要呢？这里有必要区分家庭藏书作用的变化。传统的家庭藏书与官府、书院、寺庙藏书一起构成了古籍收藏体系，推动了中华文化的传承和发展，比如天一阁、汲古阁等古代著名藏书楼，保存了大量善本古籍，具有较强的收藏价值，推动了版本、目录学等学术的发展，基于世代藏书而成的"书香门第"更是推动了家风传承。随着时代的发展，家庭藏书已经不具备传统以楼阁等专门建筑收藏图书的条件，尤其在寸土寸金的城市，拥有若干个书架的藏书空间已算奢侈。

书籍的多样与多产也使得藏书不再具有收藏价值，更多的是利用价值。如果当下的家庭藏书没有从推进阅读的角度加以利用，那么最终只能沦为一种装点家居品位的文化粉饰。科技发展与城市功能建设更进一步让现代家庭藏书的功能消解，kindle 等电子阅读器、听书等时尚阅读方式的出现改变了我们阅读的形态，而社区图书馆的大量建设和足不出户即借阅到手的便利服务，让现代家庭藏书的价值大打折扣。可以说，现代藏书的功能已经与传统藏书大相径庭，最主要的变化是从收藏到使用，因为家庭藏书的生命在于实际阅读。

今天其实已经无法忽略家庭藏书对孩子教育的重要性，这一点是问卷中家长体现出的清醒与理性，他们对当下家庭藏书有限的使用价值有积极的认识，在提及"如何发挥家庭藏书的功能"时，家长们的回答如下：

"注重阅读氛围的营造，让孩子拥有一定的藏书量，打造明亮、温馨的阅读环境。让孩子自己去整理、收藏书籍，逐步建立与书籍的亲密关系。约定一个家庭阅读时间，放下所有电子产品，一起安静阅读，并适当安排家庭好书分享会，进行交流分享。"

"让家里有阅读的氛围，让自己和孩子都多读书，读好书，提升内涵，让家有书香气。"

"我觉得发挥家庭藏书的作用，就是让家庭成员都爱上阅读，通过阅读与大咖们来一次神交之旅，开拓视野提升眼界，了解世界多元化和丰富多彩，也可以了解真实的人性。"

"制订家庭阅读计划，比如选择一本书，一家人轮流阅读，阅读后阐述自己对此书的感受，加以交流。"

从这些答案中，我们看到家长们没有明确区分藏书的功能和用法：营造学习氛围、提升文化内涵、开阔眼界应该是功能层面的理解，亲子阅读、家庭阅读分享会才是用法层面的理解。功能和用法的混淆正好造成了知与行的偏差，我们发现这些回答证明家长对藏书的认知是科学的，但同时遗憾的是家长的认知与实际上对藏书的利用并不吻合。也就是说，即使认识到了藏书的上述功能，也知道应该发挥上述功能，但很多家长在日常的家庭教育中还是习惯性地忽略对家庭藏书的使用。在对选定个案的家庭现场走访后，我发现很多孩子并没有因为家庭藏书而养成良好的阅读习惯，很多家庭也并没有因为藏书而有良好的家庭氛围，其中不少家庭的藏书并不匮乏，甚至有一些家长有非常好的利用各种图书资源的条件。原因很简单，很多家长自己是不阅读的，在我走访的 4 个家庭个案的 8 名家长中，能坚持长期阅读的不超过一半。繁重的生活压力和琐碎的日常并没有让家长自己成功坚持阅读，更遑论亲子阅读；而没有家长的躬行示范，家庭阅读氛围就只能是意识里的"正确答案"。

（四）个案走访和观察笔记整理

案例一：住房为复式结构，书籍主要藏于二楼小客厅。有一左一右两个精致的书柜，古色古香。比书籍更引人注目的是奇巧的杯盏瓷器，透明花瓶中挺拔的文竹和蔓延的绿萝，显示出主人精心的布置。部分书籍放置在孩子的卧室小书架上。存放于客厅的部分藏书质量较高，且品类繁多，古今中外的名家书籍都有，其中有北岛主编的《给孩子的诗》、杨绛的《我们仨》、史铁生的《务虚笔记》、余华的《活着》等各种纯文学作品，都是让人欣慰的存在。全套的"哈利·波特"系列图书，仿佛是这个年龄段孩子的标配（走访的 4 个家庭都有）。经眼所见，还有类似《人性的优点》《赢在父母》等心理学和教育学类的图书。

书籍并没有系统归类摆放，其中有部分图书是从图书馆借阅的。孩子卧室的藏书并不多，且质量参差，混杂着作文选等教辅资料，字典等工具书，以及"皮皮鲁"等少儿读物，较为集中的是不少沈石溪的动物小说。

孩子的妈妈是群众文化工作站的工作人员，可以充分利用书籍资源，接收到新书出版信息。据家长介绍，很多书籍都是经专家推荐购买或借阅的。爸爸平时主要阅读法律等与专业相关的书籍。

案例二：书籍主要存放于客卧的书柜，部分藏书放在孩子卧室，少量书籍放在主卧小书架上，为家长阅读所需。总体上看，藏书并不算多，种类虽然多样，但质量良莠不齐。好书不少，既有四大名著、鲁迅小说等经典作品，也有语文教材推荐的《猎人笔记》《创业史》《红岩》等书籍，但也有一些网络小说以及戏说历史的书籍，最为突出的是大量的沈石溪动物小说。这些书充斥书柜，在数层书柜几乎随处可见，是当仁不让的主角。还有成套购买的"哈利·波特"系列图书。

书籍的摆放稍欠编次，也许是因为书籍多样，难以明确归类。据家长反馈，购书主要根据孩子需求，凡是孩子喜欢的书籍，或是老师推荐孩子要阅读的书籍、教材推荐阅读的名著，都会购买，孩子的阅读主要依托藏书。此外，爸爸读书较多，房间里有《中国共产党简史》《和儿子一起成长》等书籍，妈妈较少阅读。

案例三：书籍主要摆放在客厅，并排两个大书柜存放，部分书籍放在孩子卧室以及房间通道的小书架上，还有部分书籍放在姥姥家里。书籍并未有非常清晰的编目分类。家长非常遗憾在从东北搬迁到深圳的过程中丢失了部分较好的藏书。总体来看，家庭藏书丰富，且品质非常高，文史占据大部分，其中有部分市面上不再刊行的旧书，可以看得出家长有较为长久的阅读史。

书籍的选择也注重质量，很多文学作品或典籍都是人民文学出版社或中华书局的版本，可见家长选书具有专业性。书籍的选购以家长的阅读品味为中心，比如妈妈对《红楼梦》很感兴趣，于是有《红楼梦》脂评本、胡适等人的解读乃至刘心武的探秘等相关书籍；再比如当中有大量余华的作品，因为爸爸非常喜欢余华的小说。孩子房间的书架中有成套的"哈利·波特"系列作品，也有部分刘慈欣的科幻小说，想象类作品是孩子较为喜欢的读物。爸爸阅读坚持得较好，妈妈也喜欢阅读，但忙于工作与家务，现在阅读时间不多。

案例四（因疫情及装修原因，没有完成现场走访，以下情况系根据家长提供的图片及访谈概述所得）：家里在装修，定制了书柜，想要对图书进行整理。家里原有满满三个书柜的书，最近都打包放在塑料袋里，只有一个小书柜目前放孩子需要看的书。不再适合孩子年龄的书籍会赠送给需要的朋友。

家庭藏书品质较高，总体上看都是值得一读的好书。比如《古文观止》《从鸦片战争到五四运动》《鲁迅杂文精选》《海子诗选》等优秀文史类书籍让人眼前一亮,《歌德谈话录》《战争与和平》《雾都孤儿》《安娜·卡列尼娜》《沙与沫》等外国经典文学作品更是独特风景。此外，袁哲生、双雪涛、简祯等近来颇有影响的华语文学新锐作家的作品也不时可见。架上还有成套的《银河帝国》，以及一套"哈利·波特"，不同的是，这套书是英语原版。妈妈更喜欢看书，主要看文学作品，读完书后喜欢推荐给孩子阅读，然后讨论。爸爸看书的时间不多，主要看管理类或与专业相关的书。

（五）研究发现与思考

首先引发本项目研究者关注的是家庭藏书位置。也许是巧合，上述个案都呈现出一种客厅加卧室分散存放的特点，这可能跟空间有关，也可能跟家长希望营造家庭书香四溢的氛围有关，因为"随处有书，随时可读"是很多家长在之前的问卷中提到的共同期待以及对家庭阅读氛围的理解。但问题是，家庭氛围的养成不靠"摆设"，而是靠"摆渡"。"随处有书"当然能为孩子的阅读提供方便，但氛围更多的是心理上的彼此作用，良好的家庭阅读氛围不止于随处有书，而是人人阅读，随时探讨，是书籍在家庭生活中占有重要地位。

上述个案中，有的家长对书籍摆设得格调很高，以物质为载体体现高雅品位，但是品位最终应该经由精神的内在提升而自然流露，如果孩子没有"啃"下这些需要一定耐力和思维挑战的经典文学作品，那么家庭藏书就显然更具装饰意味，而失去让孩子的精神从肤浅无知向高雅深邃摆渡的价值。

同样让研究思考的是上述家庭个案的藏书品质。除了少量的专业类型书籍，家庭藏书以文史类书籍居多，这符合每个家庭对提升家庭成员文化修养的需要。事实上，几乎所有家庭都有一定数量的优质书籍，阅读经由时间淘洗的经典文学作品已然成为家长选择书籍的共识。但是，购书的共识是否变成了读书的共识，则要看书籍是否最终作用于孩子的精神，这一点是要存疑的，因为从上述个案访谈看，家长都表示这些文学作品受到孩子不同程度的抗拒，取代它们的是"哈利·波特"系列、科幻小说、沈石溪动物小说，甚至网络小说等读物。这些图书也有区别，比如，"哈利·波特"系列图书经过这么多年，也算经过了时间考验，而科幻小说则以其丰富的想象和科技精神为孩子注入更多的创新因子，但是沉迷于有争议的沈石溪作品以及米小圈、马小跳等较为低幼的读物则似乎应该引起关注和反思。在访谈中，也有个别家长提出困惑，比如案例一中的家长曾经向一些作家、文化人请教过如何解决孩子不喜欢读文学作品而更喜欢读动物小说之类读物的问题，得到的答复是只要孩子喜欢阅读，愿意拿起书，那么读什么书都未尝不可。

在研究者看来，这一回答有其合理性，但也需要辨别。在孩子阅读习惯养成的初级阶段，为了吸引孩子阅读，激发阅读兴趣而让孩子读自己喜欢的书是合适的途径，但是在孩子阅读习惯养成之后，进入阅读力提升的关键阶段，如果依然一味地重复低智力的阅读，沉迷于阅读的刺激感，就无法满足孩子内在的需求。

案例四的家长就提到对于不适合孩子阅读的书籍会进行处理，可见理性的家长是有对书籍的适用度进行判断的。借用维果茨基的"最近发展区理论"，孩子阅读的现有水平是独立阅读时所能达到的解决书中疑惑的水平；孩子的发展水平是通过阅读所获得的思维潜力，二者之间的差异就是阅读的最近发展区。如果没有为孩子提供带有难度和挑战的阅读内容，不能调动学生内在的挑战欲和积极性，促使其发挥思维潜能，那么孩子的阅读力将难以发展。对于重复阅读低脑力要求的作品，除非出于批判性思维的重新审视，否则只会流于低效甚至无效的阅读消遣。

其实，除了关注家庭藏书质量，藏书的数量也是一个颇具争议的话题：是否应该追求家庭藏书数量的最大化？如前所述，家庭藏书的价值与功能正被时代消解，在前期的问卷中，数量不足也是家长对家庭藏书不满意的理由。比如上述个案中，案例一和案例二的家庭藏书相对较少，家长也非常期待能得到进一步的充实。但同时也有一些家长在问卷中尖锐地提出关于家庭藏书价值的问题："书非借不能读也，有时借的书因为有时效性，会督促自己抓紧看完。也不必刻意追求家庭藏书的数量，社区图书馆会为我们提供便利。""我认为书非借不能读……藏书不在多，而在于精。"这些关于家庭藏书数量与质量的辩证思考是非常有价值的，它们与通过大量藏书营造阅读氛围的观点形成对立：随手可读与书非借不能读。这是两种不同的书籍使用观念，它们的本质区别在于前者应该属于能动的阅读状态，也就是当家长培养了孩子喜欢阅读、坚持阅读的习惯后，家庭藏书的巨大功能就得以发挥，可见的情境是孩子可以随时随地随手抽取一本高品质的书籍沉浸在美好的阅读状态中，而后者则属于一种驱动的阅读状态，即迫于还书压力，孩子必须在规定时间内完成阅读；前者以空间换取时间，而后者以时间节省空间。哪一种好？如果家庭阅读氛围还没达到孩子主观上热爱阅读的程度，多藏书未必奏效；如果总是利用外在压力推动孩子阅读，也有可能让孩子对书籍产生厌倦和逆反。所以，这两种看似相悖的观点，其实都需要一个养成阅读习惯、保持阅读热情的前提。

藏书位置、质量与数量都是相对外显的问题，通过对上述个案进行分析，研究者进一步要直面的问题是：家庭藏书的"主人"到底是谁？从案例二与案例三中，我们得出了不同的藏书指向。案例二中的家长非常尊重孩子的阅读兴趣和需求："购书主要根据孩子需求，凡是孩子喜欢的书籍，或是老师推荐孩子要阅读的书籍、教材推荐阅读的名著，都会购买，孩子的阅读主要依托藏书。"于是，他们的家庭藏书中，有大量孩子喜欢的沈石溪的作品和科幻小说。案例三中的家庭藏书更多是出于家长的阅读爱好，孩子妈妈对《红楼梦》很感兴趣，于是有《红楼梦》脂评本、胡适等人的解读乃至刘心武的探秘等相关书籍；还有大量余华的作品，因为爸爸非常喜欢余华的小说。每个人喜欢的书籍不同，成人与孩子更因为阅历而有不同偏向。既然是家庭藏书，书籍类别的最大公约数是满足家庭多数成员的阅读口味，但实际上总有偏差。满足孩子的阅读，如果没有家长的严格把关，容易走向家庭藏书品质不高的危险。同样，满足家长需求的阅读则容易让孩子对藏书望而生畏。在访谈中，案例三中的家长就多次提到孩子阅读不主动，没有充分利用家里藏书。对于家庭藏书而言，所有成员都应是"主人"，丰富的满足不同口味的书籍都应该存在，这是一种最为折中的思路。但是从语文教育的角度思考，最好的折中方法不是书籍类别或数量的不偏不倚，而是精神的深度融合。家庭书架上书籍的存在取决于家长要将孩子塑造成为怎样的人，家长要孩子接受何种精神熏陶和道德修养，也就是家长要打造的是怎样的家庭文化。这个文化追求会要求家长整合家庭所有成员阅读同样的书，养成共同的审美品位和精神境界。循着这个思路出发，我们发现，家庭藏书的问题背后其实是家庭教育的问题。因此，与其在为孩子买书还是为家长买书上纠结，不如思考一下什么样的书适合亲子共读，适合家庭成员共同成长。

既然已经将家庭藏书背后的教育问题加以揭示，那我们最终要直面的困惑就是：阅读氛围在多大程度上影响孩子的阅读？再往前思考一步，家庭藏书与孩子的语文成绩究竟是什么关系？

案例一中的孩子拥有非常好的阅读环境，比如敞亮的藏书空间和藏书之外更丰富的外界阅读资源，但可惜孩子没有珍惜，他们并没有养成良好的阅读习惯，语文成绩并不理想。据家长反馈，由于工作关系，她经常会带孩子去图书馆参加作家讲座等文化沙龙活动，有时也会将孩子"丢"在图书馆的群书当中，让孩子去自主阅读，孩子们往往会抽取自己感兴趣的书籍阅读，但父母推荐的书则被拒之门外。这足以印证"阅读氛围"不是物体的静态呈现，而是思维的多向互动，没有家长的任何干预，单凭孩子在"氛围"中自我成长，是一种过于理想的行为。

案例二中的孩子喜欢阅读，平时读书的速度也很快，在语文课堂上表现活跃，但对语言文字的敏感度和思辨力都没有表现出来。与理科相比，孩子语文成绩不突出。这可能与平时的低质量阅读有关系，比如大量阅读沈石溪的动物小说并沉迷其中，只读故事而没有思考。家长认为满足孩子的阅读口味能慢慢培养孩子的阅读兴趣，但面对孩子阅读质量不高的事实，他们开始反思自己在引导方面的责任，认为自己没有做好。

案例三中的孩子各方面表现优秀，语文成绩也不错，但孩子并不爱主动阅读。从与家长的访谈中可以知道，孩子的阅读还是依靠家庭藏书发挥作用，但又远远没有发挥其应有的作用。家长曾经试图带孩子去书城享受阅读的文化氛围，但孩子表现出一定程度的不耐烦。家长的阅读史是丰厚且持续的——时至今日，爸爸仍然坚持阅读——但是家长的阅读行为并没有在孩子身上产生非常明确的影响。在谈话中，家长多次提到孩子的阅读行为不主动，需要家长的推动和要求，他们的困惑在于：家庭藏书及家长的阅读氛围并没有对孩子产生积极作用。从交流中可以知道，孩子也在家长的作用下读了不少书，这是孩子语文成绩不错的原因之一，但可能家长对孩子的阅读期待和要求不止于此。

案例四中的孩子在阅读方面的表现要更突出。在班级举办的荐书活动中，孩子表现出深厚的阅读功底和开阔的阅读视野，同时具有思考的深度。孩子语文成绩一直不错，曾经考过年级第一。家长反馈，四年级之前孩子还比较活泼好玩，但四五年级后开始偏静，而家长敏锐地抓住孩子能沉下心的时候培养其读书习惯，比如带孩子去书城、书店里读书。妈妈会跟孩子一起阅读并讨论，有高质量的陪伴和引导，比如以一问一答的形式与孩子交流阅读。每年家长都会陪孩子外出旅行，或通过实地考察印证书中内容，或激发孩子阅读兴趣。比如去年参观杜甫草堂，回来引导孩子开始读杜甫的传记、读杜诗。也有失败例子，看完电视剧《觉醒时代》后，家长带孩子去书城买了毛泽东传记、毛泽东诗词等，但孩子不感兴趣，没有成功。家长并不着急，他们计划暑假去长沙旅行，到时会顺便捎上这些书籍并不失时机地给孩子"种草"。

从以上分析中，我们发现：1. 不能指望单纯的静态的所谓"氛围"来促成孩子落实阅读，如案例三中的家长所说，在不同的信息媒介面前，手机远比书本有诱惑力。2. 没有家长适当的指导和干预，家庭藏书作用有限，换言之，家长在孩子的语文教育中扮演着极其重要的作用，不仅是示范，更应该指导。四个案例中，案例一与案例二出现了较为典型的缺乏家长干预的现象，而案例三和案例四则不同程度地体现了家长指导下的阅读效果，当然他们的做法有差异，效果也可能会有主动和被动的不同。3. 培养孩子的阅读过程可能是长期的、艰难的过程，正如语文学习需要漫长的积累一样，亲子共读需要家长足够的耐心和高质量的陪伴、有深度的探讨。4. 需要冷静思考的一点是，与其说家庭藏书量与孩子语文成绩呈正相关，不如说优质家庭藏书的利用率与孩子语文成绩呈正相关。

至于如何落实对家庭藏书的利用，案例四为我们提供了很好的、耐人寻味的操作方案。

需要补充的题外话是，与语文阅读相同，家庭教育同样需要家长的时间和精力投入。可以说，家庭藏书背后的语文教育问题属于家庭教育的一个部分，它作为透镜折射出当前家庭教育家长时间、精力、金钱成本投入不足的困境。当"双减"政策正在对焦这些困境的时候，我们也许应该将视线往更远的方向投射：家庭藏书最终塑造而成的是一个个高贵的灵魂，而非语文试卷上冰冷的分数。

二、新闻热点关注、评述与语文学业水平的循证研究

这个项目由福田外国语学校王宇嘉、人大附中深圳学校刘丽娟和深圳明德实验学校张敏三位老师合作研究。

他们在交流研究过程的时候，把整个研究分三个板块做了梳理。

第一板块：制订研究实施规划

研究对象	全班学生参与，6 人一组，分为 7—8 个小组			
实施时间	每周至少 2 次，课前 10 分钟 每学期进行至少 2 次关于新闻评述的活动展示（语文课或班会课）			
实施步骤 学生 维度	第一步：找新闻（小组合作课外完成） 要求： 1. 新闻具有可探讨价值（价值观引领、思辨性、前瞻性） 2. 选取好的时评 1—2 篇，若有原创更佳	第二步：讲新闻（组内成员轮流进行） 要求： 1. 学生简要概述新闻事件，重点细节要突出 2. 学生讲完后，可播放高质量的新闻短视频	第三步：评新闻（以其他组成员为主） 自由表达范式： 1. 我的观点是：（一句话，明确表明态度） 2. 为什么我会有此观点 3. 给我的启示是什么 4. 如对已发言同学的观点有不同意见，可反驳，并说出理由	第四步：选最佳（至少 1 位同学）由学生投票选出今日心中的最佳发言人 参考评价要素： 1. 价值观是否正向 2. 表达的观点是否明确 3. 概括是否完整，并且有重要细节 4. 表达是否有逻辑层次 5. 共情程度

实施步骤 教师 维度	1.实施初期，教师培养组长 2.过程中给学生必要的指导和支持 3.实施一段时间后，再有针对性地培训组长	教师引导学生思考： 1.同一则新闻有哪些不同的分析角度？ 2.这则新闻会有什么样的社会反响？	教师引导学生：认真倾听，深入思考	1.教师引导学生按照评价要素进行评选 2.为最佳发言人颁发奖章或奖状
预设效果	此环节试图培养学生主动获取信息的能力，甄别信息优劣的能力，保持对社会新闻的关注度	此环节试图锻炼学生的概括能力和言简意赅的表达能力，学会用语言凸显信息主次的能力	此环节试图培养学生逻辑思维能力，提升论述的语言品质	此环节试图通过鼓励和表彰，给学生增强信心，并调动更多的学生参与新闻评述的积极性
教学记录 观察比较	记录方式：由两位语文课代表轮流为每次课前新闻热点评述课做好记录，包括发言人、最佳发言人、新闻概要、发言亮点，并简要记录老师的点评 观察比较：教师重点关注发言次数较多、观点亮点多、语言逻辑强的同学在作文和阅读板块的得分变化（班级内不同学生的横向比较） 观察此次活动在进行到两个月时，班级语文成绩在年级的情况（年级内纵向比较） 观察比较后，研究提炼出共性，适时调整研究方案，帮助学生提升语文学业水平			

第二板块：热点新闻读写

利用校内外的课余时间，阅读新闻，创设情境，组织阅读后的学习活动。

（一）内容选择

1.根据学生个人喜好进行选择性阅读

2.教师进行高质量的时评文章汇编，全班共读例如某些报纸每年的新年献词，都记录了一年的变迁、光耀和痛楚，它们以细致而富有张力的新闻叙事、理性而温情的话语、深切而感性的节奏，带给读者以前所未有的内心震撼。我们可以把2012年到2022年的新年献词进行汇编。例如按月分主题进行阅读，教师把近五年习近平寄语青年的话语进行汇编，作为5月份五四青年节前后的新闻拓展材料进行阅读。

（二）读后讨论

可以与父母讨论同一则新闻，简要记录双方观点；也可以与班内同学进行分享；还可以与老师交流看法。

（三）读后摘抄

把自己感悟较深的新闻素材摘抄积累下来，标识关键词，便于今后作为写作素材运用。建议学生按照新闻素材＋名言金句＋精美段落三个角度进行积累。

（四）读后写作

选择一两条关注的热点新闻，尝试写点新闻评论。

第三板块：典型整合活动案例

例：招募新闻评论员。

活动实施：

1.结合初中观点表达类微写作内容进行此活动

2.以为《新闻画中话》招募评论员入手，引导学生闯关

①火眼金睛识优劣（辨别新闻评论）

②点石成金定策略（写新闻评述的方法）

③金玉良言显身手（课堂写作新闻短评）

3.提炼、指导

选用热点时事、新闻作为素材，授课过程中兼顾理论方法的提炼和具体技巧的指导观点表达类写作的评价标准：观点明确、条理清晰、理由充分，并且引导学生参与修改活动，在过程中总结可行策略，实现改一而知

百的良好效果，促进学习的有效迁移。

4. 在探索、写作、互评中促进学生对新闻事件的独特思考，提升观点表达的综合能力。

5. 评选最佳新闻评论员

拟设计一份评价量表。

参考的评价维度：观点明确、条理清晰、理由充分。

三位老师在三个板块交流完毕，有如下研究思考：

其一，要紧密结合课堂内容来设计热点新闻的阅读与评述活动。学生依据"找—讲—评—选"的程序进行。当日课堂活动收获要及时落在纸面上，否则效果不佳。

其二，要设计活动评价量表。在小组合作、汇报展示过程中，要提前设计评价量表、告知评价标准，引导学生合理使用评价工具，形成评价结果。

其三，重视评述方法和策略指导，关注学生思维品质的提升与发展。在新闻评述活动课中，对学生的发言方式需进行指导。评说"是与非"容易，但说出"是""非"的原因才能真正提升和发展学生的思维品质，所以，需要进一步提炼出更好的指导学生进行新闻评述的方法和策略。

其四，注意价值观的引导。初中生正值青春期、价值观建构的关键期，不同新闻来源立场不同，即便同一事件也会有不同的报道角度，若教师不注意选材和引导，学生就很容易在评论的时候看不清本质，抓不住重点，陷入一些无意义甚至无聊的争论中，所以，教师及时干预、引导、调整至关重要。

其五，注意记录行动研究过程，不断优化研究策略。为使研究更科学，注意观察研究对象语文学业水平变化和行动研究之间的关系，在实践过程中需要更详细记录研究路径、策略、效果，经常思考数据背后反馈出的问题，并有针对性地进行调整。

三、坚持写读后感与学业水平关联的循证实践研究

这个研究项目主要由福田实验教育集团侨香校区的刘灵丹老师负责，她在交流汇报的时候把她的研究分成了三个阶段。

第一阶段：筛选研究对象，规划研究任务

1.教师工作

①拟定"阅读天天见，套餐自调配"A、B套餐阅读作业方案：周一至周五，坚持每天阅读，以3A2B的形式搭配阅读套餐，一周以内，哪天选A哪天选B则自主决定。

A套餐阅读作业要求：当天阅读10分钟以上，做摘录或写读后感，字数不限。积累本上记录阅读日期、篇目及摘录或读后感内容。（教师查看学生阅读的书籍或文章内容并做好记录，以便后续发现即便是同样阅读时间但阅读内容不同可能效果不同，也记录教师对学生读后感的点评或等级，教师点评和等级或许对读后感后续质量有影响，并可能对学生学业水平有影响，研究过程需要记载一些变量。）

B套餐阅读作业要求：当天阅读10分钟以上，积累本上记录阅读日期、篇目。

②在两个班推行该阅读方案，鼓励学生天天阅读并有所记录，坚持四周。

③每周二、周五批阅一次，在作业观察中发现愿意坚持的学生作为研究对象。

2.学生任务

周一至周五，坚持每天阅读，以3A2B的形式搭配阅读套餐，一周以内，哪天选A哪天选B则自主决定。

第二阶段：坚持阅读写读后感

（1）教师维度

①拟定量规，跟踪评价研究对象的阅读效果及语文学习表现。

学生读后感质量评估量规：

维度	指标	优秀级	合格级	改进级
文化自信	依据《2020年教育部基础教育课程教材发展中心中小学生阅读指导目录（初中部分）》选读人文社科与文学类的优秀作品，继承和弘扬中华优秀传统文化、革命文化、社会主义先进文化，初步了解和借鉴人类文明优秀成果，具有比较开阔的文化视野和一定的文化底蕴。	对依据《2020年教育部基础教育课程教材发展中心中小学生阅读指导目录（初中部分）》所选读的人文社科与文学类的优秀作品阅读很充分，积极主动继承和弘扬中华优秀传统文化、革命文化、社会主义先进文化，初步了解和借鉴人类文明优秀成果，具有比较开阔的文化视野和一定的文化底蕴。	对依据《2020年教育部基础教育课程教材发展中心中小学生阅读指导目录（初中部分）》所选读的人文社科与文学类的优秀作品阅读较充分，积极继承和弘扬中华优秀传统文化、革命文化、社会主义先进文化，初步了解和借鉴人类文明优秀成果，具有比较开阔的文化视野和一定的文化底蕴。	对依据《2020年教育部基础教育课程教材发展中心中小学生阅读指导目录（初中部分）》所选读的人文社科与文学类的优秀作品阅读不充分，存在消极应付情况，被动继承和弘扬中华优秀传统文化、革命文化、社会主义先进文化，初步了解和借鉴人类文明优秀成果，文化视野较窄，文化底蕴亟待提升。
语言运用	能通过讲述或书面的方式概括所读文本的主要内容。	能通过书写或讲述的方式准确概括所读文本的主要内容。	能通过书写或讲述的方式基本准确概括所读文本的主要内容。	不能通过书写或讲述的方式准确概括所读文本的主要内容。
	能通过讲述或书面的方式理清行文思路。	能通过书写或讲述的方式准确理清行文思路。	能通过书写或讲述的方式基本准确理清行文思路。	不能通过书写或讲述的方式准确理清行文思路。

维度	指标	优秀级	合格级	改进级
语言运用	能分类整理富有表现力的词语、精彩段落，分析作品表现手法的作用。	能依据一定标准分类整理富有表现力的词语、精彩段落，深入分析作品表现手法的作用。	能依据一定标准分类整理富有表现力的词语、精彩段落，初步分析作品表现手法的作用。	能整理富有表现力的词语、精彩段落，但没有分类；不清楚作品表现手法的作用。
思维能力	能从作品中找出值得借鉴的地方，对照他人的语言表达反思自己的语言实践。	能从作品中找出值得借鉴的地方，对照他人的语言表达多方面反思自己的语言实践。	能从作品中找出值得借鉴的地方，对照他人的语言表达单方面反思自己的语言实践。	能从作品中找出值得借鉴的地方，不能对照他人的语言表达单方面反思自己的语言实践。
	能通过对阅读过程的梳理、反思，总结不同类型文学作品的阅读经验和方法。	能通过对阅读过程的梳理、反思，全面总结不同类型文学作品的阅读经验和方法。	能通过对阅读过程的梳理、反思，大体总结不同类型文学作品的阅读经验和方法。	通过对阅读过程的梳理、反思，无法总结不同类型文学作品的阅读经验和方法。
审美创造	能通过讲述或书面的方式，与他人分享自己获得的对自然、社会、人生的有益启示，能借鉴他人的经验调整自己的表达，能根据需要，运用积累的语言进行口头或书面表达。	能准确地通过讲述或书面的方式，与他人分享自己获得的对自然、社会、人生的有益启示，能借鉴他人的经验及时调整自己的表达。	能较准确地通过讲述或书面的方式，与他人分享自己获得的对自然、社会、人生的有益启示，能借鉴他人的经验调整自己的表达。	无法准确地通过讲述或书面的方式，与他人分享自己获得的对自然、社会、人生的有益启示，能借鉴他人的经验调整自己的表达。

②接受学生提出的将 3A2B 套餐改为 2A3B 套餐的建议，在班级推行 2A3B（2 天阅读 +2 天读后感 +3 天阅读）阅读套餐计划，营造阅读分享氛围。

③鼓励研究对象在时间允许的情况下变 B 为 A，尽可能多地写读后感。

④鼓励研究对象以专题的方式坚持读书，比如"唐宋八大家"人物专题（人物系列）、《我有所念食，隔在远远乡》专题（整本书阅读）、余华作品专题（作家作品）。

⑤动态观察，发现能在集体氛围中坚持阅读的孩子，进阶式地鼓励他们在时间允许的情况下变 B 为 A，尽可能多地写读后感。

⑥要求班级学生每两周总结一次阅读所得，自选主题写一篇 500 字以上的读后感；重点关注研究对象的作品并视情况加以指导。

⑦每周安排一次阅读作业情况反馈，及时表扬努力完成的孩子；每两周安排一次读后感分享活动。

（2）学生维度：

①周一至周五，坚持每天阅读，施行 2A3B（2 天阅读 +2 天读后感 +3 天阅读）阅读套餐计划，一周以内，哪天选 A 哪天选 B 则自主决定，只要总数没问题就行。在时间允许的情况下变 B 为 A，尽可能多地写读后感。

②视情况选择以专题的方式坚持读书，比如"唐宋八大家"人物专题（人物系列）、《简·爱》专题（整本书阅读）、余华作品专题（作家作品）。

③每两周总结一次阅读所得，自选主题写一篇 500 字以上的读后感。

第三阶段：典型案例与反思

案例一：

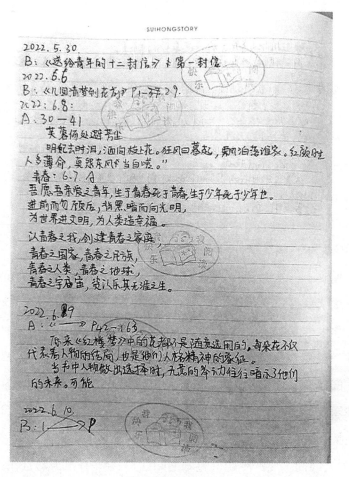

学生A阅读作业

学生 A 日常语文学习状态较差，思维活跃性较弱，能保量完成老师布置的作业。每天随意选择想阅读的内容，没有专题聚焦，坚持近四周。在访谈中，学生 A 谈到这份阅读作业纠正了她以前读一会儿放一会儿的不良阅读习惯，增强专注阅读的意识，提高了阅读速度；同时，发现自己的阅读理解能力有所增强。在这个过程中，学生 A 意识到自己本学期选读的文本重在知识积累，下学期需调整选择比较有深意、更烧脑的作品来读。同时，鼓励她在下学期的阅读作业中减少摘录的频次，增加写读后感的频次（读后感的字数不限）。

案例二：

学生B阅读作业

学生 B 日常语文学习状态良好，思维活跃性较强，能保质保量完成老师布置的作业。曾写过美食系列随笔，所写内容基本为叙述事件。因此，她根据兴趣和需要选读时潇含的《我有所念食，隔在远远乡》，坚持近四周。在访谈中，学生 B 说到做阅读套餐作业一开始是为了完成任务，但后来发现它可以刺激自己去发现新的东西。比如 6 月 9 日的记录，在阅读过程中，发现书名和白居易诗歌之间的联系，于是去寻找和抄录《夜雨》全诗。这让她收获了惊喜，转变了应付作业的态度。另外，在读完整本书以后，学生 B 产生写美食随笔的想法，觉得自己可以写得更好，我就此鼓励她利用假期最后一周的时间落实行动，写完后及时跟老师交流。

案例三：

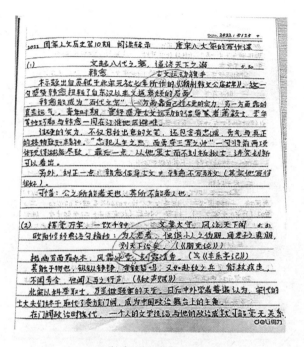

学生C阅读作业

学生 C 日常语文学习状态很好，思维很活跃，常常高质量完成老师布置的作业。本学期（初二下）撰写《苏东坡传》读后感，荣获"福田区阅读达人"比赛一等奖。语文学习成绩从初一时的 90 多提高到 105 以上。在访谈中，学生 C 表示该项阅读作业不仅使他对阅读内容的记忆更深刻，而且刺激他努力思考以写好读后感；同时，因为是以自己感兴趣的"唐宋八大家"专题进行的四周阅读，使他对"唐宋八大家"有了整体的认识，且进行了系列思考。期末考试时，他就化用了关于苏轼的材料，转变成了期末作文，终于拥有首次大考（期中、期末考）作文上 40 分的纪录，这使他直观感受到阅读写读后感对语文成绩产生的积极影响。

实践研究反思：

①关于研究对象的选择

选好研究对象是个案研究得以进行的前提，研究对象能否持之以恒且善于反思影响着研究实施的效果。因此对研究对象的选择要慎之又慎，选择的方法是：首先引导执行 3A2B 套餐计划，观察学生的落实情况——选择能坚持的学生；其次对学生进行访谈，从他们的反馈中发现善于发现此项作业对自己产生哪些影响的学生——选择善反思的学生；最后结合日常语文学习表现，选择思维水平处于不同层次的学生。因为能坚持是研究观察得以持续的基础，善反思是阅读效果呈现的保证，思维水平层次差异便于观察发现阅读写读后感对学生思维水平的影响。为何这样选择？因为前期循证研究观点是阅读写读后感能改善学生的语文学习表现，能促进学生语文学习成绩的提高。这些改善和促进可能在不同层次的学生中同时呈现，也可能在不同层次的学生中分开呈现，因此要选择思维水平差异的学生，能更全面地看到阅读干预带来的效果。如果要进一步丰富研究内容和成果，后续可考虑持续关注再另选三个对应上述三个指标的学生，方便进行同类学生干预效果的比较。

②关于制定量规思考

本研究的基础是前期循证研究认为阅读写读后感能改善学生的语文学习表现，促进学生语文学习成绩的提高。其中涉及的关键自变量是读后感，因变量是语文学习表现和语文学习成绩。因此，需要测量的对象有读后感、语文学习表现、语文学习成绩。其中语文学习成绩可使用学校统一测试的学科成绩，需要自主制定量规来衡量读后感和语文学习表现的关系，但量规制定不易，需要紧密结合新课标，并需要在实践研究中调整。

③实践研究调整：鉴于学生已进入初三学习阶段，每日学习任务紧张，本学期试行的 3A2B 阅读套餐计划调整为 2A3B 套餐计划，同时增加周末（每两周一次）进行的阅读总结性读后感写作任务。

四、项目研究的目的、价值、程序、反思

首先要弄清楚研究的目的。46 个项目，每一个项目，每一个观点都是基于第一轮匹配大数据分析得到的结论。但这个结论仍然是概念化、抽象化的，不够具体，没有经过充分的实践验证，不是真正意义上的循证教学策略。循证教学研究要在这个基础上做进一步的更为精准的探索，一方面对这个观点证明或证伪，另一方面要寻找达成这种观点的更为优化的具体的可实操的策略。

目前得到了三个观点：

第一，家庭藏书的多寡对学生语文学业水平会产生影响；

第二，学生关注新闻热点并经常对新闻热点发表自己的评价会对学业水平会产生影响；

第三，学生经常写读后感会对学业水平产生影响。

不能仅仅把这些观点讲给学生、教师、家长，号召他们向这三个观点靠近。这种笼统的看似正确的观点，其实不用大数据分析，几乎想一想就可能成立。这种东西对学生、家长、教师帮助有限，这也不是我们所需要的循证语文教学。

我们需要更具体、更深入的研究。要通过研究形成一个更优化的，在实践中可以实操的，在教学中可以实际运用的具体的内容、方法、策略，而且这些方法路径、操作策略能够切实地、具体地去指导教师的教和学生的学以及家长的育儿行为。

比方说，家庭藏书的多寡会对学生的语文学习水平产生影响。这个结论里面其实包含着很多可能性，譬如不同家庭有同样数量的藏书，学生的语文水平可能会存在差异，而差异的原因是什么？可能同样数量的书，类型上会有差异，书的类型具体有怎样的差异？是文学类的书籍多，工具书多，还是实用类的书籍多？而这些书籍的多寡对学生语文学习成绩会不会产生影响？又比如说，这些藏书是家长自己买来看的，还是家长为孩子买

的？这些书有多少是学生自己选择的、自己喜欢的书？是学生自己愿意读的书，还是家长喜欢读的书？书的类型不同，来源不同，对学生的语文学习水平带来的影响也不同，而我们行动研究要做的事情就是通过具体的案例分析，找到一些产生这种差异的原因，并且通过具体现象分析，进一步提出指导家庭藏书的更好的策略，而这些更好的策略能更好地去帮助学生学习语文。

又比如，学生喜欢看新闻热点并对新闻热点进行点评，会对其语文学业成绩产生影响。如果我们向全班抛出这样的一个观点，指导学生去有意识地关注新闻热点并创造机会、搭建平台让学生或者是激发学生去关注新闻热点，并且对新闻热点进行点评，同样会不会产生不一样的结果？比方说，不同学生关注、点评的新闻热点，内容不同，点评的角度不同，对他们的学习水平会产生不一样的影响，那么，我们就需要通过对不同学生关注的新闻热点内容的不同，评论角度的不同，找到能够更好地去指导学生关注新闻热点，更好去评论热点的方式、方法、策略。研究出指导学生关注怎么样的新闻热点，指导学生对新闻热点进行怎样的评价，进而能够更好地帮助学生提升语文学业水平。这就是我们这个项目研究特别要侧重的问题。

第三个项目：学生经常写读后感，其语文学习水平相对会好。那么在全班倡导读书写读后感，但是写一段时间之后，很快就会发现学生的学业成绩仍然会有很大的差异。因此，需要进一步研究造成这种差异的具体原因是什么。读同样的书，学生写出的读后感是不一样的，那么什么样的读后感能够更好地帮助学生提升他的学业水平？如果是读不一样的书，学生的读后感会有更大的差别，我们需要探索学生阅读不一样的书，写不一样的读后感，从这些现象中能不能归纳出一些共性的东西，而这些共性的东西能够指导学生读什么样的书，写什么样的读后感进而会更有利于他们语文学习水平的提升。

我们的教学行动研究是在大数据统计得到的观点基础上进行研究，这个观点本身成为我们对教与学进行干预的策略，但是在干预的过程中会产生不一样的现象和不一样的结果，而我们就需要从这不一样的现象和不一样的结果中去研究、探索更有价值的观点和操作策略。

　　同时希望教学行动研究不要操作过度，希望干预实验在真实自然状态下进行，自然状态下得到的观点和操作策略才可能更有科学的价值。

　　我们抛出每一个干预策略，动员学生，希望他们能够接受并采取行动来落实。比如，告诉家长家里藏书多孩子的语文水平就可能会好一些，继而观察了解这个家长如何去调整自己家里的藏书，怎样去补充家里的藏书，经过一段时间之后，其孩子的语文学习成绩具体又会产生怎样的影响。我们作为研究者，要通过观察了解、记录过程，寻找到更优化的指导家长补充家庭藏书的、有利于提高学生语文成绩的实操策略。整个过程中，我们需要做一些干预，但不是强制性的、命令式的或者指标式的。

　　我们让全班的学生写读书笔记也是如此，作为语文教师，特别强化读书内容指导，要求所有的学生都是基于自己提供的书目去阅读，去写读书笔记，经过一段时间之后，拿这个班的语文学习成绩和平行班进行比较，会不会有一些巨大的变化？这些外部比较的变化能够形成一个集体的读书内容的指导和读书笔记写作指导的有效策略。同时还要做一些内部的不同学生之间的比较，而通过不同学生之间的比较，找到更为具体、优化的写读书笔记的方法和策略。

　　又如新闻热点的关注与评价，横向的班与班级之间比较，如果在教学班强化这种做法引导学生关注相应的社会热点，并且对相应的社会热点做出评价，经过一段时间之后，看看我们班的学生与平行班学生整体语文成绩有没有一个比较明显的差别。同时做内部比较，不同的学生关注的热点不同，写出的评论不同，带来的语文学业水平的差别，通过这种差别去寻找指导学生更好地去关注社会热点，更好地去评价社会热点的方法策略。

这就是我们的研究目的、研究价值乃至研究过程的价值所在。那么，如果认同这些，每一个项目研究计划就要为达成这个目的，实现这个价值，而安排具体的行动研究程序，并做好行动研究的详细叙事。

譬如，关于家庭藏书，通过前期调研，怎样调研，发现了什么，接下来如何指导，家长做了怎样的调整，一段时间之后哪些有效，哪些还是无效，特别有效的做法是怎样的，特别有效的原因是什么，做了怎样的分析，能不能推广，特别无效的原因是什么，能给其他教师、学生、家长怎样的启发，等等。

关于关注热点新闻、点评热点新闻也类似，学生自己关注并点评新闻热点带来了怎样的差异，通过这些差异能否找到指导学生关注新闻热点的方向，找到指导学生撰写新闻热点评论的方法，用这些指导学生又发生了怎样的变化，从这些变化中获得了怎样的指导策略和启发，等等。

关于写读后感，对学生读书内容和读后感写作的调研，得到了怎样的启发，基于这些启发形成了怎样的阅读方向的指导和写读后感方法的指导，基于指导，学生又产生了怎样的变化，通过过程叙事有没有找到变化原因，基于这些原因，分析有没有得到更为有效的阅读内容的指导和读后感写作方法的有效指导，等等。

结语：

从 2019 年做语文循证教育教学的研究到 2020 年启动中学语文循证教学研究，已经快 3 年了，目前呈现在我们面前的内容是 2020 年至今一年多以来的部分研究成果，我们认为比较有价值的是通过匹配大数据分析初步得到了一些可能影响学生语文学业水平差异的因素。目前，我们的研究进入第二轮，我们希望通过教学实践来进一步验证，并在验证过程中获得具体的践行路径，从而为中学语文教学获得更科学的教与学的操作程序和策略。46 个小的研究项目，每个项目研究的循证实践研究，理论上说起来都不难，但要做好，把每个具体的问题弄透彻，找到关键变量并且弄清楚每一个关键变量的运行机理，并不容易。需要研究者掌握大量群体的案例、详细个案、过程研究的详细叙事材料，然后从中分析清楚所需材料、工具、程序、细节……但我们觉得这样做很有价值，中国语文教育需要这些研究，而且要真正研究出成果，只能依靠一线语文教师。

附 1
研究文献综述及参考文献

研究文献综述

关于学生学业成就等方面能力的影响因素，有学者已经从学生个体的层面进行了分析。就学习方法与学生学业成就间的关系而言，王珊等（2017）研究认为，高中生语文学习方法与学业成绩呈正相关关系[①]。陆璟（2012）借助上海 PISA2009 数据实证研究发现，提高学生阅读参与度和学习策略水平有助于成绩的提升[②]。在学习强度方面，戴尔等（2003）通过研究发现学生的语文学习时间与学生的语文学习成绩成正比关系[③]。张文静等（2012）借助 PISA2009 数据研究认为阅读投入程度较高的学生的成绩更高[④]。在学生的学习动机方面，章凯等（1996）认为兴趣因素对文章的理解具有显著的促进作用[⑤]。陈林林（2011）发现初中学生课前、课中和课后积极主动参与学习语文，增加对语文学习的投入，有利于高效展开语文学习活动，并取得良好的学业表现[⑥]。而刘浩等（2020）借助 PISA2018 数据发

---

① 王珊.高中生语文学习策略的影响因素和干预研究 [D].上海师范大学，2017.

② 陆璟.阅读参与度和学习策略对阅读成绩的影响——基于上海 PISA2009 数据的实证研究 [J].教育发展研究，2012，32（18）：17–24.

③ 戴尔著，韦小满译.学习理论：教育的视角 [M].南京：江苏教育出版社，2003（01）.

④ 张文静，辛涛.阅读投入对阅读素养影响的跨文化比较研究——以 PISA2009 为例 [J].心理发展与教育，2012，28（02）：175–183.

⑤ 章凯，张必隐.兴趣对文章理解的作用 [J].心理学报，1996（03）：284–289.

⑥ 陈林林.初中生语文学习兴趣培养研究 [D].沈阳师范大学，2011.

现，阅读兴趣会对处境不利学生的阅读素养有显著正向预测[①]。从学生的教育期望来看，程琳（2010）认为学生自我期望和学业成绩之间存在着显著的正相关关系[②]。蔺秀云等（2009）也通过讨论认为，学生与家长的教育期望差值会对学生学业表现有正向影响[③]。从学生的学习焦虑来看，史耀疆等（2016）发现农村初中生的学业表现与学习焦虑之间存在负相关关系[④]。孙芳萍等（2010）研究认为学生的学业情绪对学业成绩具有预测作用[⑤]。从学生的课外活动来看，黄正正（2014）认为学校的创造性课外活动和数学课外活动均对数学素养成绩存在显著的正向预测[⑥]。吴愈晓等（2020）发现学校和周围同学提供的良好学习环境及氛围有助于提升学生的学业表现[⑦]。而胡咏梅等（2015）借助上海 PISA2012 数据发现数学课外补习对学生数学成绩具有正向效应[⑧]。此外，学生所获的校园资源及其生活状态对其学业表现也有重要影响。高艾丽（2019）实证研究发现家庭资源会对学生的学业表现显现出正向影响[⑨]。龚继红等（2016）还考虑了学生的家庭生活状态，研

---

① 刘浩，翟艺芳. 处境不利学生阅读素养的影响因素——基于 PISA2018 我国 4 省市数据的 HLM 分析 [J]. 中国考试，2020（05）：42-48.

② 程琳. 父母期望、初中生自我期望与学习成绩的关系 [D]. 河南大学，2010.

③ 蔺秀云，王硕，张曼云，周冀. 流动儿童学业表现的影响因素——从教育期望、教育投入和学习投入角度分析 [J]. 北京师范大学学报（社会科学版），2009（05）：41-47.

④ 史耀疆，闵文斌，常芳，王欢. 农村初中生学习焦虑现状及其与学业表现的关系 [J]. 中国心理卫生杂志，2016，30（11）：845-850.

⑤ 孙芳萍，陈传锋. 学业情绪与学业成绩的关系及其影响因素研究 [J]. 心理科学，2010，33（01）：204-206.

⑥ 黄正正. 课业负担、课外活动与学生数学素养成绩的关系研究 [D]. 江西师范大学，2014.

⑦ 吴愈晓，张帆. "近朱者赤"的健康代价：同辈影响与青少年的学业成绩和心理健康 [J]. 教育研究，2020，41（07）：123-142.

⑧ 胡咏梅，范文凤，丁维莉. 影子教育是否扩大教育结果的不均等——基于 PISA2012 上海数据的经验研究 [J]. 北京大学教育评论，2015，13（03）：29-46，188.

⑨ 高艾丽. 城乡中学生教育资源的拥有差异及其对学业表现的影响分析 [D]. 山西财经大学，2019.

究发现家庭和谐度对流动儿童学业表现有显著影响①。上述学者从不同维度分析了学生的学业成就等方面的影响因素，但研究受时间、研究数据规模与研究方法等因素限制，相关分析仍需进一步研究与创新。

科尔曼（Coleman）（1966）通过调研分析发现，学校在学生学业成就方面的效用十分有限，家庭和同伴才是影响学业成就的关键因素②。就家庭背景与学生学业成就之间的关系而言，李忠路等（2016）通过实证分析认为，不同背景的家庭拥有的社会经济资源会为儿童提供有差异的教育机会，进而影响学生的学业表现③；赵德成（2021）基于 PISA2018 年中国样本数据研究发现，家庭社会经济地位与学生阅读素养呈显著正相关，其中父母职业指数、父亲受教育年限对阅读素养的影响力较大④；Cho Byeong Young 等（2021）基于对 PIRLS2016 美国数据集的实证研究认为，学生家庭资源对于其阅读理解能力具有显著的预测作用⑤。在家长的教育投入与教育方式方面，蒋晓芳（2017）发现，父母参与孩子教育水平的高低、态度的严厉或温和程度、对任课教师与学习科目的态度均会显著影响学生在数学学科上的学业表现⑥。社会资本理论认为，社会资本在人力资本的形成过程中发挥着不可替代的作用；寇思源（2018）基于社会资本的三个命题考察国内

① 龚继红，钟涨宝．融合与差异：城市化背景下家庭教育与流动儿童学业表现 [J]. 学习与实践，2016（06）：100-108.
② Coleman, J.S., Campbell, E., Hobson, C.F., et al. Equality of educational opportunity[R]. U.S. Government Printing Office, 1966:1-35, 575-587.
③ 李忠路，邱泽奇．家庭背景如何影响儿童学业成就？——义务教育阶段家庭社会经济地位影响差异分析 [J]. 社会学研究，2016，31（04）：121-144，244-245.
④ 赵德成，柳斯邈．家庭社会经济地位对学生学业成就的影响——基于 PISA2018 中国样本数据的分析 [J]. 北京师范大学学报（社会科学版），2021（02）：17-26.
⑤ Cho Byeong Young. Hwang Hye Jin.Jang Bong Gee. Predicting fourth grade digital reading comprehension: A secondary data analysis of (e)PIRLS 2016[J]. International Journal of Educational Research, 2021, 105.
⑥ 蒋晓芳．父母教养方式及学科态度对小学生数学学业表现的影响：自尊的中介作用 [D]. 上海师范大学，2017.

外学生情况，发现家庭教育资源投入对学生学业成就有显著影响；但动员家庭教育资源面临着阻力和困境，仍需要多方面的共同努力[1]。文化资本理论认为，行动者所处状态的有利性除了受经济因素影响外，与文化等因素也息息相关；程兆莹（2010）分析发现，孩子的学业成就与其家庭文化资本的占有利用情况有关[2]；李利（2017）通过实证研究认为，家庭中文化氛围的营造与父母的最高学历都对学生学业成就具有显著的正向影响[3]。在学习辅导方面，李忠路等（2016）认为，家长的教育参与和行为支持都能够对其学业成就产生影响[4]。就语文学习而言，罗靓（2016）研究发现，积极为学的氛围、丰富多彩的家庭活动等人文环境更有利于培养子女形成积极良好的语文学习态度[5]。从家庭的教育期望，即父母对子女的期待来看，程琳（2010）认为这种期望对学生的学业表现有预测作用[6]。此外，家庭组成结构对个体的成长也有重要影响。张帆等（2020）通过研究发现，在控制其他因素的前提下，与祖辈同住会对青少年的学业产生积极的效应[7]。范方等（2005）认为父母双方外出务工时，留守儿童的学习成绩较差[8]；黄梦杰（2016）发现母亲一方外出打工的留守儿童学习成绩显著低于父亲一方外出打工的留守儿童[9]。而就学生的语文学习而言，其与学生家庭情况的各个维度间的影响机制仍需进一步的定量研究和分析。

---

[1] 寇思源. 社会资本理论视角下家庭环境与子女学业成就的关系研究 [D]. 天津理工大学，2018.

[2] 程兆莹，谭业庭. 试论文化资本对家庭教育的影响 [J]. 边疆经济与文化，2010（05）：94−96.

[3] 李利. 家庭文化资本对初中生学习成绩的影响研究 [D]. 辽宁师范大学，2017.

[4] 李忠路，邱泽奇. 家庭背景如何影响儿童学业成就？——义务教育阶段家庭社会经济地位影响差异分析 [J]. 社会学研究，2016，31（04）：121−144，244−245.

[5] 罗靓. 初中学困生语文学习能力影响要素分析 [D]. 湖南师范大学，2016.

[6] 程琳. 父母期望、初中生自我期望与学习成绩的关系 [D]. 河南大学，2010.

[7] 张帆，吴愈晓. 与祖辈同住：当前中国家庭的三代居住安排与青少年的学业表现 [J]. 社会，2020，40（03）：212−240.

[8] 范方，桑标. 亲子教育缺失与"留守儿童"人格、学绩及行为问题 [J]. 心理科学，2005（04）：855−858.

[9] 黄梦杰. 农村留守儿童社会支持与学校教育的关系研究 [D]. 华东师范大学，2016.

教师作为学科教学过程中的重要角色，其个人特征、工作状态与教学行为等因素均会影响学生的学科素养。就教师个人学历而言，王安全（2017）认为，在高等教育大众化的背景下，存在着教师群体学历增长但流于形式主义的问题，学历发展对教师及学生发展或存零功能甚至负向功能[1][2]。就教师的工作状态而言，学者们分别从职业满意度、职业焦虑等角度展开研究。王力娟（2008）认为，中学教师状态焦虑是一个多维度的层次系统，其中男性教师、担任班主任及已婚教师等群体的焦虑水平较高[3]。就教学行为而言，刘佳（2018）通过实证研究构建了当前我国教学情境下，中学教师影响教学有效性的能力素质模型与关键行为结构[4]。另有学者关注教学手段与媒介在教学过程中的重要性，徐亚茹（2018）认为多媒体呈现更适应学生的认知加工过程[5]；而于海洋（2013）则认为多媒体教学使得师生互动关系明显受损，教学节奏容易被打乱[6]。此外，部分学者针对语文教学的几大板块，即阅读、写作、习字等，分别论述了不同的教学行为产生的效果。就阅读板块而言，教学实施过程中的行为有效性会对学生的学业成绩、阅读能力产生积极作用。具体而言，拓宽思维空间等教学行为对学生阅读水平的提高有正向影响；而逐字逐句的过分分析和远离文本的过度发挥行为则会有负向影响[7]。也有学者从学生对教师教学行为的感知方面进行了研究，提出教师在课堂中使用认知激活策略、元认知策略等学习策略对处境不利学生的阅读素养有显著的正向预测作用，而教师导向型教学则

---

① 王安全.教师群体学历增长中的形式主义政策及其归正 [J].教育理论与实践，2017，37（22）：38-41.

② 王安全.教师学历发展功能及其正向化方式 [J].中国教育学刊，2012（02）：60-63.

③ 王力娟.中小学教师状态焦虑研究 [D].西南大学，2008.

④ 刘佳.中学教师影响教学有效性的能力素质与关键行为研究 [D].华东师范大学，2018.

⑤ 徐亚茹.多媒体呈现方式在语文情境教学中的应用研究 [D].闽南师范大学，2018.

⑥ 于海洋.多媒体教学在语文教学中的应用 [D].中央民族大学，2013.

⑦ 钱荃，刘洁玲，郑国民.四年级学生语文阅读能力影响因素研究——基于阅读投入与阅读教学行为视角 [J].基础教育，2020，17（04）：72-81.

呈显著负向影响[①]。此外，王晓青（2014）认为教师个人素质及阅读量的提高有利于发挥教师的主体性[②]。PISA2018 报告指出，教师运用认知激活策略频率越高，学生的阅读乐趣就越高；课堂纪律氛围与学生的阅读乐趣存在正相关；教师的课堂反馈与学生的阅读乐趣也存在正相关，但边际效应较小。高馨培基于 PIRLS2016 研究报告指出，沪教版教科书过分强调文学体验型文本，导致学生非连续性文本阅读能力较低[③]。就写作而言，课堂教学的情景化与生活化会对学生写作能力起正向影响，而强行要求学生写脱离生活实际的"八股文"则会损害学生的写作积极性[④]。此外，刘炜（2019）认为，相比教师的"灌输"式讲课，学生更容易接受教师的示范性教学[⑤]。在对学生写作的反馈方面，卢春梅（2014）认为，教师批改作文时写的批语会对中学生写作起到十分重要的导向作用[⑥]。在教师与学生的互动方面，王耘等（2002）采用师生关系评定量表进一步确认了学生的学业表现与师生关系相互影响[⑦]。刘雪杰基于调研提出，语文教师在教学过程中给予学生积极、准确的教师期望有助于其学科成绩的提高，且师生关系越亲密，越能发挥教师期望效应的最大价值[⑧]。就学校方面而言，影响学生成绩的重要因素还包括学校的环境和资源；前者既包括物质意义上的校园环境，也包括心理环境。周翠敏（2016）等实证得出学校总体心理环境对学生的学习动机、态度与学业成绩具有独立显著的影响，但影响强度对不同群体存在

① 李静.初中语文教师阅读教学备课的有效性[J].读写算（教师版）：素质教育论坛，2016（11）：107-108.
② 王晓青.教师个人阅读对学生语文素质培养的重要作用[J].课外语文，2014，000（010）：12-12.
③ 高馨培.PIRLS2016 阅读评价框架下的教科书练习设计研究[D].上海师范大学，2015.
④ 季书全.情景教学在初中语文写作教学中的应用意义[J].中学生作文指导（22）：1.
⑤ 刘炜.初中教师"下水"作文研究[D].重庆师范大学，2019.
⑥ 卢春梅.中学生语文作文批改的导向作用[J].教师博览（科研版），2014（11）.
⑦ 王耘，王晓华.小学生的师生关系特点与学生因素的关系研究[J].心理发展与教育，2002（03）：18-23.
⑧ 刘雪杰.教师期望对初中语文素质教育及学科成绩的影响探究[D].河南师范大学，2017.

差异；更好的学校总体心理环境对农村、师资水平低、平均家庭年收入较低、平均家庭年收入较低的学生学业成就具有更强的保护作用[1]。学校在供应图书、开展活动等方面的支持度，亦即学校资源的丰富程度，对于学生语文成绩也有影响，例如学校层面提供的各类阅读相关活动可以帮助学生养成阅读兴趣、拓展阅读的广度与深度。PISA2018调研数据显示，中国四省市学校在开设读书社团、出版学校年鉴和校报、与当地图书馆或报社建立合作关系方面，均高于OECD平均水平[2]。总体而言，学校层面给学生提供的阅读支持正在不断扩展，但仍有提升的空间。

① 周翠敏，陶沙，刘红云，王翠翠，齐雪，董奇．学校心理环境对小学4—6年级学生学业表现的作用及条件[J].心理学报，2016，48（02）：185-198.
② 顾理澜，李刚，常颖昊．PISA2018解读：中国学生阅读开展状况的分析及建议——基于中国四省市PISA2018数据的分析与国际比较[J].中小学管理，2020，000（001）：21-24.

参考文献

Coleman, J.S., Campbell, E., Hobson, C.F., et al. Equality of educational opportunity[R]. U.S. Government Printing Office, 1966:1–35, 575–587.

Cho Byeong Young. Hwang Hye Jin. Jang Bong Gee. Predicting fourth grade digital reading comprehension: A secondary data analysis of (e)PIRLS 2016[J]. International Journal of Educational Research, 2021, 105.

北京师范大学教师劳动力市场研究课题组，关成华，邢春冰，陈超凡. 中学教师的职业满意度与流动意愿及其影响因素研究——来自中国教育追踪调查数据（CEPS）的经验证据 [J]. 北京社会科学，2021（03）：84–102.

陈林林. 初中生语文学习兴趣培养研究 [D]. 沈阳师范大学，2011.

程琳. 父母期望、初中生自我期望与学习成绩的关系 [D]. 河南大学，2010.

程兆莹，谭业庭. 试论文化资本对家庭教育的影响 [J]. 边疆经济与文化，2010（05）：94–96.

戴尔著，韦小满译. 学习理论：教育的视角 [M]. 南京：江苏教育出版社，2003（01）.

范方，桑标. 亲子教育缺失与"留守儿童"人格、学绩及行为问题 [J]. 心理科学，2005（04）：855–858.

高艾丽. 城乡中学生教育资源的拥有差异及其对学业表现的影响分析 [D]. 山西财经大学，2019.

高馨培. PIRLS2016 阅读评价框架下的教科书练习设计研究 [D]. 上海师范大学，2015.

龚继红，钟涨宝. 融合与差异：城市化背景下家庭教育与流动儿童学业表现 [J]. 学习与实践，2016（06）：100–108.

顾理澜，李刚，常颖昊. PISA2018 解读：中国学生阅读开展状况的分析及建议——基于中国四省市 PISA2018 数据的分析与国际比较 [J]. 中小学管理，2020，000（001）：21–24.

胡咏梅，范文凤，丁维莉. 影子教育是否扩大教育结果的不均等——基于 PISA2012 上海数据的经验研究 [J]. 北京大学教育评论，2015，13（03）：29–46, 188.

黄梦杰 . 农村留守儿童社会支持与学校教育的关系研究 [D]. 华东师范大学，2016.

黄正正 . 课业负担、课外活动与学生数学素养成绩的关系研究 [D]. 江西师范大学，2014.

季书全 . 情景教学在初中语文写作教学中的应用意义 [J]. 中学生作文指导（22）：1.

蒋晓芳 . 父母教养方式及学科态度对小学生数学学业表现的影响：自尊的中介作用 [D]. 上海师范大学，2017.

寇思源 . 社会资本理论视角下家庭环境与子女学业成就的关系研究 [D]. 天津理工大学，2018.

李静 . 初中语文教师阅读教学备课的有效性 [J]. 读写算（教师版）：素质教育论坛，2016（11）：107-108.

李利 . 家庭文化资本对初中生学习成绩的影响研究 [D]. 辽宁师范大学，2017.

李忠路，邱泽奇 . 家庭背景如何影响儿童学业成就？——义务教育阶段家庭社会经济地位影响差异分析 [J]. 社会学研究，2016，31（04）：121-144，244-245.

李忠路，邱泽奇 . 家庭背景如何影响儿童学业成就？——义务教育阶段家庭社会经济地位影响差异分析 [J]. 社会学研究，2016，31（04）：121-144，244-245.

蔺秀云，王硕，张曼云，周冀 . 流动儿童学业表现的影响因素——从教育期望、教育投入和学习投入角度分析 [J]. 北京师范大学学报（社会科学版），2009（05）：41-47.

刘浩，翟艺芳 . 处境不利学生阅读素养的影响因素——基于 PISA2018 我国 4 省市数据的 HLM 分析 [J]. 中国考试，2020（05）：42-48.

刘佳 . 中学教师影响教学有效性的能力素质与关键行为研究 [D]. 华东师范大学，2018.

刘炜 . 初中教师"下水"作文研究 [D]. 重庆师范大学，2019.

刘雪杰 . 教师期望对初中语文素质教育及学科成绩的影响探究 [D]. 河南师范大学，2017.

卢春梅 . 中学生语文作文批改的导向作用 [J]. 教师博览（科研版），2014（11）.

陆璟 . 阅读参与度和学习策略对阅读成绩的影响——基于上海 PISA2009 数据

的实证研究 [J]. 教育发展研究，2012，32（18）：17–24.

罗靓. 初中学困生语文学习能力影响要素分析 [D]. 湖南师范大学，2016.

钱荃，刘洁玲，郑国民. 四年级学生语文阅读能力影响因素研究——基于阅读投入与阅读教学行为视角 [J]. 基础教育，2020，17（04）：72–81.

史耀疆，闵文斌，常芳，王欢. 农村初中生学习焦虑现状及其与学业表现的关系 [J]. 中国心理卫生杂志，2016，30（11）：845–850.

孙芳萍，陈传锋. 学业情绪与学业成绩的关系及其影响因素研究 [J]. 心理科学，2010，33（01）：204–206.

王安全. 教师群体学历增长中的形式主义政策及其归正 [J]. 教育理论与实践，2017，37（22）：38–41.

王安全. 教师学历发展功能及其正向化方式 [J]. 中国教育学刊，2012（02）：60–63.

王力娟. 中小学教师状态焦虑研究 [D]. 西南大学，2008.

王珊. 高中生语文学习策略的影响因素和干预研究 [D]. 上海师范大学，2017.

王晓青. 教师个人阅读对学生语文素质培养的重要作用 [J]. 课外语文，2014，000（010）：12–12.

王耘，王晓华. 小学生的师生关系特点与学生因素的关系研究 [J]. 心理发展与教育，2002（03）：18–23.

吴愈晓，张帆."近朱者赤"的健康代价：同辈影响与青少年的学业成绩和心理健康 [J]. 教育研究，2020，41（07）：123–142.

徐亚茹. 多媒体呈现方式在语文情境教学中的应用研究 [D]. 闽南师范大学，2018.

于海洋. 多媒体教学在语文教学中的应用 [D]. 中央民族大学，2013.

张帆，吴愈晓. 与祖辈同住：当前中国家庭的三代居住安排与青少年的学业表现 [J]. 社会，2020，40（03）：212–240.

张文静，辛涛. 阅读投入对阅读素养影响的跨文化比较研究——以 PISA2009 为例 [J]. 心理发展与教育，2012，28（02）：175–183.

章凯，张必隐. 兴趣对文章理解的作用 [J]. 心理学报，1996（03）：284–289.

赵德成，柳斯邈. 家庭社会经济地位对学生学业成就的影响——基于 PISA2018

中国样本数据的分析 [J]. 北京师范大学学报（社会科学版），2021（02）：17-26.

赵作荣. 教师职业紧张与其健康和工作能力的关系研究 [D]. 新疆医科大学，2014.

周翠敏，陶沙，刘红云，王翠翠，齐雪，董奇. 学校心理环境对小学 4—6 年级学生学业表现的作用及条件 [J]. 心理学报，2016，48（02）：185-198.

附 2

研究问卷

2021 年福田区初一语文教育质量评估——学生和家长问卷

针对学生的问卷

亲爱的同学：

你好！

非常感谢你能在繁重的学习任务中抽时间来完成这份问卷。此次问卷旨在了解你的语文学习情况，本调查问卷内不计分，不公布结果，不做考核之用，答案也没有对错之分，请根据自己真实的情况和感受回答。你的回答只作为本次研究之用，我们将对所有资料进行保密。谢谢你的参与！

第一部分

1.写下你的考号。[填空题]*

_____

2.写下你的性别。[单选题]*

　○男　　　　　　　　○女

3.你是否为独生子女？[单选题]*

　○是　　　　　　　　○否

4.你喜欢语文这门功课吗？[单选题]*

　○非常不喜欢　　○不太喜欢

○比较喜欢　　　　　　　○非常喜欢

5.你认为与其他科目相比，语文的学习难度怎么样？[单选题]*

○最难学　　　　　　　○比较难学

○比较好学　　　　　　○最好学

6.请根据你的实际情况做出判断，选出符合你自身的选项。[矩阵单选题]*

	从不	偶尔	有时	经常	总是
用死记硬背的方法来记住汉语拼音和字词	○	○	○	○	○
遇到陌生字，放在那里不去管	○	○	○	○	○
敢于并乐于当众发表自己的观点	○	○	○	○	○
会和家长、老师或同学交流阅读内容和感受	○	○	○	○	○

7.你喜欢什么样的语文作业？[多选题]*

□抄写 / 默写 / 背书　　　□完成练习册上的习题

□读书 / 摘抄　　　　　　□写作文 / 写日记

□课题研究 / 在互联网上查资料　　　□开展实践活动

8.你觉得语文学科中，以下哪一板块的学习内容最困难？[单选题]*

○识字与写字　　　　　○阅读理解

○写作文　　　　　　　○口语交际

○综合性学习　　　　　○以上都不难

9.请根据你的实际情况，选出符合自身的选项。[矩阵单选题]*

	非常不符合	不太符合	比较符合	非常符合
我认为自己有能力解决学习中遇到的问题	○	○	○	○
我喜欢选择富有挑战性的学习任务	○	○	○	○

	非常不符合	不太符合	比较符合	非常符合
即使某次考试的成绩很不理想，我也能平静地分析原因	○	○	○	○
我相信我能够学好语文	○	○	○	○
我认为语文学科的学习很重要	○	○	○	○

10. 你每周会完成多少字的写作练笔（包括老师布置的写作作业）？[单选题]*

○ 500 字以下　　　　　○ 500—1000 字

○ 1000—2000 字　　　　○ 2000 字以上

11. 你每个月背诵多少篇古诗文或经典文章？[单选题]*

○ 0　　　○ 1　　　○ 2　　　○ 3

○ 4　　　○ 5　　　○ 6　　　○ 7

○ 8　　　○ 9　　　○ 10　　○ 11

○ 12　　○ 13　　○ 14　　○ 15

12. 希望语文老师每节课留给自己多长时间自主研究学习？[单选题]*

○ 5 分钟以内　　　　　○ 5—10 分钟

○ 10—15 分钟　　　　○ 15 分钟以上

13. 你认为每天的语文作业时间多长比较合适？[单选题]*

○ 30 分钟以下　　　　○ 30—60 分钟

○ 60—90 分钟　　　　○ 90 分钟以上

14. 根据你的实际情况，选出最符合你的选项。[矩阵单选题]*

	完全不符合	不太符合	比较符合	完全符合
我觉得上课需要自学和讨论环节，不喜欢老师从头讲到尾	○	○	○	○
我的学习方法是我自己探索的	○	○	○	○

	完全不符合	不太符合	比较符合	完全符合
我会根据自己的学习水平，制定学习计划	○	○	○	○

15. 除学校上课外，你平均每周参加语文课外辅导班或一对一语文家教的时长。[单选题]*

○没参加　　　　　○1 小时以内

○1—2 小时　　　　○2—3 小时

○3—4 小时　　　　○4 小时以上

16. 请根据你的实际情况做出判断，选出符合你自身的选项 [矩阵单选题]*

	完全不符合	不太符合	比较符合	完全符合
为了读喜欢的书，我宁可不看电视、不玩游戏	○	○	○	○
我想要得到好成绩，因为这样可以得到父母和老师的夸奖	○	○	○	○
我会努力学习，因为我知道学习对自己有好处	○	○	○	○
我不会花时间去学习那些考试不会考、老师不要求的东西	○	○	○	○
学习语文让我觉得开心有趣	○	○	○	○

第二部分

17. 你学习过以下哪些文艺课？[多选题]*

☐书法　　　　　☐绘画

☐乐器　　　　　☐戏剧

☐舞蹈　　　　　☐朗诵

□围棋　　　　　　　　□以上都没有

18. 你认为影响你语文成绩的因素中最重要的一项是什么？［单选题］*

○老师教学　　　　　○同学影响

○家长影响　　　　　○学习兴趣

○学习方法　　　　　○学习投入

○课外补习

19. 你是否喜欢阅读？［单选题］*

○非常不喜欢（请跳至第 21 题）　　○不太喜欢（请跳至第 21 题）

○比较喜欢（请跳至第 20 题）　　○非常喜欢（请跳至第 20 题）

20. 喜欢阅读的原因是什么？［多选题］*

□阅读可以开阔视野，拓展知识面 ** 填写完该题，请跳至第 22 题

□阅读能够提高考试成绩 ** 填写完该题，请跳至第 22 题

□阅读是一件有趣的事 ** 填写完该题，请跳至第 22 题

□老师、父母、同学这些身边的人平时都喜欢读书 ** 填写完该题，请跳至第 22 题

□学校和家里有很多书可以阅读 ** 填写完该题，请跳至第 22 题

21. 不喜欢阅读的原因是什么？［多选题］*

□不喜欢老师和家长推荐的阅读内容

□读不懂，不认识的字太多

□作业太多，没有时间阅读

□没有书可以读，家庭学校图书太少

□身边的人都不读书

□读书太枯燥，不如电影、手机有趣

22. 你喜欢阅读的课外书籍类别是什么？（依据喜欢程度排前三名）［排序题，请在中括号内依次填入数字］*

［　］童话故事类　　　　［　］科普百科类

○ 中学语文循证教学研究：学业水平差异探因 ●

[ ] 历史故事类　　　　[ ] 名人传记类

[ ] 科幻故事类　　　　[ ] 小说类

[ ] 散文类　　　　　　[ ] 寓言类

[ ] 优秀学生作文集　　[ ] 古诗、文言文

[ ] 都不喜欢

23. 请根据你的实际情况，选择符合你自身的选项。[矩阵单选题]*

	从不	偶尔	有时	经常	总是
读书时有批注圈画和摘录精彩词语句子的习惯	○	○	○	○	○
用读后感的形式来写读书笔记	○	○	○	○	○
有写日记的习惯	○	○	○	○	○
和同学交流写作内容和写作方法	○	○	○	○	○
在课堂上会主动举手发言	○	○	○	○	○

24. 本学期，除教材教辅资料外，你阅读了几本书？[单选题]*

○ 0　　　○ 1　　　○ 2　　　○ 3

○ 4　　　○ 5　　　○ 6　　　○ 7

○ 8　　　○ 9　　　○ 10　　　○ 11

○ 12　　　○ 13　　　○ 14　　　○ 15

25. 本学期，除去老师布置的阅读作业，你每周在家自己阅读的时长是多少？（大约几小时）[单选题]*

○ 0　　　○ 1　　　○ 2　　　○ 3

○ 4　　　○ 5　　　○ 6　　　○ 7

○ 8　　　○ 9　　　○ 10　　　○ 11

○ 12　　　○ 13　　　○ 14　　　○ 15

26. 本学期，你是否制定了自己的读书计划？ [单选题]*

　　○没有　　　　　　　○有

27. 你第一次自己独立读完一本书是几岁的时候？ [单选题]*

　　○1—2 岁　　　　　　○3—4 岁

　　○5—6 岁　　　　　　○7—8 岁

　　○9—10 岁　　　　　　○10 岁以上

第三部分

28. 本学期，你父亲每天陪伴你的时间（大约几小时）是多少？ [单选题]*

　　○0　　　○1　　　○2　　　　○3

　　○4　　　○5　　　○6

29. 本学期，你母亲每天陪伴你的时间（大约几小时）是多少？ [单选题]*

　　○0　　　○1　　　○2　　　　○3

　　○4　　　○5　　　○6

30. 请根据你家长的实际情况，选择最符合的选项。[矩阵单选题]*

	从不	偶尔	有时	经常	总是
家长会与我讨论学习成功或失败的原因	○	○	○	○	○
家长会在我成绩不理想时，给予鼓励	○	○	○	○	○
家长会管理我娱乐玩耍的时间	○	○	○	○	○
家长跟我在一起的时候，会因为使用手机而忽略我或表现出不耐烦	○	○	○	○	○
我会和家长讨论学校的活动或感兴趣的事情	○	○	○	○	○

31. 目前，你希望自己接受教育到什么程度？ [单选题]*

   ○高中　　　　　○中专、中职

   ○大专　　　　　○本科

   ○硕士　　　　　○博士

32. 你希望在高等教育阶段选择就读于什么专业？ [单选题]*

   ○人文学科（如文学、史学、哲学、语言、艺术等）

   ○社会学科（如法学、管理学、经济学、传播学、教育学等）

   ○理学学科（如数学、物理、化学、生命科学、心理学等）

   ○工学学科（如工学、计算机、软件学、材料学等）

   ○医学学科

   ○军事学科

   ○其他

33. 你希望未来从事什么类型的工作？ [单选题]*

   ○技能型职业（如计算机硬件人员、摄影师、木匠、厨师、技工、农民等）

   ○事务型职业（如办公室人员、记事员、会计、行政助理、图书馆管理员等）

   ○研究型职业（如科学研究人员、教师、工程师、电脑编程人员、医生等）

   ○社交型职业（如教师、教育行政人员、咨询人员、公关人员）

   ○艺术型职业（如演员、导演、设计师、建筑师、歌唱家、作曲家、诗人、作家等）

   ○经管型职业（如项目经理、营销管理人员、政府官员、企业领导、法官、律师）

34. 家长为你提供了以下哪些学习资源？ [多选题]*

   □报纸与杂志　　　　　□电脑

☐家教、课外辅导　　　☐课外书

☐汉语词典　　　　　　☐独立房间

☐书桌　　　　　　　　☐书柜、书架

☐字帖　　　　　　　　☐以上都没有

35. 你参观过以下哪些文化场所？［多选题］*

☐图书馆　　　　　　　☐博物馆

☐青少年宫　　　　　　☐展览馆

☐科技馆　　　　　　　☐大学校园

☐以上都没有

36. 小时候，父母会买字帖要求你练字吗？［单选题］*

○会　　　　　　　　　○不会

37. 小时候，父母会给你读睡前故事吗？［单选题］*

○会　　　　　　　　　○不会

38. 在家里，一般由谁和你一起阅读？［多选题］*

☐父亲　　　　　　　　☐母亲

☐祖父母、外祖父母　　☐其他　　☐以上都没有

39. 本学期，你和家长一起阅读的频率是怎样的？［单选题］*

○从来没有（请跳至第43题）　　○每个月1—2次

○每周1—2次　　　　　　　　　　○每周3-4次

○每天1次

40. 你和家长每次一起阅读的时长一般是多少？［单选题］*

○30分钟以内　　　　　○30分钟至1小时

○1—2小时　　　　　　○2小时以上

41. 本学期，你和家长一起阅读过的图书数量是几本？［单选题］*

○0　　　○1　　　○2　　　○3

○4　　　○5　　　○6　　　○7

○ 8　　　○ 9　　　○ 10　　　○ 11

○ 12　　　○ 13　　　○ 14　　　○ 15

○ 16　　　○ 17　　　○ 18　　　○ 19

42. 以下活动，家长做过的有哪些？ [多选题]*

☐辅导课内学习（如检查作业、背诵默写、听写等）

☐讲故事、与你交流读后感

☐陪你一起观看《中国诗词大会》《朗读者》等语言类节目

☐陪你看与名著有关的电影、电视剧、纪录片等

☐陪你玩猜成语、诗词等游戏

☐让你在亲戚朋友面前演讲

☐组织家庭或社区阅读小组

☐以上都没有

第四部分

43. 你的语文老师是你的班主任吗？ [单选题]*

○不是　　　○是

44. 本学期，每周学校组织阅读活动的课时数（包括阅读课、阅读指导、课堂自由阅读）是多少？ [单选题]*

○ 0　　　○ 1　　　○ 2　　　○ 3

○ 4　　　○ 5　　　○ 6

45. 请根据你对语文老师的实际印象做出判断，选出符合自身的选项。
[矩阵单选题]*

	非常不符合	不太符合	比较符合	非常符合
我觉得语文老师的课讲得很精彩，知识点讲得很明白	○	○	○	○

	非常不符合	不太符合	比较符合	非常符合
我觉得语文老师很负责，比如认真讲课、耐心指导等	○	○	○	○
我的语文老师很严肃，对学生严格要求	○	○	○	○
当我成绩不理想时，语文老师会给予我鼓励	○	○	○	○
我喜欢我的语文老师，非常有人格魅力	○	○	○	○
我觉得语文老师对我很亲切	○	○	○	○
我经常主动找语文老师交流	○	○	○	○

46. 过去一年，你参加过以下哪些活动？[多选题]*

☐学校语文活动周　　☐学校文科活动周
☐朗诵/演讲比赛　　☐讲故事比赛
☐辩论赛　　　　　　☐读书节
☐作文大赛　　　　　☐书法比赛
☐诗词大赛　　　　　☐戏剧表演
☐社会实践　　　　　☐以上都没有

47. 请根据你所在学校的实际情况进行选择。[矩阵单选题]*

	完全不符合	不太符合	比较符合	完全符合
多媒体设备先进	○	○	○	○
图书馆图书资源丰富	○	○	○	○
有漂流书架，让学生能方便快捷拿到书	○	○	○	○

	完全不符合	不太符合	比较符合	完全符合
为学生提供发表作品的平台，如文学刊物、公众号等	○	○	○	○
校园文化活动的内容丰富多彩	○	○	○	○

第五部分

48. 你平时使用手机的主要用途是什么？（按照使用频率由高到低排序）[排序题，请在中括号内依次填入数字]*

[ ] 学习　　　　　[ ] 完成作业

[ ] 看新闻　　　　[ ] 玩游戏

[ ] 看剧 / 小视频　[ ] 社交

49. 本学期，周一至周五你平均每天使用手机的时长是多少？[单选题]*

○ 30 分钟以内　　○ 30 分钟至 1 小时

○ 1—2 小时　　　○ 2—3 小时

○ 3—4 小时　　　○ 4 小时以上

50. 本学期，你周一至周五的每天睡眠时长大约是几小时？[单选题]*

○ 5　　　　　○ 6　　　　　○ 7

○ 8　　　　　○ 9　　　　　○ 10

51. 本学期，你的睡眠质量怎么样？[单选题]*

○ 非常差　　　○ 比较差

○ 比较好　　　○ 非常好

52. 本学期，影响你睡眠的主要因素是什么？[多选题]*

□ 老师布置的学习任务　　□ 家长安排的补习

□ 玩手机　　　　　　　　□ 睡眠环境不适宜

□内心焦虑　　　　　□以上都没有

53. 本学期，你每周有几天吃早餐？［单选题］*

○ 0　　　　○ 1　　　　○ 2

○ 3　　　　○ 4　　　　○ 5

○ 6　　　　○ 7

54. 本学期，你和家人一起吃早餐吗？［单选题］*

○ 从不　　　○ 偶尔

○ 有时　　　○ 经常

55. 本学期，你每周的运动次数是多少？［单选题］*

○ 0　　　　○ 1　　　　○ 2

○ 3　　　　○ 4　　　　○ 5

○ 6　　　　○ 7　　　　○ 8

56. 本学期，你每次运动的时长是多少？［单选题］*

○ 10—30 分钟　　　　　○ 30 分钟至 1 小时

○ 1 小时以上

57. 请根据你的实际情况选择。［矩阵单选题］*

	完全不符合	不太符合	比较符合	完全符合
我熟悉很多古今中外的人文知识，例如名人传记	○	○	○	○
我积极参加学校组织的各类活动	○	○	○	○
我很愿意打扫班级卫生	○	○	○	○
我从不违反校规校纪	○	○	○	○
在同学遇到困难时，我会积极帮助他们	○	○	○	○

58. 你通常对新闻热点了解到什么程度？ [单选题]*

　　○只看新闻标题　　　　　○大致了解事件经过

　　○根据事件的重要程度确定　○深入了解事件并有自己的思考

59. 本学期，你的生活是否感觉幸福愉快？ [单选题]*

　　○非常不幸福　　　　　○不太幸福

　　○比较幸福　　　　　　○非常幸福

60. 本学期，你是否出现以下情况？ [矩阵单选题]*

	从未	偶尔	有时	经常
觉得手上学习任务太多，无法完成	○	○	○	○
遇到挫败时很容易发脾气	○	○	○	○
当空闲时，轻松一下也觉得内疚	○	○	○	○

61. 你课间一般都会做什么？ [多选题]*

　　□玩手机　　□睡觉　　□看书　　　□补笔记

　　□做题　　　□聊天　　□运动

62. 请用 2 个词语描述你眼中的语文学科。 [填空题]*

　　＿＿＿＿＿＿、＿＿＿＿＿＿。

针对家长的问卷

尊敬的家长：

您好！

　　为了解当前初中学生语文学习情况，我们特展开此次调查。您填写的信息仅供课题组进行学术研究使用，绝对不会以任何形式公开。所有问题的回答都无对错之分，请您据实填写即可。衷心感谢您的支持与合作！

第一部分

63. 请填写您与孩子的关系。[单选题]*

○父亲

○母亲

○祖父母、外祖父母

○其他亲属_____

64. 请填写您的年龄。[单选题]*

○20　○21　○22　○23　○24　○25

○26　○27　○28　○29　○30　○31

○32　○33　○34　○35　○36　○37

○38　○39　○40　○41　○42　○43

○44　○45　○46　○47　○48　○49

○50　○51　○52　○53　○54　○55

○56　○57　○58　○59　○60　○61

○62　○63　○64　○65　○66　○67

○68　○69　○70　○71　○72　○73

○74　○75　○76　○77　○78　○79

○80

65. 您的最高学历是什么？[单选题]*

○初中及以下　　　○高中或中职、中专

○大专　　　　　　○本科　　　○硕士及以上

66. 请填写您的职业类型。[单选题]*

○国家机关、党群组织、企业、事业单位负责人

○专业技术人员

○办事人员和有关人员

○商业、服务业人员

○农、林、牧、渔、水利业生产人员

○生产、运输设备操作人员及有关人员

○其他从业人员＿＿＿＿＿＿＿＿＿＿＿＿

67. 请填写您的家庭所在地。[单选题]*

○城镇○农村

68. 请填写您的家庭经济状况。[输入 1（无法满足基本生活需求）到 5（非常富裕）的数字]*

＿＿＿＿＿＿＿＿＿＿＿＿＿＿＿＿＿＿＿

第二部分

69. 请选出最符合您对孩子接受教育的看法的一项。[单选题]*

○只有读书才能改变命运，接受教育非常有必要

○教育并非唯一出路，如不适合就及时寻找其他出路

○上学没有太大用处，是否接受教育无所谓

70. 您希望孩子获得什么程度的学历？[单选题]*

○高中　　　　○中专、中职

○大专　　　　○本科

○硕士　　　　○博士

71. 您希望孩子在高等教育阶段选择就读什么专业？[单选题]*

○人文学科（如文学、史学、哲学、语言、艺术等）

○社会学科（如法学、管理学、经济学、传播学、教育学等）

○理学学科（如数学、物理、化学、生命科学、心理学等）

○工学学科（如工学、计算机、软件学、材料学等）

○医学学科

○军事学科

○其他＿＿＿＿＿＿＿＿＿＿＿＿＿＿＿＿

72. 您希望孩子未来从事什么类型的工作？[单选题]*

　　○技能型职业（如计算机硬件人员、摄影师、木匠、厨师、技工、农民等）

　　○事务型职业（如办公室人员、记事员、会计、行政助理、图书馆管理员等）

　　○研究型职业（如科学研究人员、教师、工程师、电脑编程人员、医生等）

　　○社交型职业（如教师、教育行政人员、咨询人员、公关人员）

　　○艺术型职业（如演员、导演、设计师、建筑师、歌唱家、作曲家、诗人、作家等）

　　○经管型职业（如项目经理、营销管理人员、政府官员、企业领导、法官、律师）

73. 您更关注孩子哪些方面的发展？请按照重视程度进行排序。[排序题，请在中括号内依次填入数字]*

　　[ ]学习素质（学习态度、学习习惯、自主学习能力等）

　　[ ]学习成果（进入名校深造、找到好工作等）

　　[ ]身体健康

　　[ ]思想品格塑造（性格培养、道德修养等）

　　[ ]适应社会能力（为人处世之道、社交能力等）

　　[ ]其他

74. 请填写您对孩子语文学习的态度。[单选题]*

　　○非常关心，每天检查语文作业并交流

　　○比较关心，有时间就会督促

　　○较少关心，没有时间和精力

75. 您最关注孩子语文学科哪些方面能力的提升，请按照重视程度进行排序。[排序题，请在中括号内依次填入数字]*

[ ] 识字写字　　　　　　[ ] 诗词积累

[ ] 阅读理解　　　　　　[ ] 写作能力

[ ] 口语表达　　　　　　[ ] 其他

76. 本学期，您每天花在监督孩子语文学习上的时间是多少？[单选题]

　　○不监督　　　　　　○30分钟以内

　　○30分钟至1小时　　○1小时以上

77. 孩子的教育支出在每年家庭总支出中所占的比重是多少？[单选题]*

　　○10%以下　　　　　○10%—20%

　　○20%—30%　　　　○30%—50%

　　○50%以上

78. 在您的家庭教育投入中，分配在语文学科方面的比例有多少？[单选题]*

　　○0　　　　　　　　　○0—10%

　　○10%—20%　　　　○20%—30%

　　○30%及以上

第三部分

79. 以下语言在家庭日常交流中使用频率高低如何？（按使用从多到少排序）[排序题，请在中括号内依次填入数字]*

　　[ ] 标准普通话　　　　[ ] 地方普通话

　　[ ] 当地方言　　　　　[ ] 英语

　　[ ] 其他外语

80. 您对阅读的兴趣如何？[单选题]*

　　○兴趣较高　　　　　○兴趣较低

　　○没有兴趣　　○比较反感

81. 您的阅读主题偏好是什么？[多选题]*

　　□社会新闻（包括娱乐、体育等）

　　□行业信息（金融、IT、汽车、房产、旅游、餐饮、家电等）

　　□生活常识

　　□时尚消费

　　□文学／历史／军事／艺术

　　□职业发展

　　□流行文化

　　□情感／两性

　　□婚姻／家庭／育儿

82. 请填写您平时阅读（书籍、报纸等）的频率。[单选题]*

　　○每天至少1次　　　　○每周至少1次

　　○每月至少1次　　　　○低于每月1次

83. 过去一个月，您读了多少本书？[单选题]*

　　○0　○1　○2　○3　○4　○5

　　○6　○7　○8　○9　○10　○11

　　○12　○13　○14　○15　○16　○17

　　○18　○19　○20　○21　○22　○23

84. 您阅读的原因是什么？（请按照重要性排序）[排序题，请在中括号内依次填入数字]*

　　[ ] 放松心情　　　　[ ] 个人爱好

　　[ ] 提高个人修养　　[ ] 教育子女

　　[ ] 获取专业知识　　[ ] 打发时间

　　[ ] 其他

85. 您不阅读的原因是什么？（请按照重要性排序）[排序题，请在中括号内依次填入数字]*

[ ] 更喜欢上网、看电视、玩手机等更具有娱乐性的活动

[ ] 工作忙碌，没有时间读书

[ ] 找不到感兴趣和合适读的书

[ ] 阅读时无法集中注意力

[ ] 阅读能力有限

[ ] 经济条件不足

86. 您家里大约有多少本书？（除杂志、报纸和教科书外）[单选题]*

○ 0—10 本　　　○ 11—25 本

○ 26—50 本　　○ 51—100 本

○ 101—200 本　○ 超过 200 本

87. 您平时一般会主动为孩子买哪些书？[多选题]*

□ 辅导参考资料　　□ 听说读写类图书

□ 文学类著作　　　□ 科普类读物

□ 专业类读物　　　□ 青少年报刊

□ 图画类图书

88. 请您根据实际情况选择自己最认同的一项。[矩阵单选题]*

	非常不同意	不太同意	比较同意	非常同意
阅读可以开拓孩子的视野	○	○	○	○
养成良好的阅读习惯有助于孩子的长期发展	○	○	○	○
孩子听"有声书"可以代替读纸质书籍	○	○	○	○
孩子读课外书是浪费时间	○	○	○	○
阅读就是识字，并无其他用处	○	○	○	○

89. 本学期，您和孩子一起阅读的次数是多少？［单选题］*

　　○几乎每天 1 次　　　　○每周 3—4 次

　　○每周 1 次　　　　　　○每两周 1 次

　　○从来没有

90. 您不陪孩子一起阅读的原因是什么？［多选题］*

　　□知识层面：识字、阅读等方面知识储备不够

　　□交流层面：自己没有耐性，或孩子不愿意和自己一起阅读

　　□时间层面：工作忙碌，没有时间阅读

　　□技巧层面：不知道科学有效的阅读方法，无法指导孩子阅读

　　□观念层面：孩子已经长大了，应该自主阅读

　　□其他＿＿＿＿＿＿＿＿＿＿＿＿＿＿＿

91. 请您选择最符合您个人认知的一项。［矩阵单选题］*

	非常不同意	不太同意	比较同意	非常同意
我的孩子愿意和我交流阅读后的心得感受	○	○	○	○
我会对孩子的阅读方法和阅读技巧进行指导	○	○	○	○
亲子阅读只适用于幼儿阶段，孩子上学后应该独立阅读	○	○	○	○
亲子阅读有助于培养孩子的阅读兴趣和习惯	○	○	○	○
亲子阅读有助于营造家庭和谐氛围	○	○	○	○

92. 请选择您每学期阅读孩子的作文并与之交流的次数。［单选题］*

　　○每天都有　　　　　　○每周 2—3 次

　　○每个月 2—3 次　　　○每学期 2—3 次

　　○从不关注

第四部分

93. 您在孩子面前使用手机的情况是怎样的？ [单选题]*

　　○与平时一样

　　○有意识规避玩游戏等娱乐活动

　　○有意识减少手机使用频次

　　○避免在孩子面前使用手机

94. 请您根据自己的实际情况选择最适合自己的一项。[矩阵单选题]*

	非常不同意	不太同意	比较同意	非常同意
我经常督促孩子看书学习	○	○	○	○
我会把自己平时阅读的书籍内容讲给孩子听	○	○	○	○
我关注孩子的书写情况并经常提醒孩子要练习书写	○	○	○	○
我可以和孩子实现有效沟通	○	○	○	○
与孩子个人或者家庭相关的事情，我会征求孩子的意见	○	○	○	○

95. 每学期，您陪同孩子去看电影的次数是多少？ [单选题]*

　　○平均两三天一次　　　　○平均每周一次

　　○平均每月一次　　　　　○平均两三个月一次

　　○从未有过

96. 每学期，您陪同孩子外出旅游的次数是多少？ [单选题]*

　　○平均每周一次　　　　　○平均每月一次

　　○平均两三个月一次　　　○从未有过

97. 孩子就读小学之前是否能独立阅读？ [单选题]*

　　○可以坚持长时间专注阅读

○可以阅读一定时间，但容易受到外界影响

○拿到书后随意翻阅，完全不能进入状态

98. 您认为语文老师应该教导学生哪些内容？（按重要程度排序）[排序题，请在中括号内依次填入数字]*

[ ] 语文课本知识

[ ] 考试答题技巧

[ ] 阅读、写作等语文素养

[ ] 道德品质，如为人处世、做人之道

99. 您对语文老师要求家长配合完成作业的情况如何？[单选题]*

○基本每次都按老师要求完成

○大多数时候按老师要求完成

○有时按老师要求完成

○偶尔按老师要求完成

100. 您对孩子语文教师是否满意？[单选题]*

○非常不满意　　　　　○不太满意

○比较满意　　　　　　○非常满意

101. 您对孩子所在学校是否满意？【单选题】[单选题]*

○非常不满意　　　　　○不太满意

○比较满意　　　　　　○非常满意

102. 在辅导孩子完成语文作业时，您往往会采取什么策略？[单选题]*

○全程陪伴，监督完成并仔细检查

○由孩子独立完成，待完成后帮助检查并纠错

○由孩子独立完成并自行检查，在他遇到困难时耐心讲解

○没有时间关注，作业若需要签字，直接签字即可

103. 您在辅导孩子语文学习时，存在哪些问题？[多选题]*

□知识层面：识字、诗词、阅读等方面知识储备不够

□交流层面：自己没有耐性，或孩子不愿意接受自己辅导等

□时间层面：工作忙碌，没有时间辅导等

□技巧层面：不知道科学高效的辅导方法是怎样的

□没有问题

104. 您与孩子的班主任联系频率怎样？[单选题]*

○每天至少一次　　　○每周至少一次

○每月至少一次　　　○每学期至少一次

○一般不联系

105. 您一般会和老师交流孩子的哪些情况？[多选题]*

□课堂表现　　　　　□课外作业

□学习成绩　　　　　□人际交往

□身体状况　　　　　□其他＿＿＿＿＿＿＿＿＿＿＿

106. 请用 2 个词语描述你眼中的语文学科。[填空题]*

＿＿、＿＿。

2021 年福田区初一语文教育质量评估——教师问卷

尊敬的老师：

您好！

为准确了解当前福田区初中语文教学发展状况，我们特组织本调查。您填答的信息仅供课题组研究之用，绝对不会以任何形式公开。所有问题的回答都没有对错之分，请您据实填写即可。衷心感谢您的支持与合作！

第一部分

1. 请填写您所在学校。[单选题]*

　　○北环中学　　　　　○彩田学校　　　　　○福景外语

○福田第二实验	○福外北校	○福外东校
○福外南校	○翰林实验	○红岭深康
○红岭石厦	○红岭园岭	○华富中学
○皇岗中学	○黄埔学校	○教科院附中
○科技中学	○莲花北校	○莲花南校
○梅山中学	○梅香外语	○明德碧海
○明德香蜜	○南开学校	○侨香外语
○上步中学	○上沙中学	○石厦中学
○新洲中学	○耀华实验	○云顶学校

2. 您目前带几个班? [单选题]*

| ○1 | ○2 |

3. 您带的班级是哪些? [单选题]*

○01 班	○02 班	○03 班
○04 班	○05 班	○06 班
○07 班	○08 班	○09 班
○10 班	○11 班	○12 班
○13 班	○14 班	○15 班
○16 班	○17 班	○18 班
○19 班	○20 班	○21 班
○22 班	○23 班	○24 班

4. 您带的第 2 个班级是哪个班的? [单选题]*

○01 班	○02 班	○03 班
○04 班	○05 班	○06 班
○07 班	○08 班	○09 班
○10 班	○11 班	○12 班
○13 班	○14 班	○15 班

○ 16 班　　　　　○ 17 班　　　　　○ 18 班

○ 19 班　　　　　○ 20 班　　　　　○ 21 班

○ 22 班　　　　　○ 23 班　　　　　○ 24 班

5. 请填写您的性别。[单选题]*

○男　○女

6. 请填写您的年龄。[单选题]*

○ 18　○ 19　○ 20　○ 21　○ 22　○ 23　○ 24

○ 25　○ 26　○ 27　○ 28　○ 29　○ 30　○ 31

○ 32　○ 33　○ 34　○ 35　○ 36　○ 37　○ 38

○ 39　○ 40　○ 41　○ 42　○ 43　○ 44　○ 45

○ 46　○ 47　○ 48　○ 49　○ 50　○ 51　○ 52

○ 53　○ 54　○ 55　○ 56　○ 57　○ 58　○ 59

○ 60　○ 61　○ 62　○ 63　○ 64　○ 65

7. 请填写您的最高学历。[单选题]*

○高中、中师、中专　　　　　○大专

○本科　　　　○硕士　　　　○博士

8. 您最高学历所学的专业是什么？[单选题]*

○中文类

○语文教育类

○非语文的教育类

○其他（请说明）_____*

9. 您的教龄（年）是多少？[单选题]*

○ 1　○ 2　○ 3　○ 4　○ 5　○ 6　○ 7

○ 8　○ 9　○ 10　○ 11　○ 12　○ 13　○ 14

○ 15　○ 16　○ 17　○ 18　○ 19　○ 20　○ 21

○ 22　○ 23　○ 24　○ 25　○ 26　○ 27　○ 28

◯ 29 　◯ 30 　◯ 31 　◯ 32 　◯ 33 　◯ 34 　◯ 35

◯ 36 　◯ 37 　◯ 38 　◯ 39 　◯ 40 　◯ 41 　◯ 42

◯ 43 　◯ 44 　◯ 45 　◯ 46 　◯ 47 　◯ 48 　◯ 49

◯ 50

10. 您是否具有正式编制？［单选题］*

◯是　　　　　　　　◯否

11. 您目前在学校的职位是什么？［多选题］*

☐中层领导及以上　　☐教研／备课组长

☐班主任　　　　　　☐校级教研员

☐任课教师

12. 您的职称是什么？［单选题］*

◯无　　　　　　　　◯初级教师

◯中级教师　　　　　◯高级教师

◯正高级教师　　　　◯特级教师

第二部分

13. 您平均每周（周一到周五）上几节课？［单选题］*

◯ 1 　◯ 2 　◯ 3 　◯ 4 　◯ 5 　◯ 6 　◯ 7

◯ 8 　◯ 9 　◯ 10 　◯ 11 　◯ 12 　◯ 13 　◯ 14

◯ 15 　◯ 16 　◯ 17 　◯ 18 　◯ 19 　◯ 20 　◯ 21

◯ 22 　◯ 23 　◯ 24 　◯ 25 　◯ 26 　◯ 27 　◯ 28

◯ 29 　◯ 30

14. 您平均每天（周一到周五）工作时长是多少小时？［单选题］*

◯ 1 　◯ 2 　◯ 3 　◯ 4 　◯ 5 　◯ 6 　◯ 7

◯ 8 　◯ 9 　◯ 10 　◯ 11 　◯ 12 　◯ 13 　◯ 14

◯ 15

15. 工作时您在下列活动中花费时间较长的前三项是什么？［排序题，请在中括号内依次填入数字］*

请按耗时由长到短排序，在括号内依次填入数字。

［ ］上课

［ ］备课

［ ］教学研究

［ ］批改作业与试卷

［ ］对学生进行辅导

［ ］完成非教学的行政性工作

16. 您平均每周用于非教学的行政性工作（如各类与教学无关的活动、接待上级检查等）的时间大约是几小时？［单选题］*

○0　○1　○2　○3　○4　○5

○6　○7　○8　○9　○10

17. 您是否了解部编版语文新教材？［单选题］*

○非常了解，能熟练教学所有内容

○较为了解，超过一半的内容会教学

○不太了解，一半以上内容不会教学

○完全不了解，还未开始熟悉新教材

18. 您平时最常用的备课方式是什么？［排序题，请在中括号内依次填入数字］*

请按使用频率由高到低排序，在括号内依次填入数字。

［ ］从网络上下载已有的参考资料

［ ］查阅教学参考书

［ ］从其他老师那里获取上课经验、教案等

［ ］自己思考

19. 备课时，您最常考虑的因素是什么？［排序题，请在中括号内依次

填入数字]*

请按重要性由高到低排序，在括号内依次填入数字。

[ ] 学生的兴趣和能力

[ ] 与考试相对接

[ ] 每节课的教学任务必须完成

[ ] 课堂活动内容及形式

[ ] 在教学中落实新理念

20. 您的一节语文课一般如何分配时间？[排序题，请在中括号内依次填入数字]*

请按耗时由长到短排序，在括号内依次填入数字。

[ ] 老师单方面讲解知识

[ ] 老师与学生共同讨论

[ ] 学生完成习题

[ ] 学生自主研究学习

[ ] 学生与其他同学交流合作

21. 本学期，你是否采取了以下教学行为？[多选题]*

□定期要求练字

□每周布置读书作业

□要求写读书笔记

□定期训练和讲评作文

□要求写日记

□以上都没有

22. 请填写本学期您每周讲评作文的次数。[单选题]*

○0　○1　○2

○3　○4　○5

23. 您写"下水作文"的频率如何？[单选题]*

○一般不开展这种活动

○每学期至少开展一次

○每季度至少开展一次

○每月至少开展一次

○每周至少开展一次

24. 您一节课中使用多媒体教学的时间分配是多少？［单选题］*

　　○基本全程

　　○大部分时间

　　○偶尔使用

　　○基本不使用（请跳至第 26 题）

25. 您在课堂上会使用哪些多媒体教学手段？［多选题］*

　　□用电脑播放音视频

　　□使用多媒体课件

　　□利用实物投影仪讲评作业

　　□学生个人平板

26. 您实施的探究性教学行为有哪些类型？［多选题］*

　　□创设问题，激发情境

　　□借用多媒体进入情境

　　□对学生的问题及理解予以引导

　　□帮助学生越过探究活动中思维上的障碍

　　□在学生探究完毕后进行归纳评价，拓展延伸

27. 您每周实施上述探究性教学行为的频率如何？［单选题］*

　　○0　○1　○2　○3　○4　○5

　　○6　○7　○8　○9　○10　○11

　　○12　○13　○14　○15　○16　○17

　　○18　○19　○20

28. 您布置作业的形式一般是怎样的？ [多选题]*

□抄写 / 默写 / 背书

□完成练习册上的习题

□读书 / 摘抄

□写作文 / 写日记

□课题研究 / 在互联网上查找资料

□开展实践活动

29. 您每天给学生布置的语文作业，预计学生用时多久完成？ [单选题]*

○ 30 分钟以内　　　　○ 30—60 分钟

○ 60—90 分钟　　　　○ 90 分钟以上

30. 您每周给学生布置的写作练习，预计学生用时多久完成？ [单选题]*

○ 1 小时以内　　　　○ 1—2 小时

○ 2—3 小时　　　　○ 3 小时以上

31. 您每周给学生布置的阅读篇目，预计学生用时多久完成？ [单选题]*

○ 1 小时以内　　　　○ 1—2 小时

○ 2—3 小时　　　　○ 3 小时以上

32. 您平时如何批阅学生的作业？ [单选题]*

○每天都收取前一天的作业进行批阅

○隔几天收一次作业进行批阅

○一周收一次作业进行批阅

○平时不批阅作业，学生依靠自觉完成作业

33. 您平时如何处理学生的写作练习？ [多选题]*

□在课堂上留出专门的反馈时间讲解写作练习

□用打等级或者分数的方式评价学生写作练习

□为学生写出批语以指点学生写作

□让学生相互评价，讨论学习

34. 您要求家长配合批改作业吗？［单选题］*

○经常　　　○有时

○偶尔　　　○从不

35. 您在家长群中反馈学生作业情况的频率是怎样的？［单选题］*

○每天都反馈

○经常反馈

○只在有特殊情况（比如作业整体情况较差）的时候才会反馈

○从不反馈

36. 您认为语文教学最难的三个项目是：［排序题，请在中括号内依次填入数字］*

请按照由难到易排序，在括号内依次填入数字。

［ ］生字词　　　［ ］阅读理解

［ ］写作　　　　［ ］口语表达

［ ］综合性学习

37. 您认为造成学生语文学习兴趣不高的原因是什么？［排序题，请在中括号内依次填入数字］*

选择您认为最主要的三个原因并在中括号内依次填入数字。

［ ］学生缺乏对语文学科重要性和意义的正确认识

［ ］语文教材及其他学习资料中的内容不符合学生的兴趣爱好

［ ］语文课以老师讲授为主，学生缺乏参与感

［ ］学习语文的渠道过于单一，局限在课堂、课本和练习中

［ ］学生没有掌握正确的语文学习方法，没有养成良好的学习习惯

第三部分

38.您在每天中午或者放学后会对学生进行课后辅导（延时服务）吗？
[单选题]*

　　○会

　　○不会（请跳至第41题）

39.您平时下课后开展课后辅导的时间大约是每周多少小时？[单选题]*

　　○0　　○1　　○2　　○3

　　○4　　○5　　○6　　○7

　　○8　　○9　　○10　　○11

　　○12　　○13　　○14　　○15

40.您开展课后辅导的内容有哪些？[多选题]*

　　□课内知识补充

　　□作业习题讲解

　　□学习状况分析、与学生聊天

　　□作文讲评

　　□课外知识拓展

　　□开设兴趣课程或活动

　　□其他与学习相关的话题讨论

41.本学期，您参加校级以上（不包含校级）教研活动的次数是多少？
[单选题]*

　　○0　　○1　　○2　　○3　　○4　　○5

　　○6　　○7　　○8　　○9　　○10

42.请填写学校每学期开展校级教研活动的频率。[单选题]*

　　○无

　　○每学年至少开展一次

○每学期至少开展一次

○每季度至少开展一次

○每月至少开展一次

○每周至少开展一次

第四部分

43.您经常阅读的书目内容有哪些？［排序题，请在中括号内依次填入数字］*

请按阅读数量由多到少排序，在括号内依次填入数字。

[ ] 教育理论方法类　　[ ] 学科方法类

[ ] 人文社科类　　　　[ ] 科普类

[ ] 小说类　　　　　　[ ] 时政类

44.您平均每学期阅读以上书目的总数量是多少？［单选题］*

○0　○1　○2　○3　○4

○5　○6　○7　○8　○9

○10　○11　○12　○13　○14

○15　○16　○17　○18　○19 本以上

45.您每周用于自主阅读（非教学任务需求）的时间大约是几小时？［单选题］*

○0　○1　○2　○3　○4

○5　○6　○7　○8　○9

○10　○11　○12　○13　○14

○15　○16　○17　○18　○19 本以上

46.您的主要阅读动因是什么？［排序题，请在中括号内依次填入数字］*

请按重要性由高到低排序，在括号内依次填入数字。

[ ] 喜欢阅读　　　　　　　[ ] 提高教学水平

[ ] 领导或学校的要求　　　[ ] 提高个人素养

[ ] 休闲娱乐

47. 您有没有发表自己文章的平台？[多选题]*

□无　　　　　　　　　□美篇

□微信公众号　　　　　□豆瓣

□其他_____ *

48. 您在公开场合发表文章或作品的频率如何？[单选题]*

○一般不会在公开场合发表

○每年至少一次

○每学期至少一次

○每月至少一次

○每周至少一次

49. 最近三年，您在市级及以上公开出版物上发表的文章数量是多少？
[单选题]*

○0　　○1　　○2　　○3　　○4

○5　　○6　　○7　　○8　　○9

○10　○11　○12　○13　○14

○15　○16　○17　○18　○19 篇以上

50. 您获取专业知识和技能的主要方式是什么？[排序题，请在中括号
内依次填入数字]*

请选出最重要的 3 项，按重要程度排序。

[ ] 自学专业书刊　　　　　[ ] 同行交流

[ ] 专业培训　　　　　　　[ ] 听课评课

[ ] 集体备课　　　　　　　[ ] 自身教学经验反思

51. 在个人专业发展中您遇到的最大困惑是什么？[排序题，请在中括

号内依次填入数字]*

    [ ]教育理论知识不足   [ ]理论不能联系实际

    [ ]缺乏专家引导   [ ]没有时间学习

    [ ]缺乏教育资源   [ ]教研信息闭塞

52. 目前，您认为自己专业发展最需要提高的是什么？[排序题，请在中括号内依次填入数字]*

    [ ]教育教学理论学习   [ ]学科专业知识

    [ ]教学技能   [ ]多媒体信息技术掌握

    [ ]教育科研能力   [ ]学历层次

53. 请您评价自己的工作状态。[矩阵单选题]*

	非常不符合	不太符合	比较符合	非常符合
掌握先进的教育理念和专业的教学技能	○	○	○	○
充分掌握教学进度，及时向学生提供学习反馈信息	○	○	○	○
与同事、学生及家长建立友谊，借此开展教育活动	○	○	○	○
充分激发学生主观能动性，建立积极融洽的班级氛围	○	○	○	○
对教育教学工作充满热情和积极性	○	○	○	○

54. 您对当前薪酬的满意度如何？[单选题]*

    ○非常不满意   ○不太满意

    ○比较满意   ○非常满意

55. 您认为自己在当地的社会地位如何？[单选题]*

    ○非常低   ○比较低

○比较高　　　　　　○非常高

56. 您对教师职业的满意度如何？[单选题]*

　　○非常不满意　　　　○不太满意

　　○比较满意　　　　　○非常满意

57. 您职业满意度的主要影响因素是有哪些？[排序题，请在中括号内依次填入数字]*

　　请按重要性由高到低排序，在括号内依次填入数字。

　　[ ]收入

　　[ ]工作时长

　　[ ]工作氛围

　　[ ]学生素质

　　[ ]学生家长素质

　　[ ]学校对语文学科的支持力度

　　[ ]学校除教学外的行政任务安排

58. 请您评价自我的工作状态。[矩阵单选题]*

	非常不符合	比较不符合	比较符合	非常符合
我很愿意尝试新的教学模式	○	○	○	○
我重视课堂开展的逻辑性	○	○	○	○
我愿意为了学生牺牲自己的休息时间	○	○	○	○
工作时，面对突发问题我能保持情绪稳定	○	○	○	○

59. 请用2个词语描述您眼中的语文学科。[填空题]*

　　＿＿＿＿＿＿、＿＿＿＿＿＿。

　　《中学语文循证教学研究：学业水平差异探因》终于要付梓了。回想这几年的研究过程，除了前面书稿中的研究内容，还有很多话、很多感谢需要在这里表达。所以，应该写个后记。

　　首先要感谢华樾（北京）教育科技研究院的李吉南先生和蒋钢先生。2019 年，我们开始酝酿这项研究，2020 年初正式启动。研究团队的组建、调研工具的研发、相关学术研讨会的组织和召开等一系列工作都需要聘请专业人员给予支持。"兵马未动，粮草先行"，研究经费是摆在我们面前的首要问题。当我们把研究构想与李吉南先生、蒋钢先生沟通后，他们一如既往地用行动表现出对推动中小学语文教育发展的热情，立即代表华樾（北京）教育科技深圳研究院为我们的科研提供研究经费支持。可以说，没有他们的及时帮助，我们的研究就不会如此顺利。

　　在对"教师、学生、家长"三套数据匹配和分析等工作中，北京大学教育学院高中大数据实验室的陈静梅、戴君华、陈其然、王嘉璐、闫思宇等老师和同学做出了关键性的贡献。他们的专业素养和严谨的科学分析工作是我们深入研究的底气。

　　自 2021 年开始，深圳市"陶波教育科研专家工作室"在北京大学教育学院大数据实验室提供的数据分析报告的基础上，工作室 54 位老师各取所长，提炼出 46 个研究项目，在教学中开展实验研究。目前，这项大型语文教育循证研究工作顺利推进，而且部分项目已有了一些很有价值的成果。本书第五章就采用了林楚涛、刘灵丹、王宇嘉、张敏、刘丽娟等老师的一些共同研究内容，感谢团队成员的慷慨分享。

在此，对上述为本研究做出贡献的朋友以及中国大百科全书出版社、知识出版社一并致谢！

陶波　蒋承

2022 年 10 月 28 日